だいわ文庫

一冊でまるごとわかる
日本の13大仏教

瓜生 中

大和書房

まえがき

釈迦《しゃか》がこの世を去って100年ほど経った頃、仏教教団内に戒律《かいりつ》を巡って論争が起こった。

改革派の若手の修行僧たちは釈迦が亡くなって100年の間に世の中も変わったから、戒律の一部を変更すべきであると主張した。いっぽう、保守的な長老たちは釈迦が定めた戒律は普遍的なもので変えることは許されないとした。

双方とも主張を譲らず、結局、仏教教団は若手の改革派と長老を中心とする保守派に分かれることになった。仏教史ではこれを根本分裂《こんぽんぶんれつ》といい、その後も改革派は分裂を繰り返して、多くの流派に分かれた。

この改革派の仏教が大乗《だいじょう》仏教で、保守派のそれを上座部《じょうざぶ》仏教（いわゆる小乗《しょうじょう》仏教）と呼んでいる。前者はシルクロードを通って、中国に伝わり、朝鮮半島を経由して日本に伝えられた。いっぽう、後者は紀元前3世紀にセイロン島（現在のスリランカ）に伝えられ、その後、タイやビルマ（現在のミャンマー）などの東南アジア諸国に伝えられた。

上座部仏教は流派に分かれることなく、今もタイやビルマの僧侶は釈迦の時代と同じ戒律を守って修行に励んでいる。これに対して、大乗仏教が伝えられた中国や日本では多くの流派に分かれ、同じ仏教とは思えないようなさまざまな宗派が形成されたのである。

現在、日本には13の宗派がある。奈良時代から続く法相宗《ほっそうしゅう》、律宗《りつしゅう》、華厳宗《けごんしゅう》、平安時代に開かれた天台宗《てんだいしゅう》、真言宗《しんごんしゅう》、融通念佛宗《ゆうずうねんぶつしゅう》、鎌倉時代に誕生した浄土宗《じょうどしゅう》、浄土真宗《じょうどしんしゅう》、時宗《じしゅう》、臨《りん》済宗《ざいしゅう》、曹洞宗《そうとうしゅう》、日蓮宗《にちれんしゅう》、そして、江戸時代に伝えられた黄檗宗《おうばくしゅう》である。

そして、これら宗派内でさらに細かい流派に分かれ、十三宗五十六派といわれる多くの宗派がある。

これらの宗派は教理の解釈や修行方法にかなりの異なりがある。一宗を開いた歴史上の高僧たちは、釈迦が創始した仏教を時代や地域に即したものにしようとした。その結果、多くの宗派に分かれたのである。

彼らは釈迦が説いた根本の教えを変えることはなかったが、さまざまな工夫を凝らして、一人でも多くの人を救おうと考えた。

とくに、鎌倉時代になると、民衆のなかに広く仏教が普及し、十三宗のうち、約半数の六宗までがこの時代に誕生した。そして、いわゆる「鎌倉新仏教」といわれる時代を作りあげた6人の開祖たちは、釈迦の教えを根本に据えながら、独自に整備して激動の時代に生きる人々の要請に応えようとしたのである。

たとえば、法然《ほうねん》や親鸞《しんらん》、一遍《いっぺん》は「南無阿弥陀仏《なむあみだぶつ》」ととなえることによって阿弥陀の極楽《ごくらく》浄土《じょうど》に往生する道を選んだ。臨済宗の栄西《えいさい》は坐禅によって悟りの境地に至る道を選び、その弟子の道元《どうげん》も同じ禅を選び取った。そして、日蓮《にちれん》は『法華経《ほけきょう》』を唯一絶対の教えとの確信を持ち、「南無妙法蓮華経《なむみょうほうれんげきょう》」の題目をとなえれば全世界が救われるという道を創始したのである。

小著では日本の13の宗派の開祖、教えの特徴、主要な経典や高僧、主な寺院などについて解説した。小著によって読者のみなさんが日本の仏教の概観を理解していただくことができれば幸いである。

2014年　晩秋

瓜生　中

一冊で丸ごとわかる日本の13大仏教

目次

6世紀 / 7世紀 / 8世紀

大和・飛鳥時代 / 奈良時代

日本史

587年 物部氏が蘇我氏に滅ぼされる
592年 蘇我馬子、崇峻天皇を暗殺
593年 聖徳太子が摂政となる

603年 冠位十二階の制定
604年 十七条憲法の制定
607年 遣隋使・小野妹子

645年 大化の改新

672年 壬申の乱／飛鳥浄御原宮に遷都

694年 藤原京に遷都
701年 大宝律令制定
710年 平城京に遷都
712年『古事記』完成
720年『日本書紀』完成

仏教史

538年 仏教伝来

593年 四天王寺建立／三宝興隆の詔
594年 仏法興隆の詔が出される
596年 元興寺（飛鳥寺）完成

607年 聖徳太子、法隆寺を建立
625年 高句麗の僧・慧灌来日（三論宗の初伝）
645年 十師の制が定められる
653年 道昭、入唐し玄奘に学ぶ
669年 中臣鎌足、山階寺（のちの興福寺）を造営

680年 天武天皇、皇后の病気平癒を願って薬師寺建立を発願

701年 僧尼令の制定

718年 道慈、三論宗を奉じて唐より帰朝、大安寺に住する

723年 光明皇后が興福寺に施薬院、悲田院を設ける
735年 玄昉、唐より経論五千余巻をもたらす
736年 唐の僧・道璿、インドの僧・菩提僊那ら来日
740年 審祥が新羅から来日、華厳宗の始まり
741年 国ごとに国分寺・国分尼寺を設ける
743年 聖武天皇、大仏造立の詔を発する
745年 行基を大僧正に任ずる
752年 東大寺大仏（盧舎那仏像）開眼供養
753年 鑑真来日、律宗を広める

9世紀　10世紀　11世紀

平安時代

784年 長岡京に遷都
794年 桓武天皇が平安京に遷都
842年 承和の変
866年 応天門の変
894年 菅原道真の建議により遣唐使が停止される
931年 承平・天慶の乱始まる
947年 天暦の治
969年 安和の変
1016年 藤原道長、摂政に
1051年 前九年合戦
1083年 後三年合戦
1086年 白河上皇、院政開始
1156年 保元の乱
1159年 平治の乱
1167年 平清盛、太政大臣に

754年 鑑真、東大寺大仏前で聖武太上天皇らに授戒
755年 東大寺に戒壇院を設ける
759年 唐招提寺建立
785年 最澄、東大寺で受戒後、比叡山に籠る
788年 最澄、比叡山寺（のちの延暦寺）建立
804年 最澄・空海入唐求法
806年 最澄、天台宗を開く
816年 空海、高野山を開創
817年 最澄、法相宗の徳一と論争
938年 空也、京で念仏を広める
985年 源信、『往生要集』を完成
986年 二十五三昧会結成
1022年 藤原道長、法成寺金堂を建立
1052年 末法到来の年とされる
1053年 藤原頼通、平等院鳳凰堂を建立
1117年 天台宗の良忍、融通念佛の偈を感得する
1126年 藤原清衡、中尊寺を建立

12世紀 / 13世紀 / 14世紀 / 15世紀

鎌倉時代 / 南北朝～室町時代

- 1180年 治承・寿永の乱／福原京に遷都
- 1185年 壇ノ浦の戦いで平氏滅亡
- 1192年 源頼朝、征夷大将軍に就任。鎌倉幕府成立
- 1221年 承久の乱
- 1274年 文永の役
- 1281年 弘安の役
- 1333年 鎌倉幕府の滅亡
- 1334年 後醍醐天皇、建武の中興
- 1336年 室町幕府が成立、南北朝時代が始まる
- 1338年 足利尊氏に将軍宣下
- 1378年 足利義満、室町に花の御所建設
- 1391年 明徳の乱
- 1392年 南北朝の合一
- 1399年 応永の乱
- 1438年 永享の乱
- 1441年 嘉吉の乱
- 1467年 応仁の乱

- 1175年 法然、比叡山を下り専修念仏を唱える（浄土宗開宗）
- 1180年 平重衡、南都を焼き討ち
- 1191年 栄西、臨済宗を伝える
- 1201年 親鸞、比叡山を下りて法然の門に入る
- 1202年 栄西、建仁寺を建立
- 1207年 念仏停止。法然は讃岐に、親鸞は越後にそれぞれ流罪
- 1224年 親鸞、浄土真宗の教えを体系的にまとめる
- 1227年 道元、曹洞宗を伝える
- 1253年 北条時頼が鎌倉に建長寺を創建／日蓮、日蓮宗を開く
- 1271年 日蓮が幕府や諸宗を批判したとして佐渡に流罪
- 1274年 一遍、時宗を開く
- 1282年 北条時宗が円覚寺を創建
- 1299年 執権北条氏により、禅宗寺院の格式をあらわす五山が定められる
- 1386年 幕府が五山の座位を定め、南禅寺を五山の上とする
- 1397年 足利義満、金閣寺を造営

16世紀　17世紀　18世紀

戦国・安土桃山時代　江戸時代

1549年　フランシスコ・ザビエル来日、キリスト教伝来
1573年　室町幕府の滅亡
1582年　本能寺の変
1585年　豊臣秀吉、関白となる
1590年　豊臣秀吉、小田原平定
1592年　文禄の役
1597年　慶長の役
1600年　関ヶ原の合戦
1603年　徳川家康に将軍宣下／江戸幕府成立
1614年　大坂冬の陣
1615年　大坂夏の陣
1637年　島原の乱
1639年　鎖国の完成
1685年　生類憐れみの令制定
1716年　享保の改革
1732年　享保の大飢饉
1782年　天明の大飢饉
1787年　寛政の改革
1830年　伊勢への「おかげ参り」が大流行する
1833年　天保の大飢饉

1474年　加賀の本願寺門徒らが中心となった一向一揆起こる
1482年　足利義政、東山山荘（銀閣寺）の造営を開始
1570年　浄土真宗顕如、門徒の挙兵を促し、織田信長軍を攻撃
1571年　織田信長、比叡山を焼き討ち
1575年　織田信長、越前の一向一揆を平定
1581年　織田信長、高野山の僧千余人を斬る
1602年　浄土真宗の教如、東本願寺を開き、東西に本願寺が分立
1612年　キリスト教禁止令
1615年　幕府が仏教教団に対して寺院諸法度を定める
1627年　紫衣事件
1640年　宗門改役を置き、宗門人別帳を作成
1654年　明の僧・隠元、長崎に来る（黄檗宗の伝来）
1665年　幕府、諸宗寺院法度発布

19世紀	20世紀

江戸時代	明治時代	大正時代	昭和時代

1841年 天保の改革
1853年 ペリー来航
1860年 桜田門外の変
1864年 禁門の変
1866年 薩長同盟
1867年 大政奉還／王政復古の大号令／「ええじゃないか」流行する
1868年 明治維新
1889年 大日本帝国憲法発布
1894年 日清戦争
1904年 日露戦争
1914年 第一次世界大戦開戦
1923年 関東大震災
1931年 満州事変
1937年 日中戦争開戦
1941年 太平洋戦争開戦
1945年 終戦、GHQより神道指令
1946年 日本国憲法発布

1868年 神祇官再興の布告／神仏分離令発布／キリスト教禁止令
1870年 大教宣布の詔／廃仏毀釈が激化する
1872年 僧侶の肉食・妻帯・蓄髪を許可
1873年 キリスト教解禁
1875年 信教の自由保証を口達
1899年 仏教界の革新を志す新仏教運動が起こる
1900年 清沢満之ら真宗大学の学生らによる、浩々洞の精神主義運動
1916年 仏教護国団設立
1924年 僧侶に選挙権が与えられる
1940年 宗教教団を国家統制の下に置く宗教団体法施行
1944年 大日本戦時宗教報国会設立
1951年 宗教法人法施行

第 1 章

仏教の誕生

悟りをひらいた者

釈迦《しゃか》は紀元前463年頃（別説では564年、ただし、これは釈迦が80歳で亡くなったとする伝説に基づいたもの）、ネパール領のカピラヴァストゥという国で生まれた。父を浄飯王《じょうぼんのう》（シュッドーダナ）、母を摩耶《まや》（マーヤー）夫人《ぶにん》といい、父はこの国の王だった。母親の摩耶夫人は隣国の王女で、お産のために実家に帰る途中、ルンビニー（ここも現在のネパール領）という園林で釈迦が生まれたのである。伝説では摩耶夫人が無憂樹《むゆうじゅ》（アショーカ）という木の花に手を伸ばしたときに、その右脇腹から生まれたといわれている。

母は釈迦の生後7日目に亡くなり、叔母のマハープラジャーパティーによって育てられた。幼名（俗名）をゴータマ・シッダールタ（悉達太子《しつだたいし》）という。

ゴータマは**最上の牛**、シッダールタは**目的を達成するもの**という意味。この名はもちろん後世、釈迦が崇拝の対象になってからつけられたもので、実名はわからない。

聡明で物静かな少年だったと伝えられ、文武両道に優れ、しばしば深い瞑想《めいそう》に入ったと伝えられている。16歳（異説あり）のときに従妹のヤショーダラーと結婚し、一子ラーフラをもうけて、幸せな生活を送っていた。しかし、幼少より人生の「いかに生きるべきか」という問題に悩み続けていたシッダールタは29歳のとき、その答えを見つけるために、ついに出家を決意したのだった。

◇インドの王子、家を出る

夜陰に乗じて王宮を抜け出したシッダールタは途中で出会った貧しい老修行者の粗末な衣服と王子の立派な衣装を交換し、裸足で修行の旅に上った。

数々の聖者を訪ねて教えを受けるが、どの教えにも満足せず、中インドのマガダ国というところに赴き、ウルヴェーラーのセーナーという**苦行林**《くぎょうりん》で、5人の苦行者とともに6年間の苦行生活を送った。しかし、瀕死《ひんし》の状態になるほどの厳しい苦行をしても求める道に達しないことを覚ったシッダールタは苦行をやめて5人の苦行者ともきっぱりと別れる決意を固めたのである。

そして、苦行林を出たシッダールタは、近くを流れるネーランジャー河（尼連禅河《にれんぜんが》）で沐浴《もくよく》（水で身体を清めること）し、スジャーターという村娘が奉げた乳粥《ちちがゆ》を食べて体力を回復した。それから、ブッダガヤの菩提樹《ぼだいじゅ》の下で瞑想《めいそう》し、数日後の12月8日の未明に悟りを開いた（ただし、12月8日というのは中国や日本に伝えられた説で、史実に基づく正確な日付ではない）。このときから、釈迦は**如来**《にょらい》（覚者《かくしゃ》。真理に目覚めたもの）と呼ばれるようになったのである。

◇はじまりの説法

成道後《じょうどうご》（悟りを開いた後）、釈迦《しゃか》はそのまま悟りの境地に安住してしまおうと考えた。というのは、悟りの内容はあまりにも深遠で、言語を絶しており、人々に理解されないだろうと考えたからである。しかし、梵天《ぼんてん》の懇願によって、教えを説くことを決意したといわれている。

そして、まず苦行《くぎょう》をともにしていた5人の修行者に最初に教えを説いた（**初転法輪**《しょてんぽうりん》）。釈迦が悟りの内容を説いたことによって、仏教が広まることになったのである。

最初の説法をした釈迦はマガダ国に赴き、拝火教徒だった迦葉《かしょう》を弟子にし、舎利弗《しゃりほつ》、目《もく》連《れん》などの有力な人々を次々に弟子にした。ここに仏教教団の基《もとい》ができたのである。

以降、80歳で亡くなるまでの45年間に多くの弟子と信者を得て、仏教は一大教団に発展した。仏典には仏弟子《ぶつでし》の数について１２５０人というが、実際にはさらに多くの弟子がいたと考えられている。そして、仏滅当時の教団の規模は、在家《ざいけ》の信者も合わせておそらく数万人に達していたであろうと思われる。

◇晩年を襲う悲劇

最晩年に釈迦《しゃか》は生まれ故郷を目指して最後の旅に出た。そして、ヴァイシャーリーという町に至ったときに貧しい鍛冶《かじ》工のチュンダという人物の供養を受けたが、このとき食べた食事で中毒を起こした。

激しい下痢と嘔吐《おうと》に見舞われた釈迦はみるみる体力を失っていった。そして、３か月後の2月15日（この日付も中国や日本に伝えられたもの。セイロン島〈現在のスリランカ〉やタイなどの伝承ではこの日が釈迦の誕生日）にクシナガラというところの沙羅双樹《さらそうじゅ》の下で**涅槃**《ねはん》に入った（亡くなった）。仏滅年代について現在の研究では、紀元前３８３年頃（別説では４８４年頃）とされている。

私たちが生きている世界

四法印《しほういん》

※法印＝根本理念の旗印の意

涅槃寂静《ねはんじゃくじょう》 輪廻の苦しみや迷いから抜けた境地に達すると、心が静かに落ち着き、安楽になる。

諸法無我《しょほうむが》 あらゆるものは他のものとの関係性によって成り立っており、実体をもった我は存在しない。

諸行無常《しょぎょうむじょう》 この世のあらゆるものは移りゆくものであり、永遠に存在するものなど何もない。

三法印《さんぼういん》

＋

一切皆苦《いっさいかいく》 人生のすべては苦であり、誰も苦からは逃れられない。

四苦八苦

（誰もが避けることのできない苦を体系的に分類したもの）

八苦

四苦

- **生苦《しょうく》** 思いどおりの環境に生まれてくることはできない。
- **老苦** 老いていくことは避けられない。
- **病苦** 病の苦しみは避けられない。
- **死苦** 必ず死ぬということは避けられない。

- **求不得苦《ぐふとくく》** 地位や名誉などを求めても、思いどおりに手に入るわけではない。
- **愛別離苦《あいべつりく》** 愛する人との別れは避けられない。
- **怨憎会苦《おんぞうえく》** 恨んだり憎んだりするような人とも出会わなければならない。
- **五蘊盛苦《ごうんじょうく》** 色蘊（物質的な肉体）・受蘊（感じたものを受け入れる作用）・想蘊（表象のイメージをつくる作用）・行蘊（能動的な心の作用）・識蘊（認識する作用）で構成される心身は思いどおりにならない。

心安らかに生きられる法

四諦《したい》

（苦がなぜ生じるのか、どのような状態が理想なのかを示す４つの真理）

苦諦《くたい》　この世のすべては苦であり、四苦八苦は自分の思いどおりにはならない。

集諦《じったい》　苦をもたらす原因は人間の欲望である。欲望にとらわれるのは、この世に存在するものが無常であることを知らないからである。この状態を「無明《むみょう》」と呼ぶ。

滅諦《めったい》　苦の原因を知り、それを消せば悟りに至ることができる。

道諦《どうたい》　涅槃の境地に至るための実践法がある。

※諦＝真実の意

↓

八正道《はっしょうどう》

（四諦に示された涅槃に達するための正しい修行の道）

正見《しょうけん》　偏見や固定観念を捨て、釈迦の教えたとおりに、物事をありのままに見る。

正思惟《しょうしゆい》　正見にもとづいた正しい考えをもつ。

正語《しょうご》　正見にもとづいた正しい言葉を語る（嘘や悪口、無駄なおしゃべりをしない）。

正業《しょうごう》　正見にもとづいた正しい行ないをする（殺生や盗み、姦淫、飲酒などをしない）。

正命《しょうみょう》　正見にもとづいた正しい生活を営む。

正精進《しょうしょうじん》　正見にもとづいた正しい努力をする。

↓

正念《しょうねん》　以上の六道を通して、釈迦の教えをいつも心に正しくとどめておく。

↓

正定《しょうじょう》　正見と正念にもとづいた正しい瞑想を行なう。

↓

六波羅蜜《ろくはらみつ》

（出家していない者たちが涅槃に達するための６つの実践）

布施《ふせ》　惜しまずに施しをする。

持戒《じかい》　戒律を尊重する。

忍辱《にんにく》　苦難に耐え忍ぶ。

精進《しょうじん》　たゆまず努力する。

禅定《ぜんじょう》　瞑想によって精神を集中する。

智慧《ちえ》　以上の実践によって完成された智慧を得る。

↓

悟りの境地

釈迦は八正道の実践によって誰もが悟りを開くことができると説いた。

釈迦の遺体は遺言により、マッラ族の在俗信者の手で丁重に荼毘《だび》にふされた。葬儀に参列した8つの部族の間で釈迦の遺骨の分配を巡って争いが起こったが、ドーナというバラモンの調停の結果、8つの部族に平等に分配されることになったのである。

8つの部族は遺骨を持ち帰って各々仏塔を建てて丁重にまつった。また、葬儀に遅れてやってきたマウリヤ族という部族の代表は、斎場に残った遺灰を持ち帰り、灰塔《はいとう》を建ててまつったという。

釈迦が亡くなって数か月後、大迦葉《かしょう》を中心とする仏弟子《ぶつでし》たちが集まって釈迦の教えをまとめる会議を開いた。この会議は**結集**《けつじゅう》といわれ、いわゆる経典の編纂《へんさん》会議である。

ここで、膨大な釈迦の教えをまとめ、異説を正して正説を確定した。ここに仏教は後の発展の基盤が築かれたのである。最初の第一結集をはじめ、数百年の間に4回の結集があったと伝えられている。

◇十事を巡る論争

釈迦《しゃか》が入滅《にゅうめつ》して100年ほど後のこと、仏教教団は大きな転期を迎えた。ヴァッジプッタカという修行僧が釈迦以来の戒律《かいりつ》に関する十事《じゅうじ》（10項目）について異議をとなえ、これを実践していた。10項目とは次の通りである。

1 前日に布施された塩を蓄えておいて食事に用いてもよい。

托鉢《たくはつ》で得た食べ物はその日のうちに残さず食べるのが大原則だったが、彼は塩のように腐らないものは蓄えてもよいと主張したのだ。

2 正午を過ぎても、ある一定の時間内であれば食事をとってもよい。

正午を過ぎると一切、食べ物を口にしてはいけないことになっていたが、ヴァッジプッタカは少しの時間内であれば構わないと考えた。これを「二指浄《にしじょう》」といい、日時計が正午を指したときから、指2本分過ぎるまで、概《おおむ》ね午後1時頃までは食事をしてもよいと主張したのだ。

3 食後、さらに食べてもよい。

4 修行道場を離れたときは、食後でも再び食べてもよい。

5 酥《そ》・油・蜜《みつ》・石蜜など酪《らく》に混ぜて食事以外のときに飲んでもよい。

酪は牛乳などで作った、一種の乳酸飲料。これに蜜などを混ぜたものはおやつ代わりになったのだろう。

6 病気療養のためには、まだ完全に発酵していない酒は飲んでもよい。

仏教では在家《ざいけ》の戒律にも「不飲酒戒《ふおんじゅかい》」というのがあって、酒は厳しく禁じられた。しかし、酒は百薬の長といわれるように、場合によっては薬効もある。そこで、風邪をひいたときなど、未発酵のアルコール分の低い酒は飲んでもよいというのだ。今で言えば卵酒のようなものだろう。

7 身体の大きさに合わせて座具の大きさを定めてもよい。

座具とは今も禅宗の修行僧が坐禅のときに使っている座布団のようなもの。釈迦の時代には体格の如何にかかわらず大きさが決まっていた。これを身体の大きさに合わせて、たとえば大中小のような座具を用いてもよいことにしようというものだ。

8 前人の行為に準ずるときには、律にそぐわなくても罪にはならない。

つまり、前例があれば、そして、それが社会規範などに適合するものであれば、戒律に適合しなくてもよいというのだ。

9 別個に羯磨法を行ない、後から来た人にその承認を求めることができる。

羯磨《かつま》とは戒律を犯したことを告白すること。仏教教団では釈迦の時代から、半月に一度、師匠や仲間の前で罪を告白して、その判定を仰ぐことになっていた。しかし、ヴァッジプッタカは一人で個別に罪を告白して懺悔《ざんげ》し、それを後で師匠や仲間に認めてもらっても構わないとしたのである。

10 金銀や金銭の布施を受けてもよい。

戒律では金銀や金銭を布施として受け取ることを禁じていたが、仏滅後、100年ほど経つと貨幣経済が発達してきた。その結果、金銭などの寄進を申し出る在家の信者も増えた。そこで、個人的にではなく、僧院の修理や増築など、将来、予想される出費のために蓄えてもよいことにしようと主張したのである。

◇教団の根本分裂

このようなヴァッジプッタカの主張に対し、改革派の若手と保守派の長老たちとの間で大きな論争が起こった。このとき、二度目の結集《けつじゅう》(経典の内容を確認する会議)が行なわれたが、改革派と保守派の溝はついに埋まらなかった。

若手の改革派は、「仏滅後、100年を経て社会の状況も変わってきた。それに合わせて戒律《かいりつ》も変えるべきだ」と主張した。いっぽう、保守派の長老たちは「釈迦《しやか》の確定した戒律は絶対に変えるべきではない」と主張したのである。

その結果、両派は袂《たもと》を分かつことになったのである。後に若手の改革派は大衆部《だいしゅぶ》と呼ばれ、長老格の保守派は上座部《じょうざぶ》と呼ばれた。ここに仏教教団はついに2派に分裂することになったのである。これを**根本分裂**《こんぽんぶんれつ》というが、上座部はいわゆる**小乗仏教**《しょうじょう》**（上座部仏教）**に発展し、大衆部は**大乗仏教**《だいじょう》の基《もとい》の一つとなった。

この分裂から約100年後の紀元前3世紀に上座部仏教はセイロン島（現在のスリランカ）に伝えられ、後にタイやビルマ（現在のミャンマー）といった東南アジア諸国に伝えられて広まった。上座部は最初から戒律を変更しなかったので、今もスリランカやタイ、ミャンマーなどの上座部仏教の国々では釈迦在世当時と同じ戒律を守り、同じスタイルの仏教が行なわれている。

いっぽう、大衆部の系統はその後も分裂を繰り返し、さまざまな派閥を形成するに至った。最初に戒律を改革した経験を持つ大衆部の系統はその後もたびたび戒律の改革案が出された。そして、どうしても意見が分かれると、派閥を異にすることになった。このことが後世、中国や日本で多くの宗派ができる原因となったのである。

教団の分裂

釈迦の入滅

釈迦は対話によって教えを説いていたため、
記録は残されていなかった。
そのため、釈迦の教えを整理してまとめようという動きが現れる。

▶入滅後

第一結集 教団の後継者マハーカーシャッパが500人の弟子を集め、釈迦がどんな説法をしたのかをまとめていった。

社会情勢が変わり、不便をきたす戒律が出てくる。

▶入滅後約100年

第二結集 守るべき戒律について教団内部で対立が起こる。

十事すべてにわたって戒律を緩めてはならないと決まり、
保守派と改革派に根本分裂する。

上座部《じょうざぶ》
戒律は厳格に守るべき。

大衆部《だいしゅぶ》
時代に即して緩和的解釈を行なうべき。

さらに20派に枝末《しまつ》分裂する。

上座部仏教		大乗仏教
テーラワーダ仏教 南伝仏教 小乗仏教(大乗仏教側からの蔑称)	別の呼び名	北伝仏教
阿羅漢《あらかん》 解脱を完成した者。	最終理想	**ブッダ** 智慧と慈悲の完全な体現者。
出家して修行した僧のみ	救われる対象	出家、在家を問わずすべての人
戒律の遵守・瞑想《めいそう》など 出家者自らが解脱するための修行を行なう。	修行の方法	**菩薩としての六波羅蜜《ろくはらみつ》を実践** 菩薩となるための6つの徳目を完成させる。
釈迦如来《しゃかにょらい》のみ ブッダ自身が仏になった姿。	信仰の対象	**如来全般** 悟りを得た理想の姿として。 **菩薩** 修行者たるお手本として。
阿含経典《あごんきょうてん》 釈迦の教えの伝承を重視する。	経典	般若教《はんにゃきょう》、法華経《ほけきょう》、華厳経《けごんきょう》、阿弥陀経《あみだきょう》、無量寿経《むりょうじゅきょう》など
スリランカ、タイ、カンボジア、ラオス、ミャンマーなど	伝播	中国、朝鮮半島、日本、チベット、モンゴルなど

◇北伝仏教と南伝仏教

仏教はアジアの広い地域に伝えられたが、インドからシルクロードを通って北に伝えられた北伝《ほくでん》仏教と、セイロン島（現在のスリランカ）や東南アジアなど南に伝えられた南伝《なんでん》仏教とに分けられる。北伝仏教の地域には大乗《だいじょう》仏教が伝えられ、南伝仏教の地域にはいわゆる小乗《しょうじょう》仏教（上座部《じょうざぶ》仏教）が伝えられた。

北伝仏教はインド西北のガンダーラなどから中央アジアの国々に広まり、1世紀には中国に伝えられた。

最初はシルクロードの国々から伝えられていたが、次第にインド人の僧侶が中国にやってきたり、中国人の僧侶がインドに行って学んだりして、仏教はインドから直輸入されるようになった。それによって、多数の仏典や仏像がもたらされ、3世紀頃からは膨大な数の仏典が次々に漢訳（中国語への翻訳）されたのである。

その後、中国では大乗仏教が盛んになり、多くの仏像や仏画も制作された。インド的な風貌の仏像は次第に中国的な風貌に変わり、人々の篤《あつ》い信仰の対象になったのである。

さらに思想的にも仏教は中国独自の発展を遂げ、天台宗《てんだいしゅう》や禅宗など独自の仏教大系を生み出した。このような中国独自の仏教は、中国文化全般に大きな影響を与えるとともに、朝鮮半島を経由して日本にもたらされて、多大な影響を与えたのである。今日、われわれが目にするお経のほとんどは、遠い昔に中国で漢訳されたものであり、また、仏像や寺院建築も中国の様式に倣《なら》ったものである。

そして、4世紀には中国の前秦《ぜんしん》の王・苻堅《ふけん》が高《こう》句麗《くり》に仏典と仏像を伝え、次いで百済《くだら》や新羅《しらぎ》にも伝えられた。朝鮮でも仏教は篤く信仰され、歴代の王のなかにも熱心な仏教信者がいて、その普及に努めた。

ただし、中国でも朝鮮半島でも仏教は儒教や道教など他の宗教との軋轢《あつれき》を生み、とりわけ中国の皇帝のなかには仏教を排斥するものもいた。その

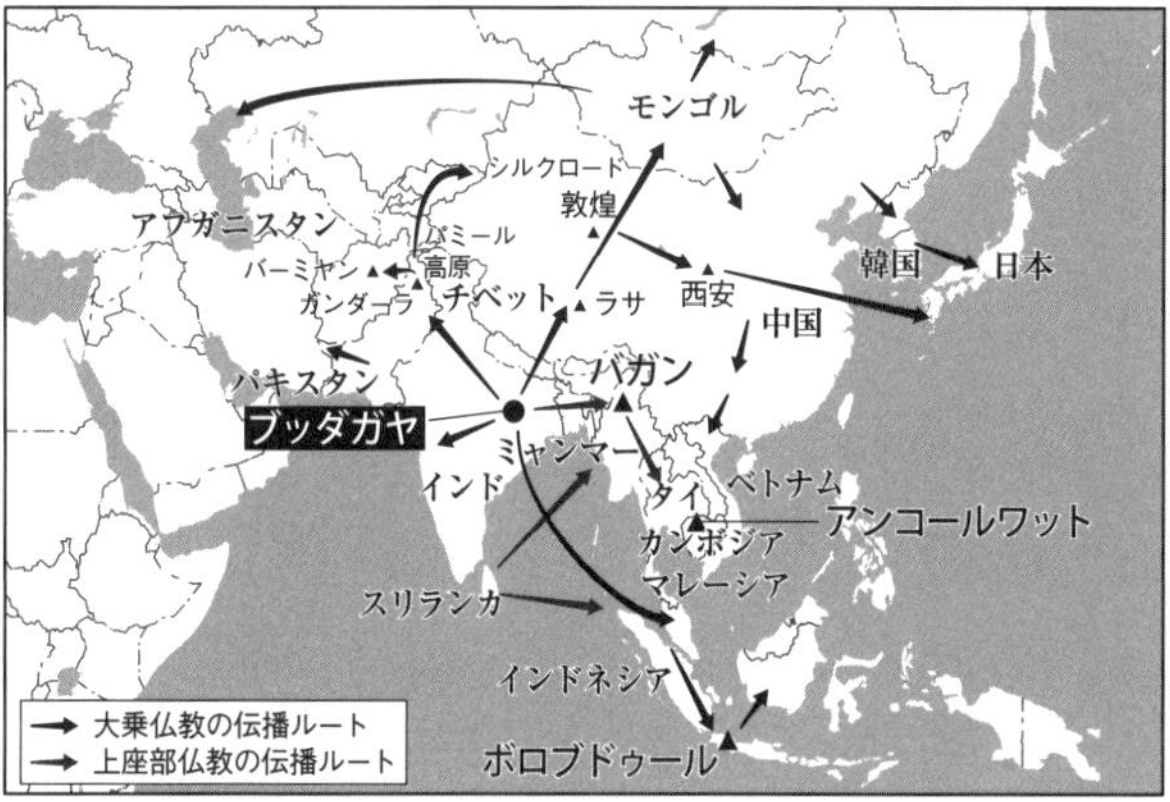

結果、仏教は保護と破仏《はぶつ》の歴史を繰り返しながら発展したのであり、仏像や寺院も破壊と造立が繰り返された。そして、**6世紀の前半（538年）**に、仏教は朝鮮半島を経由していよいよ日本に伝えられたのである。

いっぽう、南伝仏教は紀元前3世紀（仏滅200年）頃にセイロン島（現在のスリランカ）に伝えられ、次いで、インドの東の端のインパールを経てビルマ（現在のミャンマー）、タイ、カンボジア、ラオス、インドネシアなどに広まった。これらの地域には小乗仏教（上座部仏教）が伝えられた。ただし、ヴェトナムには中国経由で大乗仏教が伝えられた。

また、ヒマラヤを越えてチベットにも仏教が伝えられ、ここからモンゴルに伝えられた。

このように仏教は中央アジアから東アジア、東南アジアを網羅する広大な地域に広がっていったのである。

◇日本人と仏教とのかかわり

538年、百済《くだら》の聖明王《せいめいおう》は金銅《こんどう》の釈迦《しやか》像と仏典、仏具などを日本に贈り、仏教を信奉するように正式に勧めてきた。これが日本の**仏教公伝**である。ただし、弥生時代から日本には朝鮮半島より多くの人が渡来して住みついており、すでに仏教が公伝する以前から、仏教を信仰していた人がいたことは複数の文献から明らかになっている。

伝来当初、日本固有の神々に対する信仰（いわゆる神道《しんとう》）との間で対立が生じたが、次第に日本の神々とも共存するかたちで、仏教は定着していった。そして、聖徳太子《しょうとくたいし》がはじめた遣隋使《けんずいし》、それに続く遣唐使《けんとうし》によって、仏教は中国から直輸入されるようになったのである。

588年には奈良の元興寺《がんごうじ》（飛鳥寺《あすかでら》）がわが国最初の本格的な伽藍《がらん》を具《そな》えた寺院として創建され、次いで推古《すいこ》天皇元年（593年）には大阪の四天王寺《してんのうじ》、623年には奈良の法隆寺《ほうりゅうじ》、688年には同じく奈良の薬師寺《やくしじ》が創建され、すでに奈良時代（710～794）以前に大伽藍が甍《いらか》を並べるようになった。そして、天平勝宝《てんぴょうしょうほう》4年（752）には東大寺《とうだいじ》の大仏が完成し、まさに仏教は隆盛期を迎えたのである。

奈良時代には**南都六宗**《なんとろくしゅう》が栄え、平安時代には最澄《さいちょう》と空海《くうかい》が出て天台宗《てんだいしゅう》と真言宗《しんごんしゅう》が創始されて、後の日本仏教の基礎が確立された。この時代には天皇や貴族が熱心に仏教を信仰し、聖武《しょうむ》天皇の国分寺《こくぶんじ》の建立など国家的規模で仏教が発展していったのである。

そして、鎌倉時代に入ると、浄土宗《じょうどしゅう》や日蓮宗《にちれんしゅう》、禅宗などいわゆる**鎌倉新仏教**と呼ばれる、新しい宗派が相次いで誕生した。これらの宗派は日本独自の仏教を展開し、仏教は真に民衆の宗教として全国に普及した。

江戸時代には**檀家制度**《だんか》が制定され、仏教は個人の宗教ではなく家の宗教となり、すべての日本人が仏教徒になったのであるが、仏教は幕府によって厳しく管理され、宗教としての本来の生命を失ってしまったのである。

◇日本仏教十三宗派

日本には同じ仏教とは思えないほどさまざまな宗派がある。これらを総称して十三宗五十六派といわれている。つまり、13の宗派とそれぞれの宗派から派生した56の流派があるということだ。

十三宗のうち、奈良時代から続く宗派は、**法相宗**《ほっそうしゅう》、**華厳宗**《けごんしゅう》、**律宗**《りっしゅう》の三宗で、みな中国から直輸入された宗派だ。

法相宗は世の中の存在はすべて心が作り出したものと説く「唯識論《ゆいしきろん》」を典拠とする宗派で、興福寺《こうふくじ》や薬師寺《やくしじ》などが現在も存続している。かつては法隆寺《ほうりゅうじ》も法相宗の中心的寺院だったが、戦後、独立して聖徳宗《しょうとくしゅう》と改めた。

華厳宗は毘盧遮那如来《びるしゃなにょらい》の世界を説いた『華厳経《けごんきょう》』という経典を典拠とする宗派で、奈良の東大寺《とうだいじ》が大本山。律宗は戒律《かいりつ》を研究する宗派で、鑑真和上《がんじんわじょう》が創建した奈良の唐招提寺《とうしょうだいじ》を大本山とする。

奈良時代までは中国直輸入の宗派だったが、平安時代には最澄《さいちょう》が比叡山《ひえいざん》を拠点に**天台**《てんだい》**宗**《しゅう》を、空海《くうかい》が高野山《こうやさん》を拠点に**真言宗**《しんごんしゅう》を開いた。どちらも中国で成立した宗派だが、最澄、空海が唐（中国）に渡って学び、天台や真言の教理を独自の解釈で体系化し、日本人の民族性や日本の風土にマッチした仏教を醸成した。

また、この時代に良忍《りょうにん》という僧侶が浄土《じょうど》思想（阿弥陀如来《あみだにょらい》の救済の力を信じて、「南無《なむ》阿弥陀仏《あみだぶつ》」の念仏をとなえて極楽浄土《ごくらくじょうど》に往生しようとする思想）に基づいて**融通念佛宗**《ゆうずうねんぶつしゅう》という宗派を開いた。

そして、鎌倉時代には新たに六宗が成立した。

平安時代末からの浄土信仰の隆盛にともなって法然《ほうねん》が**浄土宗**《じょうどしゅう》を開き、さらにその弟子の親鸞《しんらん》は**浄土真宗**《じょうどしんしゅう》の基《もとい》をつくった。また、それよりも少し遅れて一遍《いっぺん》は**時宗**《じしゅう》の基礎をつくり、独自の浄土思想を展開した。

さらに、鎌倉時代には中国から禅宗が伝えられた。最初に栄西《えいさい》が**臨済宗**《りんざいしゅう》を伝え、その弟子の道元《どうげん》が**曹洞宗**《そうとうしゅう》を伝え、ここに禅宗が日本に根を下ろす基盤ができあがったのである。

そして、鎌倉時代に極めてユニークな思想を展開したのが日蓮《にちれん》である。日蓮は『法華《ほけ》経《きょう》』を唯一絶対の教えと考え、自らの名をとった**日蓮宗**《にちれんしゅう》を開いたのだった。

このように鎌倉時代に多くの宗派が成立したことには、比叡山の存在が大きかった。天台宗は『法華経』を典拠にする宗派だが、最澄はこれに禅や浄土、戒律といった他宗の教えを加味して独自に集大成した。このことから、比叡山に行けば、仏教のあらゆる思想を学ぶことができた。そこで、優秀な若者の多くが比叡山に学び、個々に合った教えを選び取ったのである。

たとえば、法然や親鸞は浄土思想を、日蓮は『法華経』を、栄西や道元は禅を選び、それを独自の見解を加味して一宗の基をつくったのである。

なお、鎌倉時代に成立した六宗派の開祖のうち、一遍だけは比叡山に登っていない。また、禅宗の一派に**黄檗宗**《おうばくしゅう》があるが、こちらは、江戸時代に中国僧によって伝えられたものである。

以上が十三宗だが、どの宗派もその大本は釈迦《しゃか》の教えにある。各宗派の開祖たちが、その教えを時代に即して改変し、熟考に熟考を重ねて人々を救う道を切り拓いたのである。

そして、以上の十三宗は教理解釈や作法の違いなどから、さらに多くの流派に枝分かれした。これがいわゆる「五十六派」と呼ばれるものである。

たとえば、真言宗はまず大きく、高野山を中心とした古義《こぎ》真言宗と根来寺《ねごろじ》（和歌山県）や長谷寺《はせでら》（奈良県）、智積院《ちしやくいん》（京都市）を中心とする新義《しんぎ》真言宗に分かれる。そして、古義真言宗は高野山真言宗、東寺《とうじ》真言宗、大覚寺派《だいかくじ》、仁和寺《にんなじ》を大本山とする御室《おむろ》派など、同じ真言宗を母胎に19の流派に分かれている。

また、臨済宗は臨済十四派といって、建長寺《けんちょうじ》派や大徳寺《だいとくじ》派、妙心寺《みょうしんじ》派といった14の派閥がある。

浄土宗は西山《せいざん》派と鎮西《ちんぜい》派に大きく分かれ、さらに多くの派閥がある。浄土真宗も大谷派（大本山・東本願寺《ひがしほんがんじ》）と本願寺派（大本山・西本願寺《にしほんがんじ》）に二分され、さらに多くの分派がある。その他の宗派についても、いくつかの流派、派閥があるのだ。

このように仏教各派は多くの流派に分流し、今では五十六派よりももっと多く、170ほどの流派があるといわれている。

各宗派の関係図

奈良仏教　7世紀～
（鎮護国家のために、宗の垣根を越えて学僧たちが教義の研究に励んだ）

宗名	開宗の年	宗祖	本山	本尊	教えの特徴
法相宗《ほっそうしゅう》 	653年	道昭《どうしょう》	興福寺《こうふくじ》 薬師寺《やくしじ》	釈迦如来《しゃかにょらい》 薬師如来《やくしにょらい》	あらゆる事象は心が作り出すという唯識思想を説く。
華厳宗《けごんしゅう》 	740年	良弁《ろうべん》	東大寺《とうだいじ》	毘盧舎那如来《びるしゃなにょらい》	すべては無尽縁起（因縁によって生起する）であるとする『華厳経』にもとづく。
律宗《りっしゅう》 	754年	鑑真《がんじん》	唐招提寺《とうしょうだいじ》	毘盧舎那如来《びるしゃなにょらい》	戒律を研究し、実践することによって成仏しようとする。

平安仏教　9世紀～
（密教の現世利益的な教えが貴族の間でもてはやされた）

宗名	開宗の年	宗祖	本山	本尊	教えの特徴
天台宗《てんだいしゅう》 	806年	最澄《さいちょう》	延暦寺《えんりゃくじ》	釈迦如来《しゃかにょらい》	天台教学・密教・戒律・禅が融合した総合仏教で、『法華経』の思想を中心にしている。

真言宗《しんごんしゅう》 	816年	空海《くうかい》	金剛峯寺《こんごうぶじ》	大日如来《だいにちにょらい》	大日如来と一体化する修行をし、この身このままでの成仏を目的とする。
融通念佛宗《ゆうずうねんぶつしゅう》 	1117年	良忍《りょうにん》	大念佛寺《だいねんぶつじ》	十一尊天得如来《じゅういちそんてんとくにょらい》	一人がとなえた念仏と、大勢がとなえた念仏が融け合い、往生することができると説く。

鎌倉仏教　12世紀〜
(さまざまな宗派が誕生し、庶民にも仏教が浸透。どの宗派も理念より実践を重んじた)

宗名	開宗の年	宗祖	本山	本尊	教えの特徴
浄土宗《じょうどしゅう》 	1175年	法然《ほうねん》	知恩院《ちおんいん》	阿弥陀如来《あみだにょらい》	「南無阿弥陀仏《なむあみだぶつ》」という念仏をとなえれば、誰でも極楽浄土に往生できると説く。
浄土真宗《じょうどしんしゅう》 	1224年	親鸞《しんらん》	西本願寺《にしほんがんじ》 東本願寺《ひがしほんがんじ》 など	阿弥陀如来《あみだにょらい》	自力を否定し、阿弥陀如来の本願を信じれば、誰でも救われると説く。
時宗《じしゅう》 	1274年	一遍《いっぺん》	清浄光寺《せいじょうこうじ》	南無阿弥陀仏の名号《みょうごう》	信心の有無にかかわらず、念仏をとなえれば、誰でも等しく救われると説く。

臨済宗《りんざいしゅう》 	1191年	栄西《えいさい》	建仁寺《けんにんじ》 妙心寺《みょうしんじ》 など	釈迦如来《しゃかにょらい》	坐禅をしつつ公案《こうあん》という禅問答を行なうことによって、悟りへと近づいていく。
曹洞宗《そうとうしゅう》 	1227年	道元《どうげん》	永平寺《えいへいじ》 總持寺《そうじじ》 など	釈迦如来《しゃかにょらい》	何も求めず、ひたすら坐禅すること（只《し》管打坐《かんたざ》）が、そのまま悟りになると説く。
日蓮宗《にちれんしゅう》 	1253年	日蓮《にちれん》	久遠寺《くおんじ》	釈迦如来《しゃかにょらい》	『法華経』こそが真理であり、「南無妙《なむみょう》法蓮華経《ほうれんげきょう》」の題目をとなえることで、誰でも救われると説く。

17世紀～
（仏教の思想的影響を受けた芸術が普及。江戸時代に明から中国風の禅宗が伝わる）

宗名	開宗の年	宗祖	本山	本尊	教えの特徴
黄檗宗《おうばくしゅう》 	1654年	隠元《いんげん》	萬福寺《まんぷくじ》	釈迦如来《しゃかにょらい》	坐禅を行ないながら念仏をとなえることで浄土へ往生しようという、禅と浄土思想の合致した念仏禅を説く。

第 2 章

奈良時代から続く宗派

奈良仏教の基本中の基本

国の宗教として発展

538年に仏教が公伝すると、その受け入れに賛成する蘇我《そが》氏と断固反対する物部《もののべ》氏との間に争いが生じた。当時は天皇よりも蘇我、物部の二大豪族の権力が強く、仏教の受容を巡る両氏の争いは、その後、半世紀にわたって続いた。しかし、587年には最後の決戦を蘇我氏が制し、以降は仏教興隆が蘇我氏の力で推し進められることになったのである。

そして、蘇我氏と縁戚関係にある聖徳太子《しょうとくたいし》が仏教に深い理解を示し、多くの寺院を建立するとともに、大陸（中国）や朝鮮から多くの高僧を招いて仏教の興隆を推し進めた。この時代を通じて仏教は日本の国土にシッカリと根を下ろしたのである。

奈良時代（710〜794）までには中国から仏教の教えが直輸入され、法隆寺《ほうりゅうじ》や薬《やく》師寺《しじ》、東大寺《とうだいじ》といった大寺院も創建されて、日本仏教の基礎が確立された。そして、仏教は国家の保護のもと、**鎮護国家**《ちんご》（国家を鎮め護る）の宗教としての役割を強めていった。

仏教は国家と密接に結び付いて発展していったが、そのような国家と仏教徒の関係を最も象徴的にあらわしたのが聖武《しょうむ》天皇による大仏造立と国分寺《こくぶんじ》の建立であった。
この時代は南都七大寺（東大寺、興福寺《こうふくじ》、元興寺《がんごうじ》、大安寺《だいあんじ》、薬師寺、西大寺《さいだいじ》、法隆寺）を拠地として仏教研究も盛んに行なわれ、いわゆる**南都六宗**《なんとろくしゅう》が成立した。この時代に日本の仏教はまさに国家の宗教としての基盤を確立したのである。

仏教の公伝と定着

仏教の公伝
（538年）
百済の聖明王が欽明天皇に
仏像や経典を伝える。

↓

異国の宗教の
受け入れをめぐる対立

蘇我氏《そが》
崇仏派《すうぶつ》
積極的に導入

↔

物部氏《もののべ》
排仏派《はいぶつ》
導入に反対

蘇我稲目《そがのいなめ》
↓
蘇我馬子《そがのうまこ》
↓
実権を掌握
氏寺《うじでら》として法興寺《ほうこうじ》（飛鳥寺《あすかでら》）を建立

物部尾興《もののべのおこし》
中臣鎌子《なかとみのかまこ》
↓
物部守屋《もののべのもりや》
↓
衰退

蘇我馬子 ↔ 物部守屋

↓

聖徳太子《しょうとくたいし》
十七条憲法の制定（篤《あつ》く三《さん》宝《ぼう》を敬うべし。三宝とは仏・法・僧なり）
四天王寺《してんのうじ》、法隆寺《ほうりゅうじ》、広隆寺《こうりゅうじ》を建立

↓

仏教を国造りの柱に据える

◇国分寺の建立

持統《じとう》天皇8年（694）、『金光明経《こんこうみょうきょう》』100部を諸国に送り、正月8日から14日までこれを読ませたと伝えられている。各地でこのような行事が行なわれるようになると、諸国に国分寺《こくぶんじ》を建立する構想が起こり、聖武《しょうむ》天皇は天平13年（741）に、東大寺《とうだいじ》を総国分寺とする壮大な国分寺制度の詔勅《しょうちょく》を発したのである。

東大寺には世界の中心にいるという毘盧舎那仏《びるしゃなぶつ》をまつり、その威光が全国の国分寺に届くようにした。これは『華厳経《けごんきょう》』に説く蓮華蔵《れんげぞう》世界を地上に再現しようとしたもので、現実的には**天皇を中心とする理想的な統一国家の実現を仏教の精神によって達成しようとしたもの**である。

◇南都で花開いた六宗

奈良時代には**三論宗《さんろんしゅう》**、**法相宗《ほっそうしゅう》**、**成実宗《じょうじつしゅう》**、**倶舎宗《くしゃしゅう》**、**華厳宗《けごんしゅう》**、**律宗《りつしゅう》**の南都六宗《なんとろくしゅう》が栄えた。これは現在の真言宗《しんごん》や天台宗《てんだいしゅう》、さらには鎌倉時代以降に登場した浄土宗《じょうどしゅう》や浄土真宗《じょうどしんしゅう》、日蓮《にちれん》宗《しゅう》などのような信仰の結社とは性格を異にするものだった。奈良時代の宗派は仏教の学問的研究を行なう学派（グループ）のようなものだったのである。

　たとえば、華厳宗は『華厳経《けごんきょう》』を研究する学派、律宗は仏教の屋台骨である戒律《かいりつ》を研究する学派である。したがって僧侶たちは個人個人の好むところに応じて各宗派に属し、学問を修めたのであり、法相宗の僧侶が三論宗や倶舎宗の学門を兼学するというのが一般的だった。

　南都六宗のうち、三論宗、成実宗、倶舎宗はすでに奈良時代に法相宗などのなかに順次吸収されて姿を消し、法相宗、華厳宗、律宗だけが存続して現在に至っている。

　平安時代になって天台宗や真言宗が開かれると、南都六宗の拠点だった南都七大寺の権威も次第に衰えた。しかし、この時代に行なわれた

東大寺・銅造盧舎那仏坐像

研究の成果が平安時代以降の仏教の土台となったことは事実である。

また、これら奈良時代から続いている宗派は檀家《だんか》を持たず、基本的に葬儀なども行なわない。したがって、わが家の宗教としては馴染《なじ》みが薄いということができる。しかし、東大寺《とうだいじ》の「お水取り」など奈良時代から続く伝統行事、仏像や建築物などの豊富な文化財を通じ、いわば日本人の心の古里として親しまれているのである。

奈良で栄えた南都六宗

法相宗《ほっそうしゅう》	玄奘三蔵《げんじょうさんぞう》訳の『成唯識論《じょうゆいしきろん》』をもとに、弟子の窺基《きき》が大成。玄奘に師事した道昭《どうしょう》によってもたらされ、南都仏教では最大の勢力を誇った。
倶舎宗《くしゃしゅう》	道昭が法相宗とともに日本に伝えた。世親《せしん》の阿毘達磨倶舎論《あびだつまくしゃろん》を中心に、仏教学の基礎である説一切有部《せいいっさいうぶ》について研究。後に法相宗付属の宗となる。
三論宗《さんろんしゅう》	中国の僧・吉蔵《きちぞう》が大成し、弟子の慧灌《えかん》が日本に伝えた。インドの僧・龍樹《りゅうじゅ》の「中論《ちゅうろん》」「十二門論《じゅうにもんろん》」、その弟子である提婆《だいば》の「百論《ひゃくろん》」をもとに、「空」の思想を研究。
成実宗《じょうじつしゅう》	百済の僧・道蔵《どうぞう》により、三論宗の属宗として日本に伝えられた。インドの僧・訶梨跋摩《かりばつま》によって書かれた「成実論」を研究。後に三論宗の萬宗とされた。
華厳宗《けごんしゅう》	中国の僧・杜順《とじゅん》が開宗し、法蔵《ほうぞう》が大成した。審祥《しんじょう》によって新羅《しらぎ》から日本へともたらされた。『華厳経《けごんきょう》』を根本経典とする一派。
律宗《りっしゅう》	中国の僧・鑑真《がんじん》が日本にもたらし、戒壇《かいだん》制度を確立。戒律を説いた「四分律《しぶんりつ》」を根本経典とする。

法相宗

あらゆる存在は「心の流れ」とする唯識思想

法相宗《ほっそうしゅう》は7世紀の中頃、唐の玄奘三蔵《げんじょうさんぞう》がインドから持ち帰って漢訳（中国語への翻訳）した『成唯識論《じょうゆいしきろん》』という経典に基づき、慈恩大師窺基《じおんだいしきき》が教理を確立して成立した宗派である。

『成唯識論』に説く「唯識説」は、文字どおり唯（ただ）、識（心）のみがあるという思想である。つまり、世の中のあらゆる事象は心が作り出したものだという考え方である。そして、心の動きを「八識《はっしき》」（8つの層）に分け、その最も深層にある阿頼耶識《あらやしき》というものが、すべての心を支配すると考える。

「唯識説」は、『般若心経《はんにゃしんぎょう》』などに説く「空《くう》」の思想とともに大乗《だいじょう》仏教の中心思想で、仏教の根本思想である「無常《むじょう》」を論理的に説明したものだ。

日本には奈良時代以前の白雉《はくち》4年（653）に道昭《どうしょう》という僧侶が入唐《にっとう》して（中国に渡って）玄奘三蔵から直接、その教えを学び天智《てんじ》天皇元年（662）に帰国して、元《がん》興寺《ごうじ》（飛鳥寺《あすかでら》）で布教したのがはじまりである。

その後、奈良時代のはじめには玄昉《げんぼう》が興福寺《こうふくじ》に伝えた。以降、法相宗は南都六宗《なんとろくしゅう》のなかでも中心的な地位を占めるようになったのである。

◇所依の経典

所依の経典は前述した『**成唯識論**《じょうゆいしきろん》』『**解深密経**《げじんみつきょう》』などである。

インドで大乗《だいじょう》仏教の基《もとい》を築いたとされる世親《せしん》（330〜400頃）という学僧がいた。彼は唯識思想の要点を30の偈文《げもん》（詩のかたちで説いた教説）で綴った『唯識三十頌《さんじゅうじゅ》』を著したが、それから100年後ぐらいに10人の学僧がそれに注釈をつけたものが『成唯識論』で、法相宗《ほっそうしゅう》の教理の根幹をなす経典として最重要視されている。

次に『解深密経』も玄奘三蔵《げんじょうさんぞう》の訳で、法相宗の根本経典として重んじられている。唯識思想の真髄を説き、それに基づいて修行することによって大きな果報（悟り）を得ることができると説く。

◇求法の旅を成し遂げた三蔵法師玄奘

小説『西遊記《さいゆうき》』の三蔵法師《さんぞうほうし》のモデルとして知られる玄奘三蔵《げんじょうさんぞう》（600〜664）は、中国の仏教界で若くから異彩を放っていた。

玄奘は27歳のとき、当時の中国では唯識《ゆいしき》関係の経典が未整備であることを憂慮し、単身、

「一切は心の流れ」とする唯識論の「八識」

唯識論によれば、心は８種の層からなり。阿頼耶識の流れが一切の現象を生み出す。

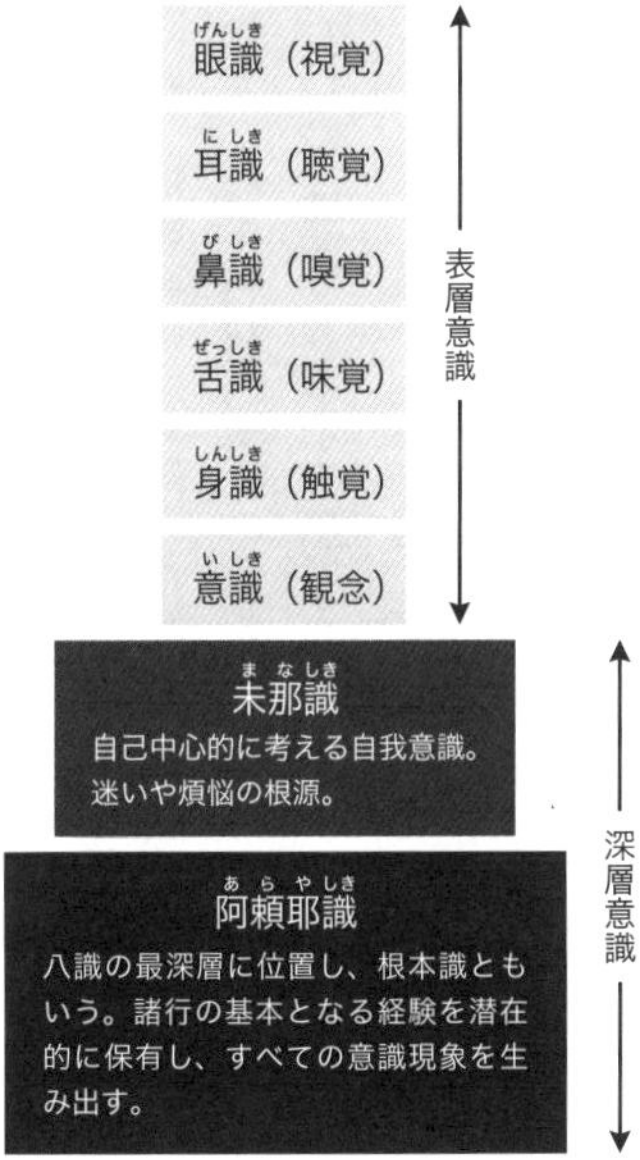

眼識《げんしき》（視覚）
耳識《にしき》（聴覚）
鼻識《びしき》（嗅覚）
舌識《ぜっしき》（味覚）
身識《しんしき》（触覚）
意識《いしき》（観念）
表層意識
末那識《まなしき》
自己中心的に考える自我意識。迷いや煩悩の根源。
阿頼耶識《あらやしき》
八識の最深層に位置し、根本識ともいう。諸行の基本となる経験を潜在的に保有し、すべての意識現象を生み出す。
深層意識

インドに求法《ぐほう》の旅に上ったのである。

シルクロードを経て苦難の末にインドに着いた玄奘は最新の仏教を学び、膨大な経典を携えて、645年に長安に帰った。帰朝後は持ち帰った経典の翻訳に生涯を捧げ、中国の**四大《しだい》翻訳家**（歴史上の4人の偉大な経典の翻訳家）の筆頭に挙げられている。

また、法相宗《ほっそうしゅう》の教理を大成したのは玄奘の弟子の慈恩大師《じおんだいし》だが、その基《もとい》を築いた玄奘三蔵は始祖として仰がれている。

ちなみに、三蔵法師とはすべての経典に精通し、仏教の奥義を究めた高僧に対する尊称である。すでにインドでも用いられていた言葉で、玄奘特有の尊称ではない。玄奘のほかにも中国には多くの三蔵法師がいるのだが、三蔵法師のなかで玄奘がとくに著名であることから、玄奘の代名詞のように使われるようになったのである。

◇最初期の日本仏教がみえてくる二大本山

法相宗《ほっそうしゅう》は現在、**薬師寺《やくしじ》**、**興福寺《こうふくじ》**を大本山として20カ寺ほどがある。

法隆寺《ほうりゅうじ》もかつては法相宗の中心寺院だったが、聖徳太子《しょうとくたいし》とゆかりが深いことから昭和25年（1950）に独立して聖徳宗《しょうとくしゅう》を名乗り、薬師寺や興福寺と差別化を図った。また、京都の清水寺《きよみずでら》もかつては法相宗だったが、昭和40年（1965）に独立して北《きた》法相宗の大本山となった。

◆天武天皇が発願した薬師寺

薬師寺《やくしじ》は第40代・天武《てんむ》天皇が妃（後の第41代・持統《じとう》天皇）の病気平癒を祈願して藤原京に建立を発願したのが起源。元正《げんしょう》天皇の養老《ようろう》2年（718）に平城京遷都《せんと》にともなって現在地に移された。このときに本尊の薬師三尊像とともに、旧伽藍《がらん》の三重塔（現在の東塔《とうとう》）を移築したと考える説もある。

現在地に移ってからは堂塔を整備し、**七《しち》堂《どう》伽藍**（仏殿《ぶつでん》、法堂《はっとう》、山門《さんもん》、僧堂《そうどう》、庫裡《くり》、東司《とうす》、浴司《よくす》）を備えた大寺院に発展した。

薬師寺・金堂、東塔、西塔

天長《てんちょう》7年（830）には鎮護《ちんご》国家を祈願する「最勝会《さいしょうえ》」という法要が盛大に執り行なわれた記録があるが、天禄《てんろく》4年（973）には大火を出して金堂《こんどう》と東西の塔を残して焼失した。その後、一時は復興されたが、火災などが続いて衰亡し、現在は創建当初の建物としては東塔を残すのみとなった。

戦後、薬師寺は写経勧進《かんじん》による創建伽藍の復興が進み、50万人を超える人々の写経と寄進によって順次伽藍の再建が進んだ。昭和51年（1976）には金堂、昭和56年（1981）には西塔《さいとう》、昭和59年（1984）に中門《ちゅうもん》、そして、平成15年（2003）には大講堂が完成し、往時の威容を取り戻した。

◆藤原一門の氏寺・興福寺

大化の改新の立役者、藤原鎌足《ふじわらのかまたり》は山城《やましろ》（京都府）の私邸に寺院の建立を発願したが、果たさずに没した。鎌足没後の天智《てんじ》天皇8年（669）に妻の鏡女王《かがみのおおきみ》がその遺志を継いで建てた山階寺《やましなでら》が興福寺《こうふくじ》の起源と伝えられている。

その後、飛鳥に移り厩坂寺《うまやさかでら》と称したが、和銅《わどう》3年（710）に鎌足の子の藤原不比等《ふひと》が平城京遷都《せんと》に伴って現在地に移転して興福寺と号した。

興福寺は法相宗《ほっそうしゅう》、倶舎宗《くしゃしゅう》の中心寺院となり、南都七大寺（東大寺《とうだいじ》・興福寺・元興寺《がんごうじ》・大安《だいあん》寺《じ》・薬師寺《やくしじ》・西大寺《さいだいじ》・法隆寺《ほうりゅうじ》）の一つとして栄えた。また、養老《ようろう》4年（720）以降は藤原氏の氏寺《うじでら》となり、藤原氏の繁栄とともに時運も隆盛を極めた。同じく藤原氏の氏神である春日《かすが》大社《たいしゃ》の実権をも握り、大和《やまと》一円《いちえん》を知行地《ちぎょうち》として大きな政治勢力を誇ったのである。

平安時代の後半には学僧のほかに多くの**衆徒**《しゅうと》（僧兵《そうへい》）を擁した。また、僧兵たちは自らの主張を通すために、しばしば春日大社の御神木《ごしんぼく》を担いで京都になだれ込み、強訴《ごうそ》に及んだ。無理無体を通す僧兵の横暴は、俗に「山階道理《やましなどうり》」などと呼ばれて世間に恐れられた。

平安末期の治承《じしょう》の乱で戦禍を被り、堂塔の大

興福寺・東金堂

半を焼失したが、まもなく再建された。しかし、鎌倉時代以降は荘園も失い、衰退した。享保《きょうほう》2年（1717）には大火を出し、鎌倉初期に再建された堂塔の大半を失い、その後、いくつかの建物が再建されている。

いっぽうで仏典の印刷刊行事業も長年にわたって行ない、仏典の普及に大いに貢献した。興福寺刊行の仏典は「**春日版**」と呼ばれ、後世、仏教研究の貴重な資料となった。

なお、春日大社は藤原氏の氏社で、興福寺とは不離の関係にあり、明治の神仏分離までは渾然《こんぜん》として2つの寺社が信仰されていた。現在は五重塔や東金堂《とうこんどう》、北円堂などの建物を残すほか、阿修羅《あしゅら》像をはじめとする数々の仏像を蔵している。

また、現在、中金堂《ちゅうこんどう》や回廊、中門などの再建事業が行なわれており、平成30年（2018年）の完成を目指している。発掘調査によって判明した当時の遺構をもとに往時の伽藍《がらん》が忠実に再現されるという。

◇世界最古の木造建築・法隆寺

推古《すいこ》天皇15年（607）に聖徳太子《しょうとくたいし》と推古天皇が、用明《ようめい》天皇の病気平癒を祈願して薬師如来像をまつった。これが法隆寺《ほうりゅうじ》の起源であるといわれてきたが、これには異論がある。

そして今では、推古天皇30年（622）に太子が没すると、妃らが釈迦三尊像《しゃかさんぞん》をまつって、太子の菩提《ぼだい》を弔い、これが現在、金堂《こんどう》の本尊として安置されているものであると考えられている。

奈良時代以降は、歴代の天皇などから特別な保護を受けて発展し、法相宗《ほっそうしゅう》の大本山として、仏教研究の中心としても栄えた。異称を法隆学問寺、または斑鳩寺《いかるがでら》ともいう。

また、太子の薨去《こうきょ》後、100年ほどを経た奈良時代の前半に行信《ぎょうしん》という僧侶が太子の遺徳を偲び、かつて斑鳩《いかるが》の宮と呼ばれた太子の宮殿の跡に上宮王院《じょうぐうおういん》という建物を建てた。これが、夢殿《ゆめどの》を中心とする**東院伽藍**《とういんがらん》である。

行信は太子を心から敬っており、太子の旧跡の荒廃に胸を痛めていた。そこで、朝廷にも援助を求めて伽藍を整備したと伝えられている。このころは東大寺《とうだいじ》の大仏建立、国分寺《こくぶんじ》の創建などで仏教が大いに興隆し、聖武《しょうむ》天皇をはじめ、朝廷も仏教の保護に力を尽くした。そのため行信は、比較的短期間に東院伽藍を完成させたという。

聖徳太子はすでに在世時代から伝説化されていたといわれ、亡くなってしばらくすると聖人、聖徳太子に対する信仰が生まれた。そして、太子が創建に関わり、太子の遺徳を偲ぶ東院のある法隆寺は聖徳太子信仰の聖地として、多くの人々の信仰を集めるようになったのである。

鎌倉時代には夢殿の北側の建物が聖徳太子絵殿《えでん》と舎利殿《しゃりでん》として改装され、絵殿には聖徳太子の生涯を描いた絵巻が掲げられ、舎利殿には太子が握ったまま生まれてきたという仏舎利（釈迦の遺骨）がまつられている。絵殿で太子の一代記を観た参詣者は、舎利殿で件《くだん》の仏舎利を拝し、信仰を新たにしたのだ。

コラム
秘中の秘になった救世観音

法隆寺《ほうりゅうじ》の夢殿《ゆめどの》には聖徳太子《しょうとくたいし》がしばしばここに籠《こも》って救世《くせ》観音から夢のお告げ（夢告《むこく》）を授かり、それによって政治を動かしていたという伝説がある。

その夢殿の本尊・救世観音は長きにわたって絶対秘仏とされてきた。

鎌倉時代の嘉禄《かろく》3年（1227）、『勝鬘経《しょうまんぎょう》』を講じる勝鬘会という法要の本尊とするために、この仏像の模像を造ることになった。そして、像を造りはじめると、これに携わった仏師が頓死《とんし》してしまったという。それ以降、祟《たた》りを恐れて絶対秘仏になったというのである。

その後、数百年を経た明治の初年になって岡倉天心《おかくらてんしん》を中心に仏像をはじめとする文化財保護の気運が高まり、明治17年（1884）に岡倉天心がアメリカの美学者・フェノロサらを伴って法隆寺の資材調査を行なった。そのとき、天心とフェノロサが救世観音の厨子《ずし》を開いてくれるように法隆寺の住職に懇願した。

これに対して、法隆寺側は絶対秘仏の厨子は決して開くことは許されないとして頑《かたく》なに拒んだ。しかし、熱心な説得によってついに厨子が開かれたのだった。

それは、この観音が数百年の眠りから覚めた瞬間だった。そして、そのことが日本における仏像の近代的研究の魁《さきがけ》となったのである。

夢殿本尊・観音菩薩立像（法隆寺蔵）

◇日本初の大僧正となった行基

法相宗《ほっそうしゅう》を代表する行基《ぎょうき》（668〜749）は河内《かわち》（大阪府）出身で、15歳で出家して薬《やく》師《し》寺《じ》に学んだが、学問的な仏教の研究に満足できず、まもなく寺を去った。

その後、行基は諸国を巡って民衆に仏教の教えを平易に説き、托鉢《たくはつ》によって得た金品で貧民を救済した。さらに各地の豪族の支援を受けて大掛かりな土木事業を行ない、各地に灌漑《かんがい》用の池を掘ったり、橋を架けたり、道を開いたりした。このような行基の社会事業や福祉事業は当時の民衆の心をつかみ、また各地の豪族の絶大な支持を得た。

彼を慕う人たちは日に日に数を増し、一大教団に成長していった。そうなると政府のほうでは行基が大衆を先導して善からぬことを企てているという疑心暗鬼に陥り、彼が50歳を過ぎた頃、ついに「惑百姓《わくひやくしよう》（大衆を惑わす）」の咎《とが》でその活動を禁止されたのである。

しかし、その後も行基人気は衰えることなく、各地の豪族たちも依然として彼を支持し続けた。

そのため政府も、行基の社会活動が民心の安定に役立ち、彼が土木事業などに卓越した才能を持っていることを認めざるを得なくなった。

折しも東大寺《とうだいじ》大仏建立の大事業を推進していた聖武《しようむ》天皇が行基に白羽の矢を立てた。天皇は行基の活動に共感し、彼を東大寺大仏建立の「**大勧進**《だいかんじん》」に任命したのである。

勧進とは寺の伽藍《がらん》や仏像を造立、整備するために寄付を集める僧侶のことで、莫大な資金を必要とした東大寺大仏の建立には勧進が極めて重要な役割を果たす。聖武天皇は行基の人柄と行動力を見込んで自らが発案した大事業の命運を彼に賭けたのだった。

大勧進の勅命を受けた行基は事業の成功を期して、さっそく活動を開始した。彼が一声かけると数千人の人々が参集したといい、各地の豪族も進んで行基を援助した。そのような行基の活躍に支えられて無事、大仏と大伽藍が完成したのである。

一時は不穏分子と見なされて政府に弾圧された行基が、当時、最大の国家プロジェクトの立役者として踊り出た。行基は日本で最初に大規模な社会事業を推進した民間人であると同時に、民力活用の第1号だったということができる。

晩年になって東大寺大仏建立の功績により大僧正《だいそうじょう》に任じられ、82歳で波乱万丈の生涯を閉じた。

華厳宗

聖武天皇が魅せられた蓮華蔵世界

華厳宗《けごんしゅう》はインドで作られた『華厳経《けごんきょう》』という経典に基づき、賢首大師法蔵《けんじゅだいしほうぞう》（643～712）が開いた宗派である。日本には天平《てんぴょう》8年（736）に唐の道璿《どうせん》が来朝して『華厳経』をもたらし、天平12年（740）に東大寺《とうだいじ》開山の良弁《ろうべん》僧正が日本華厳宗を開いた。

『華厳経』には毘盧舎那如来《びるしゃなにょらい》が治める理想の世界（蓮華蔵《れんげぞう》世界）が説かれている。毘盧遮那如来はサンスクリット語でヴァイローチャナという。ヴァイローチャナは太陽という意味で、毘盧遮那如来は太陽のように常に世界を照らし続ける偉大な仏なのだ。

そして、この仏に帰依《きえ》することによって理想の世界が実現し、すべての人々が救われると説くのが『華厳経』の趣旨である。

この『華厳経』の思想に基づいて建立されたのが東大寺で、聖武《しょうむ》天皇の発願により良弁が開山となった。東大寺を総国分寺《そうこくぶんじ》としてここに毘盧遮那如来をまつり、当時、全国にあった60余国（山城《やましろ》国や武蔵《むさし》国など）にそれぞれ国分寺を建立して釈迦《しゃか》如来をまつる。そして、毘盧遮那如来の威光が全国の釈迦如来に伝わり、それによって諸国が平和裏に治まる。東大寺の大仏造立と国分寺建立には仏教による理想国家建設という聖武天皇の願いが込められていたのである。

また、奈良の法華寺《ほっけじ》は聖武天皇の后の光明《こうみょう》皇后が、当時、東大寺が女人禁制だったことを憂いて建立した寺院で、ここを総国分尼寺《にじ》として全国に国分尼寺の建立が計画されたのである。

しかし、東大寺を中心にした国分寺計画は莫大な費用と労働力を必要としたことから、国家財政が逼迫《ひっぱく》した。東大寺のほかに諸国に数十カ寺の国分寺が建立されたが、大プロジェクトは業半ばで頓挫した。

また、国分尼寺も半数程度が建立されたが、ついに完成を見ることはなかった。今は各地に国分寺、国分尼寺跡が残っている。

現在、華厳宗は東大寺を大本山として約50カ寺の末寺がある。

◇所依の経典

華厳宗《けごんしゅう》は『華厳経《けごんきょう》』を根本経典とし、その世界をこの世に実現しようとする。『華厳経』では広大無辺の宇宙を「**蓮華蔵世界**《れんげぞうせかい》」といい、その中心に毘盧遮那如来《びるしゃなにょらい》がいて教えを説き、人々を救い続けていると説く。

毘盧遮那如来はブッダの教え（法）そのものを仏格としており、その本体は法そのものという意味で、「法身仏《ほっしんぶつ》」といわれる。つまり、法を身体としているという意味だ。そして、この毘盧遮那如来から無数の釈迦《しゃか》が生まれ、それぞれ教えを説いて人々を無尽蔵に救い続けているというのである。

毘盧遮那如来は1000枚の花弁のある蓮華の台座に座って教えを説き続け、1000枚の花弁の1枚1枚に「千葉《せんよう》の大《だい》釈迦」がいて、各々、1000枚の花弁のある蓮華の台座に座って教えを説いている。そして、千葉の大釈迦が座る台座の花弁の1枚1枚には「千葉の小《しょう》釈迦」がいて教えを説き続けるというのだ。

聖武《しょうむ》天皇の国分寺《こくぶんじ》計画は、この蓮華蔵世界を地上に実現して理想国家を作ることを目指した。つまり、中央の総《そう》国分寺・東大寺《とうだいじ》には仏教の教えの根本である毘盧遮那如来をまつり、各国の国分寺には千葉の大釈迦をまつる。そして、各国の人々の心には千葉の小釈迦をまつることを奨励したのである。

毘盧遮那如来、すなわち、大和朝廷の意向がトップダウンで全国津々浦々まで行き渡るようにしたのだ。

◇「万物は無限に関係し合って成立する」と説く（無尽縁起）

『華厳経《けごんきょう》』には毘盧遮那《びるしやな》如来《にょらい》の世界（宇宙）が説かれているが、その広大無辺に展開する世界をとらえるとき、智慧《ちえ》の深浅によって「真空観《しんくうがん》」「理事無礙《りじむげ》観」「事事《じじ》無礙観」の区別があるとされ、これを華厳宗の「法界三観《さんがん》」といっている。

「真空観」は全宇宙が一心に統一されていると

毘盧遮那如来と千葉の大（小）釈迦

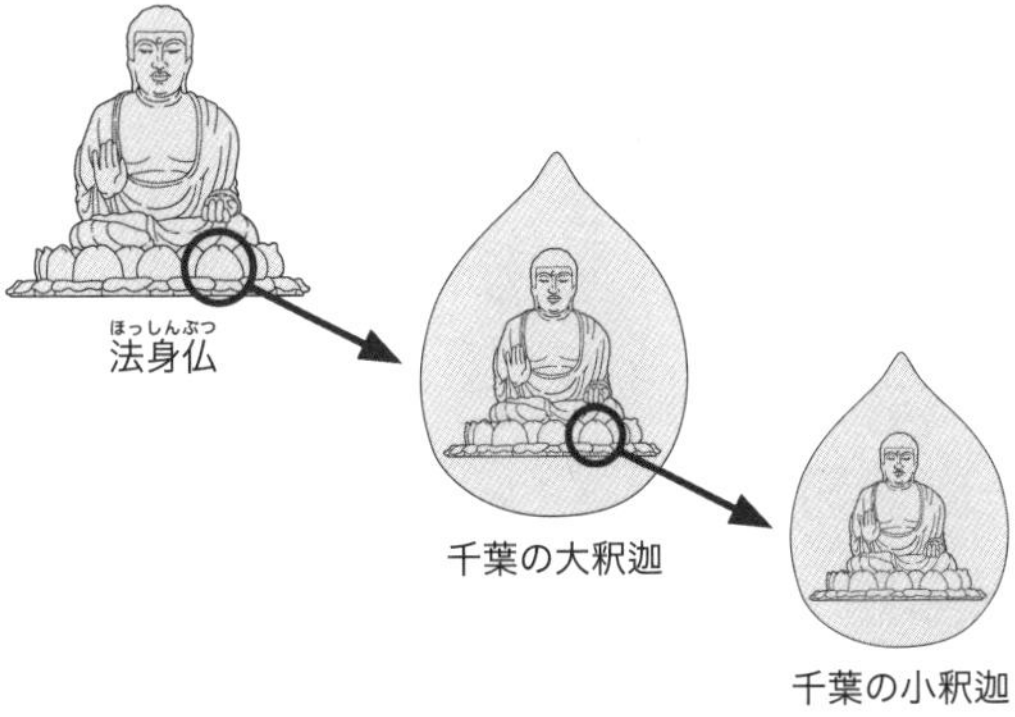

法界（全宇宙）を観ずるとき、宇宙のすべての事象は、真如《しんによ》（宗教的真理。あらゆる存在現象のありのままの姿）と融合して一体となっていると認識することである。

次に「理事無礙観」はあらゆる存在現象とその根元である法界は一体となっていると観ずることである。

そして最後の「事事無礙観」は宇宙のあらゆる存在、現象そのもの（事）が絶対不可思議な毘盧遮那如来の悟りの世界そのものと観ずることだ。この「事事無礙観」が最高の観想であるといい、これによって悟りの境地に至ると説かれている。

また、『華厳経』には「**無尽縁起**《むじんえんぎ》」という教えが説かれている。「無尽縁起」とは「**一即多、多即一**」の世界を説いたものである。つまり、全宇宙の存在は私という個人と融合し、私という個人は全宇宙と一体となっているという意味である。

この考えでは個人と全宇宙の存在現象はすべて同じレベルで存在しており、そこに差別や区別といったものは何一つ存在しない。だから、全宇宙を抱く仏（毘盧遮那如来）とわれわれ人間は完全に融合してまったく同じ存在になっているというのである。

◇大本山・東大寺の大仏建立

聖武《しょうむ》天皇は妃の光明《こうみょう》皇后とともに仏教に深く帰依《きえ》したことで知られているが、天皇は即位以来、仏教の精神による理想的な国家の実現を望んでいた。

天平《てんぴょう》9年（737）に疫病が大流行し、光明皇后の4人の兄をはじめ多くの皇族や朝臣が相次いで亡くなるという悲惨な出来事があった。これを機に天皇は、亡くなった人々の菩提《ぼだい》を弔う意味もあって、かねてより温めていた理想国家の建設に着手したのだった。

この年に聖武天皇は「**国ごとに釈迦《しゃか》仏像一体、脇侍《わきじ》の菩薩《ぼさつ》像二体を造り、兼ねて大般若《だいはんにゃ》経《きょう》一部を書写せよ**」との詔勅《しょうちょく》を出した。

そして4年後の天平13年（741）には東大《とうだい》寺《じ》を総国分寺《そうこくぶんじ》として全国に国分寺を建立せよと

東大寺・大仏殿（金堂）

の詔勅を出し、壮大な国分寺計画がスタートしたのである。

この詔勅のなかで聖武天皇は、数年来続いた凶作や疫病もおさまり、今年は天候も順調で豊作になった。これは、天平9年の詔勅に基づいて各地に釈迦仏を造立して安置し、『大般若経』一部ずつを書写させたことによる、仏の功徳《ぶつのくどく》であることを強調した。そして、これから着手する国分寺建立の大事業は限りない功徳をもたらすであろうと述べている。その大事業を完成させるために、自らも全身全霊を打ち込んで望む決意であることを表明している。

その結果、毘盧舎那如来《びるしやなにょらい》（大仏）を中心とする東大寺の大伽藍《がらん》が完成し、天平勝宝《てんぴょうしょうほう》4年（752）には盛大に開眼供養《かいげんくよう》が行なわれたのだった。

東大寺建立はまさに国運を賭けた大プロジェクトだった。前述したように、毘盧舎那如来はすべての仏の根元で、その威光は全世界に行き渡ると信じられている。その毘盧舎那如来を東大寺の本尊（大仏）としてまつり、全国の国分寺にはその分身である釈迦仏をまつる。毘盧舎那如来の威光は全国に行き渡り、全国の釈迦仏と呼応して無限の慈悲をもたらす。そして、各家には小釈迦像をまつり、国民全員の心のなかにも釈迦仏を念じて、日本全国、国民一人ひとりの心のなかにまで毘盧舎那如来の慈悲の光が行き渡る世界を実現しようとしたのである。

つまり、毘盧舎那如来の無限の慈悲によって国家と国民が完璧に護《まも》られ、人々が平和裏に暮らすことによって中央集権国家の基盤がより強固なものになると考えたのだった。

しかし、莫大な費用と労力を要する国分寺建設計画は容易にははかどらず、聖武天皇の没後は計画自体が有名無実のものになった。火災や戦禍で破壊されたものも再建されることはなく、現在では寺跡だけが残っている。

◇奈良仏教界の重鎮・良弁僧正の伝説

良弁《ろうべん》僧正は持統《じとう》天皇3年（689）、相模《さがみ》（神奈川県）の生まれと伝えられる。

東大寺・二月堂

2歳のときに両親とともに桑畑に赴いたところ、突然、大鷲《おおわし》がやってきてさらっていった。大鷲ははるばる奈良まで飛び、「お水取り」で知られる二月堂《にがつどう》の前の杉の木に幼い良弁を置き去りにして飛び去った。

現在の二月堂のところには東大寺《とうだいじ》の前身の金鐘寺《こんしゅじ》という寺があり、良弁はこの寺の僧侶に助けられて育てられた。幼少より異彩を放っていた良弁はみるみる頭角をあらわし、後に聖武《しょうむ》天皇の信任を得て東大寺の開山に抜擢《ばってき》され、大僧正《だいそうじょう》の位を極めたのである。

今も二月堂の前には「**良弁杉**」と呼ばれる杉の木があり、その根元に良弁をまつる小さな祠《ほこら》がある。お水取りのとき、閼伽井屋《あかいや》と呼ばれる建物のなかの井戸で水を汲む前には、僧侶たちは必ず良弁杉にお参りするしきたりになっている。

◇中興の祖・明恵の篤い信仰心

華厳宗《けごんしゅう》の僧侶のなかでも、その徳に魅了される者が後を絶たないのが明恵《みようえ》（1173〜1232）である。

明恵は紀伊《きい》（和歌山県）の生まれで、8歳のときに父母を失い、もと北面の武士で、荒行で知られる文覚《もんがく》上人について高雄山神護寺《たかおさんじんごじ》で出家した。

16歳のときに東大寺《とうだいじ》で受戒し、その後は諸師に師事して華厳《けごん》や密教《みっきょう》を学んだ。また、臨《りん》済宗《ざいしゅう》を伝えた栄西《えいさい》について禅を究め、霊峰白山《れいほうはくさん》に籠《こも》って厳しい山岳修行にも励んだ。釈迦《しゃか》への思慕の念を強め、インドに渡ることをも計画したが、実現することはできなかった。

建永《けんえい》元年（1206）、34歳のとき、後鳥羽《ごとば》上皇から栂尾山《とがのをさん》の地を賜り、復興して高山《こうさん》寺《じ》を開いた。また、若くして肉体を犠牲にして人々を救済しようとする「捨身《しゃしん》」の思想を持ち、右耳を切り落としたという話は有名である。

さらに、19歳の頃から夢の記録を書き記していたことでも知られ、自身の見た夢を客観的に分析し、それを修行に活かしたといわれている。その意味で、日本はもとより、世界的にも夢研究のパイオニアということができる。

また、戒律《かいりつ》も研究して、これを厳格に守ることを主張し、源空《げんくう》（法然《ほうねん》）が『選択本願《せんじゃくほんがん》念仏集《ねんぶつしゅう》』のなかで「三学《さんがく》の器に非ず」といって結果的に戒律を否定したことを痛烈に批判したが、このことが鎌倉時代初期の**戒律復興運動**にも大きな影響を与えた（175ページを参照）。

このほか、栄西が中国から持ち帰った茶の種を高山寺に植えて茶の栽培をしたことでも知られる。今も、高山寺には日本最古の茶園が残っている。
和歌にも遺憾なく才能を発揮し、奔放で独自の境地を詠《うた》った。

あかあかや　あかあかあかや　あかあかや　あかあかあかや　あかあかや月

（『明恵上人歌集』より）

このように単に仏教者としてではなく、明恵の活動は多岐にわたった。その思想や活動は鎌倉新仏教の祖師たちにも多大な影響を与え、新しい時代の仏教を力強く牽引したことは間違いない。その意味で、明恵は法然や道元《どうげん》、日蓮《にちれん》などと並ぶ孤高の存在として日本の仏教史に輝き続けているのだ。

『明恵上人樹上坐禅像』
（京都 高山寺蔵）

律宗

戒の実践こそが悟りへと至る道

律宗《りっしゅう》は戒律《かいりつ》（仏教徒が守るべき規律）の研究に基礎を置く宗派である。中国では早くから戒律の研究が行なわれていたが、唐代に道宣《どうせん》（596〜667）が教理を大成した。戒律を研究して熟知し、それを実践することによって悟りを開こうというのが律宗の教理である。

日本には奈良時代に道宣の系統を引いた鑑真和上《がんじんわじょう》（687〜763）によって伝えられた。天平勝宝《てんぴょうしょうほう》6年（754）に来朝した鑑真はその年、東大寺《とうだいじ》に戒壇院《かいだんいん》を設けて戒律普及の根拠地とし、天平宝字《ほうじ》3年（759）には唐招提寺《とうしょうだいじ》を建立して戒律研究の根本道場とした。現在、律宗には唐招提寺を大本山として25の寺院がある。

また、鎌倉時代には奈良の西大寺《さいだいじ》を中心として真言宗《しんごんしゅう》で戒

律の研究が盛んに行なわれた。その結果、真言の教理と戒律を融合させて独自の教理を確立して真言律宗《しんごんりつしゅう》が成立した。現在、真言律宗には西大寺を大本山に20余りの寺院がある。

◇所依の経典

律宗《りつしゅう》は『**四分律**《しぶんりつ》』を所依の経典として、戒律《かいりつ》を事細かに研究し、戒律に精通したうえで実践に励むことを教義とする。

この経典は内容を4つに分けて説いていることからこの名で呼ばれている。中国で漢訳され、これによって中国で律宗が開かれた。日本には鑑真《がんじん》が伝え、日本では戒律の根本聖典といえばこの経典を指すことが多い。

戒律は仏教の屋台骨であり、鑑真が律宗を伝えたことによって、日本の仏教は完成したということができるのだ。

◇仏教者になるための「戒」と「律」

釈迦《しゃか》は戒《かい》・定《じょう》・慧《え》の「三学《さんがく》」をすすめた。戒は戒律《かいりつ》を守ること。定は坐禅（瞑想《めいそう》）をして精神を統一すること。慧は戒と定を弛《たゆ》まず実践することによって得られる悟りの智慧である。このことからもわかるように戒律は悟りを得るために極めて重要で、まさに仏教の土台となるものなのだ。

一般には戒律といわれて一つの言葉として使われているが、「戒」と「律」とは異なる概念である。

「戒」は**規律を守ろうとする自発的な心の働き**であるという。たとえば、不殺生戒《ふせっしょうかい》（生き物を殺したり、いじめたりしない）というものがあるが、修行者が不殺生戒を守ろうとする心の働きが戒なのである。戒は自らを戒める自発的な規制だから、これを犯しても罰則はない。

これに対して「律」は、**修行者が円滑な修行生活ができるように定められた規律**である。釈迦の時代に仏教では教団が成立し、その秩序を維持するための規律が必要になった。そこで、整備されたのが律で、規律を犯したときの罰則規定などが定められている。

戒律には、出家者のための戒律と、在家《ざいけ》の人のために定められた戒律があり、比丘《びく》（男性の出家者）に対しては250戒、比丘尼《びくに》（女性の出家者）に対しては348戒が定められている。

また、在家の戒には先に挙げた不殺生、不偸盗《ふちゅうとう》（盗まない）、不妄語《ふもうご》（ウソをついたり、心にもない美辞麗句を並べたりしてはいけない）、不飲酒《ふおんじゅ》（酒を飲まない）、不邪淫《ふじゃいん》（配偶者以外の異性と淫《みだ》らな関係を持たない）という、5つの戒（五戒《ごかい》）が定められている。

戒を守ろうと継続的に努力をすることによって、戒は自然に身につくものと考えられ、これが身につくことによって人は善に向かい、悟りの世界に近づくと考えられている。

戒律とか悟りというと難しそうだが、要するに良い生活習慣を身につけるということが第一歩だ。たとえば、早寝早起きの習慣を身につければ、自然に正しい生活のリズムが備わる。そうすれば、精神も健全になって邪悪なことを考えたり、悪いことをしなくなるのである。

このことから、戒には「防非止悪《ぼうひしあく》」の力が備わっているといわれる。つまり、非（悪）を防ぎ、その結果、積極的に善い行ないをしようとする意思の力である。

◇命がけの渡海を果たした鑑真和上

井上靖《いのうえやすし》の小説『天平の甍《てんぴょういらか》』で有名な鑑真和上《がんじんわじょう》は暴風雨や海賊に阻まれて5回も渡来に失敗したが、6回目の挑戦でやっと日本に辿り着くことができた。その間に11年の歳月が過

律蔵にもとづく律宗の教え

仏教の経典

↓ 大きく3種類に分けられる

経蔵《きょうぞう》	**律蔵《りつぞう》**	**論蔵《ろんぞう》**
釈迦の教えをまとめたもの。	仏教教団の守るべき戒律と破戒の罰則を記したもの。	仏教学者が経と律について注釈を記したもの。

↓

律蔵のなかでも「四分律蔵《しぶんりつぞう》」を中心に研究し、
戒律の実践によって悟りにいたる。

↓

戒

出家、在家を問わず信者が自分に課す戒め。

五戒《ごかい》
在家の信者が守るべき基本的な5つの戒

不殺生《ふせっしょう》戒　生き物を傷つけたり、殺してはいけない。
不偸盗《ふちゅうとう》戒　他人のものを盗んではいけない。
不邪淫《ふじゃいん》戒　淫らな性行為をしてはいけない。
不妄語《ふもうご》戒　嘘をついてはいけない。
不飲酒《ふおんじゅ》戒　お酒を飲んではいけない。

律

出家修行者に対する教団の規律。男性に対して250戒、女性に対して348戒が設けられているが、その運用規定や罰則を定めたものが律である。

波羅夷《はらい》
出家信者が守るべき戒律のうち、教団追放の罰が課される4つの罪

淫戒《いんかい》　還俗しないで、異性と性行為をすること。
盗戒《とうかい》　物を盗むこと。
殺人戒《せつにんかい》　人を殺すこと。
大妄語戒《だいもうごかい》　悟りを得たと偽ること。

五戒のほか、「歌舞を鑑賞してはいけない（不歌舞観聴《ふかぶかんちょう》）」「香水や装飾品を身に付けてはいけない（不塗飾香鬘《ふずじきこうまん》）」「立派で心地よい床に寝てはいけない（不坐高広大牀《ふざこうこうだいしょう》）」「定めたとき以外に食事をしてはいけない（不非時食《ふひじじき》）」「お金や宝石類など個人の資産となる物を所有してはいけない（不蓄金銀宝《ふちくこんごんほう》）」の5つを合わせた十戒《じっかい》もある。

ぎ、当初の同志はすでに渡日を諦めたり亡くなったりしていた。

鑑真自身も難破した折に潮で目を痛めて失明したが、ついに初志を貫いて念願の来日を果たしたのである。**時に鑑真は67歳**。その意志の強さと仏教の布教にかけた情熱にはただただ脱帽する以外にない。

鑑真はなぜそれほどまでの苦難に遭い、しかも老齢を押してまで来日したのであろうか。そこには東大寺《とうだいじ》を建立した聖武《しょうむ》天皇の強力な要請があったのである。

そのころ聖武天皇は仏教による国家の統一を目指して、東大寺の建立を志した。ところが、当時の日本には戒律《かいりつ》の専門家がいなかったのである。

戒律は仏教徒が守るべき規律、道徳である。たとえば不殺生《ふせっしょう》（生き物を殺すべからず）とか不妄語《ふもうご》（ウソをついたり、心にもない美辞麗句を並べたりしてはいけない）という初歩的なものからはじまって、僧侶が守らなければならない数百の規律が定められている。これは仏教教団の一種の法律で非常に複雑な内容だから、当然、専門家でなければ正確にはわからない。そして、この戒律を授けてもらわないと、正式な僧侶になることはできないのだが、その専門家が日本にはいなかったのだ。

鑑真が来る以前には、僧侶は百済《くだら》や中国に渡って戒律を授けてもらっていたが、これでは時間と費用がかかりすぎ、しかも限られた人しか受戒できない。東大寺をはじめとして全国に寺院を建てても、肝心の僧侶が不足していたのでは聖武天皇の仏教による理想国家の建設は達成できなかったのだ。このことを憂慮した聖武天皇は、中国から戒律の専門家を連れてくるように勅命《ちょくめい》を下したのである。

そして、日本から栄叡《えいえい》、普照《ふしょう》という僧侶を唐（中国）に派遣し、当時、戒律の大家として知られていた鑑真に是非とも日本に来て戒律を教えてくれるようにと懇願したのである。鑑真は彼らの熱意に共感して日本行きを決意するが、当時、鑑真はすでに中国で大僧《だいそう》正《じょう》としての地位を確立していたため、多くの人々が名僧の出国を惜しみ、何とかこれを思い留まらせようと躍起になった。

しかし、鑑真の決意は固く、引きとめることはできなかった。布教のためにはどんな困難をも乗り越えて、それこそ地の果てまでも出かけていくというのが鑑真の基本的スタンスだったのだろう。

天平《てんぴょう》勝宝《しょうほう》6年（754）に来朝した鑑真は東大寺に戒壇院《かいだんいん》を設けた。戒壇は僧侶に正式に戒律を授ける施設で、これによって日本国内で授戒（戒律を授かること）ができるようになり、多くの僧侶がここで受戒したのである。これは日本の仏教史上、画期的な出来事だった。

鑑真は大和尚《だいおしょう》の号を賜り大僧正に任ぜられた。さらに後には聖武天皇の勅願《ちょくがん》によって唐招提寺《とうしょうだいじ》が建立され、鑑真が住持《じゅうじ》（住職）となり、天平宝字《ほうじ》7年（763）に77歳の生涯を閉じたのだった。

◇天平の息吹を感じさせる大本山・唐招提寺

前述したように唐招提寺《とうしょうだいじ》は聖武《しょうむ》天皇の勅願《ちょくがん》によって建立された戒律《かいりつ》研究の専門道場である。「招提」とは仏のもとに修行する人たちという意味である
聖武天皇が崩御した後、奈良時代の後半になるにしたがって奈良の都は衰退の一途を辿り、大安寺《だいあんじ》や元興寺《がんごうじ》、薬師寺《やくしじ》などの大仏開眼の前には大いに栄えた寺院が早くも衰退していった。唐招提寺はそんな時代の趨勢《すうせい》に逆行するかたちで造営が進められたのである。鑑《がん》真《じん》が初代住持《じゅうじ》となり、尽力したが、彼の時代には完成を見ることはできなかった。
伽藍《がらん》の造営や仏像の制作は鑑真の没後も弟子たちの手で続けられ、ようやく完成を見たのは、奈良時代の最末期から、平安時代の初期と見られている。鑑真が創建に着手してから30年以上を経過していたものと考えられている。

唐招提寺は鑑真の没後も戒律研究の根本道場として威容を誇ったが、平安時代以降、都が京都に移ると次第に衰えた。とくに、平安時代のはじめに伝教《でんぎょう》大師《だいし》最澄《さいちょう》が比叡山に大乗戒壇《だいじょうかいだん》を創設すると衰退の一途を辿ることになったのである（94ページ参照）。

鎌倉時代になると実範《じつぱん》、覚盛《かくじょう》らの尽力によって復興を見たが、室町時代には守護大名などに寺領を奪われて再び衰退した。ただし、幸いにも兵火にまみえることなく、伽藍や仏像などは残され、現在も律宗《りつしゅう》の総本山として多くの参拝者を集めている。

寺内に納められている**鑑真和上坐像**は天平《てんぴょう》時代の作であるが、鑑真の人柄を今に伝える名作として有名である。

唐招提寺・金堂

また、国宝の金堂《こんどう》は数少ない天平建築で、貴重な遺構として高く評価されている。金堂の中央には像高約3・4メートルの毘盧遮那如来《びるしゃなにょらい》坐像、その向かって右側には像高約3・7メートルの薬師如来立像《やくしにょらいりゅうぞう》、同左側には像高約5・3メートルの千手観音立像《せんじゅかんのんりゅうぞう》が安置されている。

これらの仏像には天平仏の様式が具わっているが、同時に平安時代初期の仏像の表現も見られ、非常に永い時間をかけて造られたことが偲ばれる。

境内には鑑真が創建した戒壇《かいだん》跡があり、石を積み上げた授戒のための戒壇が後世、再現されている。また、境内の外れには鑑真が眠る廟所《びょうしょ》(墓所)がある。奈良時代からの歴史上の人物で、墓所が継続して守られてきたのは鑑真だけといわれている。

◇宗祖没後の衰退と真言律宗の誕生

平安時代の後半になると、戒律《かいりつ》は乱れ、その内容を熟知するものも少なくなった。天下の三戒壇《かいだん》〈奈良の東大寺《とうだいじ》、下野《しもつけ》〈栃木県〉の薬師寺《やくしじ》、筑前〈太宰府〉の観世音寺《かんぜおんじ》〉もすっかり衰退して、有名無実のものになっていた。

そのような状況のなか、平安時代の末になると戒律の復興に尽力する僧侶が現れた。

なかでも西大寺《さいだいじ》の**叡尊**《えいそん》（1201～90）は、密教をはじめ法相宗《ほっそうしゅう》など諸般の教理に通じていたが、それとともに戒律を詳細に研究して鑑真《がんじん》以来の律宗《りっしゅう》の復興に尽力し、西大寺を戒律の根本道場にした。

真言密教の教理と律宗の教理がどの程度、融合したかについて詳細は不明であるが、後に西大寺の律宗を真言律宗と呼ぶようになった。

また、叡尊の弟子の**忍性**《にんしょう》（1217～1303）は北条長時《ほうじょうながとき》に招かれて鎌倉に下り、極《ごく》楽寺《らくじ》を開いて戒律の普及に努めた。彼は困民救済や架橋《かきょう》、道路工事などの社会事業を行ない、忍性菩薩と称賛され、鎌倉に戒律の基盤をつくった。

明治28年（1895）、奈良の西大寺を総本山と定め、鎌倉の極楽寺や横浜の称名寺《しょうみょうじ》など、20カ寺が真言律宗として活動している。

第 3 章

平安時代に開かれた宗派

平安仏教の基本中の基本

新風を吹き込んだ2人の巨星

日本の仏教は中国から法相宗《ほっそうしゅう》や律宗《りっしゅう》、華厳宗《けごんしゅう》などが伝えられ、法隆寺《ほうりゅうじ》や東大寺《とうだいじ》、興福寺《こうふくじ》などの大寺を中心に、奈良時代までにすっかり基礎が確立した。そして、平安時代になると、それらの基礎のもとに新たな発展段階を迎えることになるのである。

この時代の最大の立役者は、日本天台宗《てんだいしゅう》の開祖、**伝教大師《でんぎょうだいし》最澄《さいちょう》**と日本真言宗《しんごんしゅう》の開祖、**弘法大師《こうぼうだいし》空海《くうかい》**である。彼らは奈良時代までの仏教を完全にマスターし、さらに唐に渡って当時、最新の仏教思想を学び、それを独自に体系化して新たな仏教思想を展開した。とくに空海が伝えた密教《みっきょう》は現世利益《げんぜりやく》的で当時の貴族などに受け入れられて短期間に普及し、大いに栄えた。

◇末法思想と浄土信仰の広がり

また、仏教では早くから釈迦《しゃか》がこの世を去って2000年（一説に1500年）経つと、正しい教えが守られず、人々が堕落して次々と地獄に落ちる末法《まっぽう》の時代が到来するといわれていた。日本では平安後期の永承《えいしょう》7年（1052）が末法の時代のはじまりにあたることから、「南無阿弥陀仏《なむあみだぶつ》」の念仏さえとなえれば極楽往生できると説く、浄土《じょうど》信仰が貴族などを中心に歓迎されたのである。

これにともなって、阿弥陀来迎図《らいごうず》などが盛んに制作され、また地上に浄土の様子を再現した浄土建築や浄土庭園が数多く造られた。宇治《うじ》の**平等院鳳凰堂**《びょうどういんほうおうどう》は浄土信仰が生み出したこの時代の精華だった。

このような絢爛《けんらん》たる浄土教美術を生み出した背景には藤原道長《みちなが》、頼通《よりみち》らの時代に最盛期を迎えた貴族文化があった。奈良時代の仏教が朝廷

平等院・鳳凰堂

を中心とした国家の仏教だとすると、平安時代の仏教はその黄金期を迎えた貴族の仏教ということができる。

いっぽう、旧来の奈良仏教は前時代に国家の手厚い保護を受けてすっかり権威主義的なものとなり、僧侶たちの腐敗、堕落が目立つようになった。弓削道鏡《ゆげのどうきょう》が自ら天皇になることを望んだのは、その象徴的な事件だった。しかし、桓武《かんむ》天皇の英断で平安京に都が移されたこと、また、最澄、空海が新進の仏教を展開したこともあって、平安時代になると、いわゆる南都《なんと》仏教は急速に衰退することになったのである。

また、平安時代の前半には宇多《うだ》天皇（887〜897在位）が藤原氏の支配に反発して出家し、仁和寺《にんなじ》に住んだ。以降、仁和寺は歴代天皇が出家して住持《じゅうじ》（住職）を務めるようになり、これが他寺にも波及して**門跡寺院**《もんぜき》（天皇や皇族、貴族が入寺して住職を務める寺院）が形成され、今も多くの門跡寺院がある。

天台宗

日本仏教の源流となった法華一乗の教え

天台宗《てんだいしゅう》の教えはインドの龍樹《りゅうじゅ》に淵源《えんげん》し、その教えを中国の南嶽慧思《なんがくえし》が受け継いで、天台大師智顗《てんだいだいしちぎ》（538〜597）が教理を大成した。

日本には平安時代のはじめに伝教大師最澄《でんぎょうだいしさいちょう》（767〜822）によって伝えられた。最澄は比叡山《ひえいざん》を根本道場として天台宗の布教を進め、ここから多くの優秀な弟子たちが輩出した。なかでも第三世天台座主《ざす》の慈覚大師円仁《じかくだいしえんにん》（794〜864）と第五世天台座主の智証大師円珍《ちしょうだいしえんちん》（814〜891）の2人は、ともに長く中国に留学して天台の教義を学ぶとともに密教《みっきょう》を学び、その奥義を授かって帰朝した。

彼ら2人の活躍によって天台宗は飛躍的に発展し、密教においても真言宗《しんごんしゅう》を凌《しの》ぐ教理を確立した。

とくに円仁は諸国を巡って天台宗の普及に努め、天台宗の

寺院を建立したり、衰退した寺院を天台宗寺院として再興し、あるいは、他宗の寺院を天台宗に改宗して多大な功績を残した。山形の立石寺《りっしゃくじ》や平泉の中尊寺《ちゅうそんじ》、浅草の浅《せん》草寺《そうじ》などは円仁の創建や中興によるものである。

◆叡山仏教の確立

円仁、円珍の活躍によって天台宗は大いに発展し、比叡山延暦寺《えんりやくじ》を中心に、傘下に多くの寺院を抱えるようになった。そして、平安時代の半ば頃から比叡山は仏教の総合大学のような様相を呈していった。

それは最澄の天台宗が『法華経《ほけきょう》』を中心にすべての仏教の融合を目指したためで、比叡山に行けばどの仏教の教理も学ぶことができたからである。そこで、平安時代から鎌倉時代のはじめにかけて、多くの優秀な若者が比叡山に登った。

その結果、鎌倉時代には日本の十三宗の宗派のうち六宗までが開かれているが、浄《じょう》土宗《どしゅう》の法然《ほうねん》、浄土真宗《じょうどしんしゅう》の親鸞《しんらん》、日蓮宗《にちれんしゅう》の日蓮《にちれん》、臨済宗《りんざいしゅう》の栄西《えいさい》、曹洞宗《そうとうしゅう》の道元《どうげん》の5人が比叡山で修行している。

彼らは諸宗の教理を学ぶ環境が整った比叡山で自分に合った教えを選び取り、それを中心に独自の教理を作りあげて、一宗を開いたのである。鎌倉時代に開かれた宗派の開祖のうち、比叡山で修行をしなかったのは時宗《じしゅう》の一遍《いっぺん》だけである。

◆一大政治勢力「南都北嶺」の登場

平安時代の末になると、比叡山が勢力を伸張するなかで、一山を警護する僧兵《そうへい》を多く抱えるようになった。

そして、鎌倉時代のはじめになると、僧兵が一山を牛耳《ぎゅうじ》るようになり、奈良の興福寺《こうふくじ》の僧兵とともに「南都北嶺《なんとほくれい》」と呼ばれて畏《おそ》れられ、かつての仏教の総合大学としての権威は衰退の一途を辿ることになるのである。

僧兵たちは他宗や時の政治権力とも抗争を繰り返したため、戦国時代には織田信長が僧兵勢力の一掃を図った。そして、元亀《げんき》2年（1571）、信長は比叡山焼き討ちを決行し、一山は焦土と化した。その後、豊臣秀吉、徳川家康が再建に乗り出したが、旧態に復することはできなかった。

しかし、家康の死後、幕府の宗教顧問を務めた天海《てんかい》（1536～1643）が江戸に東叡山寛永寺《とうえいざんかんえいじ》を建立して天台宗の拠点とし、天台教学の復興にも努めた。それによって天台宗は幕府の保護も受けて勢力を盛り返し、結果的に比叡山も復活したのである。

◇所依の経典

天台宗《てんだいしゅう》の根本経典である『法華経《ほけきょう》』は、詳しくは『妙法蓮華経《みょうほうれんげきょう》』といい、406年に**鳩摩羅什**《くまらじゅう》(344~413)が漢訳したものである。訳者の鳩摩羅什はインド人を父に持つ西域《さいいき》出身の僧で、401年に長安《ちょうあん》に迎えられ、万巻の仏典を翻訳した。玄奘三蔵《げんじょうさんぞう》とともに中国最大の翻訳家の一人に数えられている。

『法華経』はサンスクリット語の原名を『サッダルマ・プンダリーカ・スートラ』といい、これを現代語訳すると『正しい白蓮の教え』という。蓮のなかでも最も気高いといわれる白蓮が泥中から生じても、その泥に汚されずに美しい花を咲かせるように、すべての人の仏性(仏になる可能性)は汚れの多い俗世にあっても失われない。つまり、すべての人に仏性があって、自ら救われることを説く。

大乗《だいじょう》仏教は初期の仏教徒が、少数のものしか救われないという(小乗《しょうじょう》の)立場をとったことを批判するかたちで興った新しい思潮だった。そして、大乗は「大きな乗り物」ですべての人が救われることを標榜《ひょうぼう》したのであるが、小乗を批判することに専念したあまり、小乗の徒は救われないということになった。これでは利他《りた》（他者を助け、利益を与えること）を標榜し、一切衆生に慈悲の行き渡ることを説いた大乗の精神に矛盾する。この矛盾を改め、それまでの大乗経典を軌道修正するために作られたのが、『法華経』だったのである。

初期の大乗仏教が、小乗仏教を「他者を救うことができない次元の低い教え」として退けたのに対し、『法華経』は彼らの修行も無駄ではなかったということを、方便《ほうべん》を使って強調した。詳しくは「善巧方便《ぜんぎょう》」と呼ばれ、あらゆる比喩《ひゆ》を用いて、仏の真意を説いたのである。そして、『法華経』では小乗の教徒が大乗の教えを知らなかった理由を次のように説く。

釈迦《しゃか》は**声聞《しょうもん》**（もともと釈迦の教えを聞いて悟りを開いた仏弟子のことだが、釈迦〈如来〉のように他者を救済することのできない、低い次元の修行者）、**縁覚《えんがく》**（季節の移ろいなどを感じて独り悟りを開くもの。こちらも声聞と同様、他者を救済することのできない次元の低い修行者）が未熟だったので、彼らに最初からすべての人が救われるという大乗の教えを説くのを控え、予備的な教え（自分だけが悟りを開くこと）を説いた。声聞や縁覚はそれにしたがって修行し、悟りを得るものもいたのであるが、彼らは人を助ける余力を持たなかった。しかし、その小乗の修行が彼らを成熟させ、大乗仏教を導き出すのに役立つようにしたのである、と。

『法華経』によって小乗の声聞、縁覚の二乗《にじょう》は結局、大乗の教え一つ（一乗《いちじょう》）で救われることになり、これによって万人救済の道が開けた。このことを「**開三顕一**《かいさんけんいつ》」といい、『法華経』の屋台骨である。すなわち、声聞、縁覚、菩薩《ぼさつ》の三乗を開いて、大乗の一乗に帰するという意味である。

早くから仏教では、完璧な教えを欠けるところのない円形になぞらえて「円教」と呼んでいるが、天台宗《てんだいしゅう》では天台大師智顗《ちぎ》以来、誰もが完全に救われるという教えを説いた『法華経』を「円教」と呼んで重要視しているのである。

◇『法華経』こそ究極の教えとする（五時八教の教判）

天台宗《てんだいしゅう》の祖、天台大師智顗《ちぎ》は膨大な数の経典をランク付けし、『法華経《ほけきょう》』を最高の教えとした。

中国には仏教が伝えられた1世紀以降、さまざまな経典が伝えられて翻訳されていた。

しかし、それらの経典はランダムに伝えられ、どれが釈迦《しゃか》の真の教えか、つまり、膨大な経典のなかで、どの教えが釈迦がほんとうに説いたものなのかが判然としなかった。そこで、智顗は釈迦が教えを説いた時期を5つに分け、さらに内容や形式のうえから8つに分類したのである。このような分類を**五時**《ごじ》**八教**《はっきょう》といい、天台宗の教理の基礎になっている。

釈迦は人々の理解の度合や時機に応じて順次、教えを説き、最後に人々の仏教に対する理解力が高まったところで真骨頂の『法華経』を説いた。『法華経』は仏教のすべての要件を具えた最高の教えで、この経典によってすべての人が救わ

智顗《ちぎ》の教相判釈《きょうそうはんじゃく》

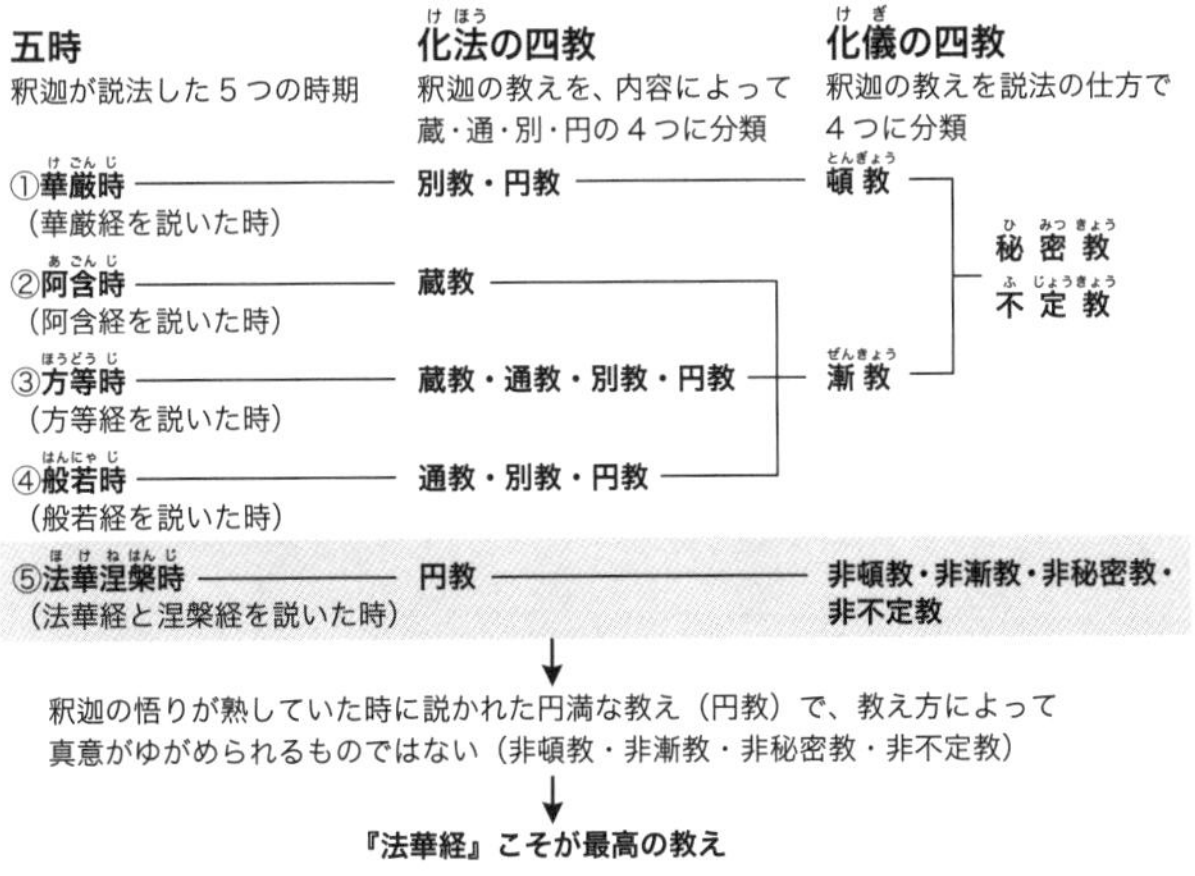
五時
釈迦が説法した５つの時期
化法《けほう》の四教
釈迦の教えを、内容によって蔵・通・別・円の４つに分類
化儀《けぎ》の四教
釈迦の教えを説法の仕方で４つに分類
①華厳時《けごんじ》（華厳経を説いた時）
別教・円教
頓教《とんぎょう》
秘密教《ひみつきょう》
不定教《ふじょうきょう》
②阿含時《あごんじ》（阿含経を説いた時）
蔵教
③方等時《ほうどうじ》（方等経を説いた時）
蔵教・通教・別教・円教
漸教《ぜんきょう》
④般若時《はんにゃじ》（般若経を説いた時）
通教・別教・円教
⑤法華涅槃時《ほけねはんじ》（法華経と涅槃経を説いた時）
円教
非頓教・非漸教・非秘密教・非不定教
釈迦の悟りが熟していた時に説かれた円満な教え（円教）で、教え方によって真意がゆがめられるものではない（非頓教・非漸教・非秘密教・非不定教）
『法華経』こそが最高の教え

れると智顗は考えたのである。

ただし、このような考え方は釈迦が一生のうちにすべての経典を説いたという前提に立っている。しかし、実際にはほとんどの経典は釈迦の死後に作られたもので、とくに大《だい》乗《じょう》仏典は紀元後、釈迦が亡くなって数百年も経ってから成立したものである。

また、智顗のように経典の形式や内容で分類し、優劣を判断することを**教相判釈**《きょうそうはんじゃく》（略して教判という）という。ほかにも教判はあるが、智顗の五時八教と後述する空海の十住《じゅうじゅう》心論《しんろん》が有名である。

◇智顗の説く「円頓止観」

「止観《しかん》」とは禅定（瞑想《めいそう》）と類似の概念で、「止」は一切の外界の存在や現象に動かされることなく、心を特定の対象に繋《つな》ぎ止めること。「観」は止の実践によって正しい智慧を起こし、対象のありのままのすがたを見ることである。

両者は相即不離の関係で、天台大師智顗《ちぎ》は止観の実践によって悟りの境地に至ると考えたのである。

智顗はこの止観をとくに重要視し、『摩訶止観《まかしかん》』を著して止観の意義を体系化し、その

智顗《ちぎ》の一心三観《いっしんさんがん》

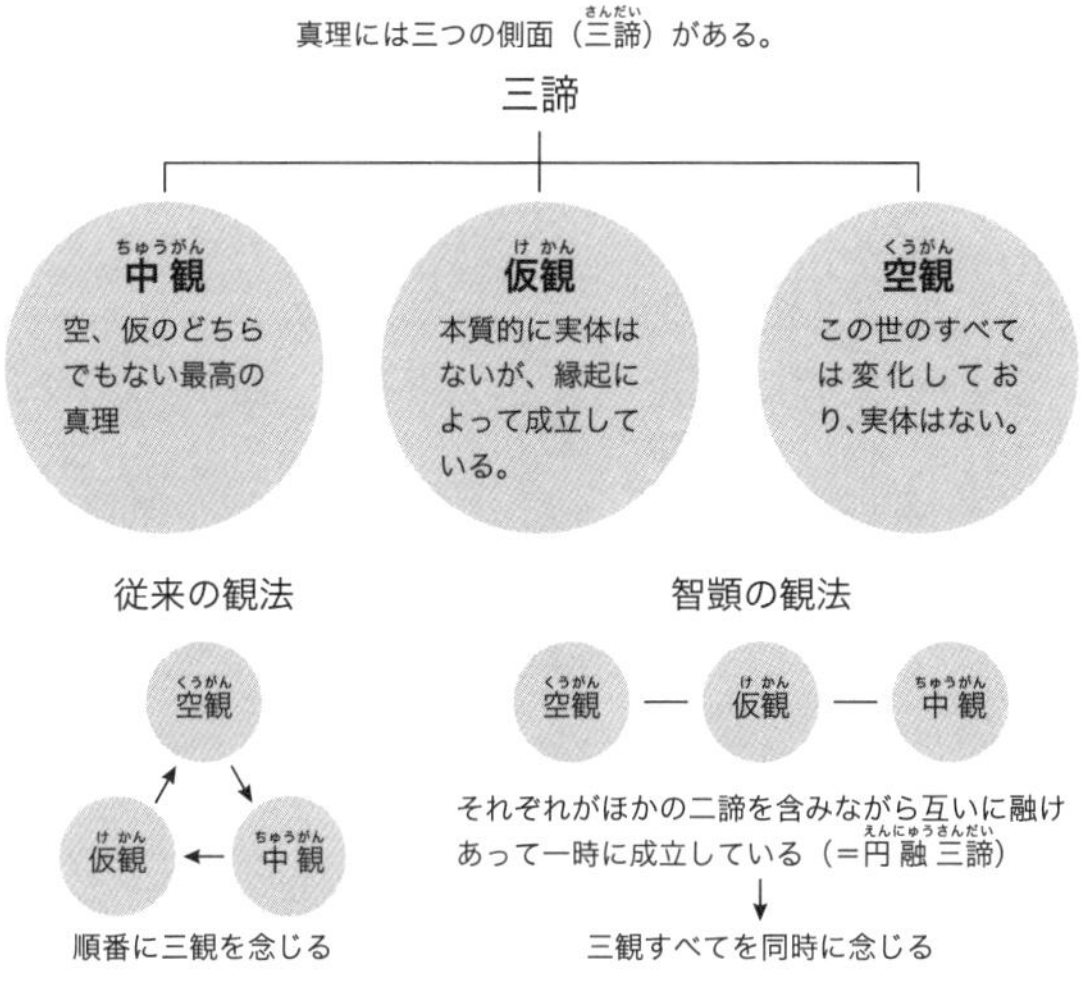
真理には三つの側面（三諦《さんだい》）がある。
三諦
中観《ちゅうがん》
空、仮のどちらでもない最高の真理
仮観《けかん》
本質的に実体はないが、縁起によって成立している。
空観《くうがん》
この世のすべては変化しており、実体はない。
従来の観法
空観《くうがん》
中観《ちゅうがん》
仮観《けかん》
順番に三観を念じる
智顗の観法
空観《くうがん》 — 仮観《けかん》 — 中観《ちゅうがん》
それぞれがほかの二諦を含みながら互いに融けあって一時に成立している（＝円融三諦《えんにゅうさんだい》）
三観すべてを同時に念じる

実践法を説いた。このなかで智顗は徐々に真理を悟っていく「**漸次止観**《ぜんじしかん》」、修行者の能力や性格に応じて臨機応変に実践方法を選ぶ「**不定止観**《ふじょうしかん》」、はじめから真理を対象として実践し、たちどころに悟りの境地に至る「**円頓止観**《えんどんしかん》」の3つに分け、即座に悟りの境地に至る円頓止観を最高のものとしたのだ。

さらに智顗は、真理の側面を、世俗的、常識的立場から観る「仮観《けかん》」、世俗を離れ、宗教的立場から観る「空観《くうがん》」、そのどちらにもとらわれない「中観《ちゅうがん》」の3つ(三観《さんがん》)に分類した。そして、それらの三観を仮・空・中と順次に観想するのではなく、一刹那の一心のなかに観ずることを「**一心三観**《いっしんさんがん》」として、天台宗の教理の中心に据えたのである。

◇大乗戒壇の設立にかけた最澄の生涯

最澄《さいちょう》(767〜822)は近江《おうみ》(滋賀県)の生まれで、14歳(一説に12歳)で出家して奈良で学び、東大寺《とうだいじ》で具足戒《ぐそくかい》を受けて正式な僧侶となり、早くからその非凡な才能を認められていた。

しかし、都の喧騒と腐敗した南都《なんと》の仏教界を嫌った最澄は静かに山林で修行することを望み、比叡山《ひえいざん》に登った。最澄はここに一乗止観院《いちじょうしかんいん》を建てて、厳しい修行をするとともに、各宗派の経論を研究し、すべての仏教思想は一つであるという**一乗《いちじょう》思想**に傾倒していった。

桓武《かんむ》天皇の厚い信任を受けた最澄は32歳にして内供奉十禅師《ないぐぶじゅうぜんじ》に選ばれた。内供奉十禅師とは中国の制度に範をとったもので、朝廷の法要を司る高僧である。当代一流の僧侶のなかから10人が選ばれることになっていたが、32歳での選出は異例の早さで、最澄がいかに非凡な才能の持ち主だったかがうかがえる。

やがて一乗止観院を根本中堂《こんぽんちゅうどう》と改め、ここを比叡山寺と称した。その開山の供養には桓武天皇以下、多数の高僧が参集したという。そして、「法華十講《ほっけじっこう》」を講じ、高雄山寺で天台宗義を講義してその名声を高めた。

そして、延暦《えんりゃく》23年（８０４）には天台《てんだい》思想を極めるために入唐《にっとう》（唐、当時の中国に渡ること）した。唐では道邃《どうすい》、行満《ぎょうまん》、翛然《しゅくねん》、順暁《じゅんぎょう》らに師事して天台宗の教理とともに、禅や密教《みっきょう》、戒律《かいりつ》の奥義を受けて9か月半で帰朝した。

帰朝後、最澄の名声はますます高まり、延暦25年（８０６）には朝廷から年分度者《ねんぶんどしゃ》を賜った。年分度者とは朝廷が公認した官僧《かんそう》（国家に所属する僧侶）で、奈良時代以前から奈良の官寺《かんじ》（国立の寺）に配属された。年分度者を賜ったことによって、天台宗は正式に一宗として認められることになったのである。

最澄がその生涯を賭けて取り組んだのは大乗《だいじょう》の菩薩戒を授ける大乗戒壇院《かいだんいん》を比叡山に設立することだった。大乗戒壇の構想は、誰彼の区別なく大きな船に乗ることを希望する人にはチケットを渡そうというもので、最澄の一乗思想の集大成だったということができる。

しかし、奈良仏教の反対にあって、彼の生前にはついに勅許《ちょっきょ》を得ることができなかった。さらに比叡山における修行生活の厳しさなどから多くの僧侶たちが山を下り、最澄の晩年には広い山中に数人の僧侶を残すのみとなった。

また、彼の最大の理解者にして保護者だった桓武天皇が崩御したこともあり、往時の華々しい活躍とは対照的な状況のなかで最澄は56年の生涯を閉じた。しかも皮肉なことに大乗戒壇設立の勅許が降《くだ》ったのは最澄の死後7日目のことだった。彼がいかに悶々《もんもん》たる気持ちでこの世を去ったかがうかがわれる。

しかし、最澄の死後、比叡山は円仁《えんにん》や円珍《えんちん》の活躍もあってその存在意義を確固たるものとし、平安時代後期には仏教研究と修行の一大根拠地となり、鎌倉時代に一宗を築いた法然《ほうねん》や日蓮《にちれん》などの祖師（一宗派の開祖）たちのほとんどがこの山に学んだ。最澄が日本の仏教に果たした役割には計り知れないものがある。

◇学僧・徳一との教学論争

最澄《さいちょう》が新たに展開した一乗思想に対して旧来の奈良仏教から強い批判が出された。その急先鋒が法相宗《ほっそうしゅう》の徳一《とくいつ》だ。

徳一については伝記も定かではなく、その生涯は謎に包まれている。しかし、徳一は、後に東国に布教して会津《あいづ》（福島県）に一大仏教王国を築き、東国仏教の立役者として知られている人物である。

気鋭の論客として知られていた徳一だったが、故あって南都《なんと》の仏教界を追放されたらしい。有り余る才能が当時の仏教界に疎《うと》まれて、追放の憂き目を見たのかもしれない。まさに出る杭《くい》は打たれるである。いずれにしても最澄と対等に渡り合ったことから見ても、徳一が当代切っての論客だったことは容易にうかがうことができる。

徳一は法相宗の教理に基づいて、声聞《しょうもん》、縁覚《えんがく》、菩薩《ぼさつ》の三乗にはそれぞれ別の乗り物があると主張した。すなわち、釈迦《しゃか》は教えを説くにあたって、その人の能力や資質によって3通りの説き方をしたというのである。

これに対して、最澄は法華一乗《ほっけいちじょう》、すなわち、仏の教えはただ一つ（一乗）で、これを三乗に分けて説いたのは一乗に導くための手段にすぎないと主張した。

この論争は、「**三一権実諍論**《さんいちごんじつそうろん》」と呼ばれ、徳一は最澄に再三にわたって書簡を送り、彼の一乗の立場を激しく批判した。徳一の著作は何一つ残っていないが、最澄に送った書簡から彼の思想を読み取ることができる。

結局、2人の論争は決着を見ないまま、最澄はこの世を去った。しかし、最澄亡き後、比叡山には多くの学僧が集まり、彼らのなかから鎌倉仏教の祖師たちが輩出して、その後の日本仏教をリードした。このことから、論争の軍配は最澄にあがったと判断することができる。

◇4つの教えを取り込んだ「四宗融合」

天台宗《てんだいしゅう》は『法華経《ほけきょう》』を中心とする宗派だが、最澄《さいちょう》は円・禅・戒・密の融合した独自の教理を体系化した。

「円」は円教《えんぎょう》、つまり、欠けるところのない円《まど》かな教えである『法華経』のこと。「禅」と「戒」は禅の実習と戒律《かいりつ》の実践だが、戒は最澄が強く主張した大乗菩薩戒《だいじょうぼさつかい》のことである。

そして、「密」は密教《みっきょう》である。4つの教えを融合したことから、「四宗融合」「四宗合一」

などと呼ばれる。

四宗融合の考えから、比叡山《ひえいざん》では仏教のあらゆる教えを学ぶことができるようになった。四宗融合の思想によって、法然《ほうねん》や親鸞《しんらん》、栄西《えいさい》、道元《どうげん》、日蓮《にちれん》などがそれぞれの主張にあった教えを選び取り、新たな宗派を開くことができたのである。

◇鎌倉新仏教の祖師たちが輩出した母山

延暦《えんりゃく》4年（785）、伝教大師《でんぎょうだいし》最澄《さいちょう》が比叡山《ひえいざん》中に草庵を結んだのが延暦寺《えんりゃくじ》のはじまりである。延暦7年（788）には山上に薬師如来《やくしにょらい》をまつって一乗止観院《いちじょうしかんいん》を建立した。この一乗止観院が後の根本中堂《こんぽんちゅうどう》に

4つの教えを融合させた天台宗

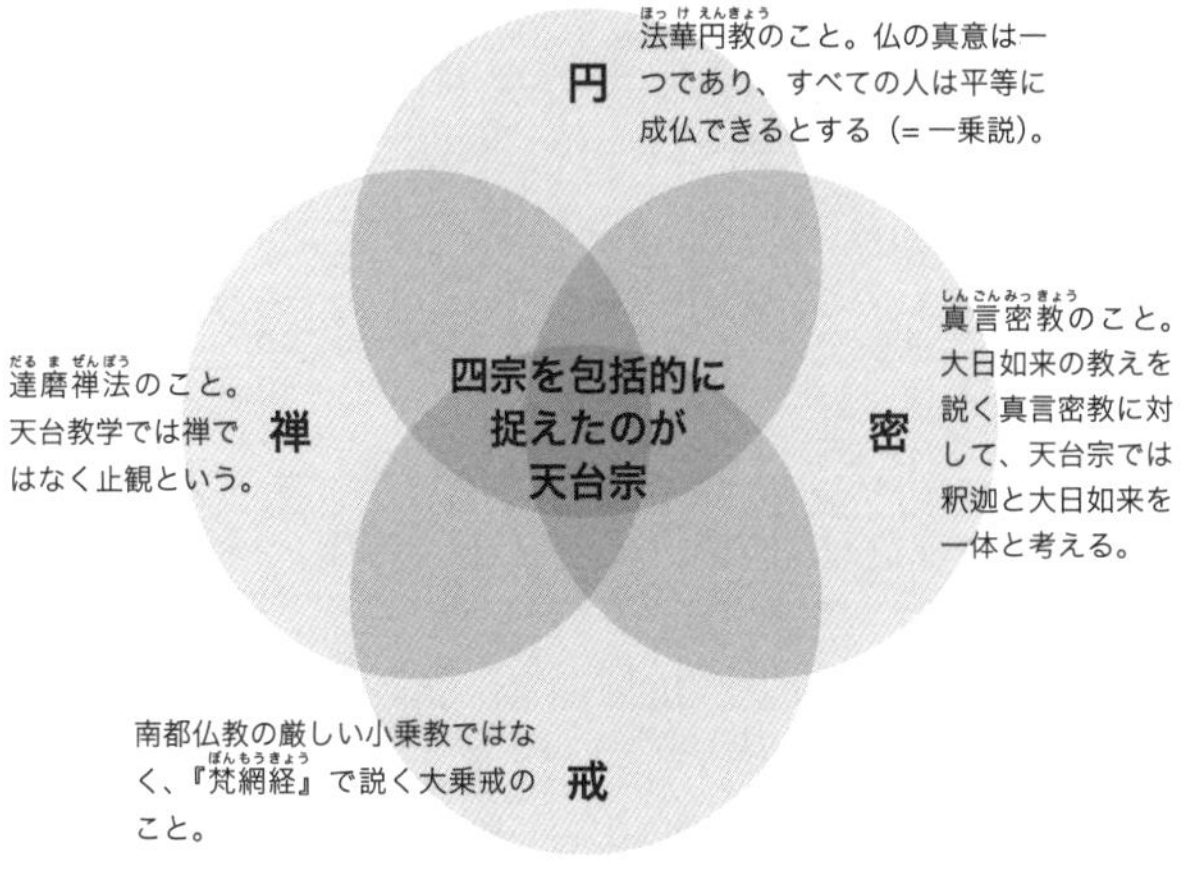
円
法華円教《ほっけえんきょう》のこと。仏の真意は一つであり、すべての人は平等に成仏できるとする（＝一乗説）。
密
真言密教《しんごんみっきょう》のこと。大日如来の教えを説く真言密教に対して、天台宗では釈迦と大日如来を一体と考える。
禅
達磨禅法《だるまぜんぽう》のこと。天台教学では禅ではなく止観という。
戒
南都仏教の厳しい小乗教ではなく、『梵網経《ぼんもうきょう》』で説く大乗戒のこと。
四宗を包括的に捉えたのが天台宗

発展する。

延暦23年（804）には最澄が唐に渡り、翌年、多くの経典などを携えて帰朝した。帰朝した最澄は天台宗《てんだいしゅう》の教義を独自に発展させて大成し、天台法華宗《ほっけしゅう》（日本天台宗）を創始し、延暦寺は桓武《かんむ》天皇の勅願によって都の鬼門を守る鎮護《ちんご》国家の道場となったのである。

最澄の晩年、比叡山は空海《くうかい》が開いた真言宗《しんごんしゅう》に押されるかたちで一時は衰退した。しかし、最澄の没後、最大の悲願だった大乗戒壇院《だいじょうかいだんいん》が設立され、東大寺《とうだいじ》などと並ぶ権威を備えた。そして、円仁《えんにん》や円珍《えんちん》などの傑出した僧侶が輩出して次第に堂塔も整備され、最盛期には**「三塔十六谷三千余坊」**という盛況ぶりだったという。

先に述べたように、法然《ほうねん》や親鸞《しんらん》、栄西《えいさい》、道元《どうげん》、日蓮《にちれん》といった、いわゆる鎌倉新仏教の祖師たちも、若い頃にはこぞって比叡山に登った。平安末期から鎌倉時代にかけての比叡山は、まさに仏教研究と修行の一大中心地として活況を呈した。ここに比叡山は南都《なんと》（旧来の奈良仏教、とくに興福寺《こうふくじ》）に対して北嶺《ほくれい》と呼ばれて、日本を代表する寺院として重きを置かれるようになったのである。

比叡山は東塔《とうとう》、西塔《さいとう》、横川《よかわ》という3つの地域を中心に多くの建物がある。三塔の中心は東塔で、その中心になるのが根本中堂である。ここはまた比叡山全体の中心で、最も神聖な建物である。

根本中堂は最澄が最初に薬師如来をまつった一乗止観院がそのルーツである。その後、幾度も火災や兵火に遭って焼失したが、その都度建て替えられた。現在の建物は寛永《かんえい》19年（1642）、信長の焼き討ちの後に再建されたもの。最澄が建てた一乗止観院から数えて8代目にあたるが、再建の都度、以前の様式を忠実に再現してきたといわれている。

内部は外陣《げじん》、中陣、内陣に分かれ、外陣と中陣は板敷き、内陣は石敷きになっている。中陣は外陣よりも一段高く、内陣は外陣、中陣よりも約2・5メートルほど低くなっている。これは天台密教《みっきょう》独特の本堂様式で、そのルーツは中国にある。

比叡山延暦寺・根本中堂

内陣の中央は石を積み上げて一段高くし、その上に須弥壇《しゅみだん》を据えて本尊の薬師如来をまつる。また、本尊の前には「**不滅の法灯**」がともっている。この法灯は最澄が一乗止観院を建てたときに灯したもので、以来、1200年間、絶えることなく燃え続けている。

◇天台僧ゆかりの寺院

天台宗《てんだいしゅう》には比叡山《ひえいざん》延暦寺を総本山として、約4300カ寺の寺院があるが、なかには円《えん》仁《にん》ゆかりの山形・立石寺《りっしゃくじ》や、円珍《えんちん》ゆかりの園城寺《おんじょうじ》など、古刹、名刹も多い。

◆比叡山を去った円珍門徒の拠点・園城寺

琵琶湖《びわこ》畔にある園城寺《おんじょうじ》（通称、三井寺《みいでら》）は延暦寺と並ぶ、天台宗の総本山である。天《てん》武《む》天皇15年（686）、大友与多王《おおとものよたのみこ》が創建したと伝えられている。大友与多王は壬申《じんしん》の乱で討ち死にした、天智《てんじ》天皇の息子の大友皇子（弘文《こうぶん》天皇）の子どもである。

園城寺のある長等山《ながらのやま》の山中で首を括って最期を遂げた大友皇子の菩提を弔うために与多王が荘園《しょうえん》城邑《じょうゆう》を寄進して建立したのが起源と伝えられている。後に天武天皇は、荘園城邑から園城の2文字をとって寺号とし、その勅額《ちょくがん》を賜ったという。琵琶湖を見下ろす長等山の中腹に建てられたことから、長等山園城寺と号す。

園城寺は、天智、弘文《こうぶん》、天武の三帝の勅願寺となり、大いに栄えた。奈良時代には一時、衰退したが、平安時代の貞観《じようがん》元年（859）に延暦寺第五世座主《ざす》の智証大師円珍《ちしようだいしえんちん》が再興し、延暦寺の別院とした。

円珍の没後、比叡山では慈覚大師円仁《じかくだいしえんにん》の一門と円珍の一門が激しく争うようになった。その結果、正暦《しようりやく》4年（993）、円珍門徒の数百人が比叡山を下りて園城寺を本拠地とした。このころから円仁門徒を**山門派**《さんもんは》、円珍門徒を**寺門派**《じもんは》と呼ぶようになり、その後も両者の対立が長く続くことになったのである。

永保《えいほう》元年（1081）には山門派の焼き討ち

三井寺・金堂

に遭って伽藍《がらん》が全焼した。その後も山門派の僧兵《そうへい》や武士の焼き討ちなどに遭って堂塔の多くが失われた。

慶長《けいちょう》４年（１５９９）には豊臣秀吉の正室・北政所《きたのまんどころ》が金堂を再建。さらには、徳川家康の保護を受けて堂塔の再建が進められた。平安時代の末には80余りの堂塔があり、６００を超す僧坊が立ち並んでいたというが、後世の再建では旧態を取り戻すには至らなかった。

また、三井寺の名称については、天智、天武、持統《じとう》の三帝が誕生の際、この地の水で産《うぶ》湯《ゆ》をつかった。以来、この地は御井之地《みいのち》といわれるようになり、園城寺の通称ともなった。現在も金堂脇に閼伽井屋《あかいや》（水屋）があり、三井の霊泉として崇《あが》められている。

なお、当初は御井寺だったようだが、円珍が園城寺を本拠とした頃から「三井寺」になったようである。

◆「不滅の法灯」を守り継ぐ立石寺

山寺の名で知られている立石寺《りっしゃくじ》は貞観《じょうがん》2年（８６０）、清和《せいわ》天皇の勅願《ちょくがん》によって、比叡《ひえい》山《ざん》延暦寺の別院として慈覚大師円仁《じかくだいしえんにん》によって創建された。

東国の布教を教化したい円仁には、ここを東国の天台密教《てんだいみつきょう》の中心に据えようとの意図があった。

その後、室町前期には南北朝の争乱に巻き込まれて、多くの堂塔を失ったが、14世紀後半には復興され、根本中堂《こんぽんちゅうどう》も再建された。しかし、戦国時代の永正《えいしょう》17年（1520）、伊達伊達家が在地の領主である天童《てんどう》家を攻めたとき、多くの僧兵《そうへい》を抱えていた立石寺は伊達側側についていて加勢した。これを怨んだ天童頼長《よりなが》が翌年、立石寺を攻め、再び手痛い打撃を受けた。

このとき、一時は法灯が途絶えたが、最上《もがみ》氏の外護《げご》を受けて堂塔の修理再建も進み、再び比叡山から不滅の法灯を譲り受けた。

元亀《げんき》2年（1571）、比叡山が織田信長の焼き討ちに遭って法灯が途絶えたときには、逆に立石寺の法灯が移された。

その後は、最上、徳川両氏の保護を受けて発展した。とくに江戸時代初期には最盛期を迎え、石高2800石、僧坊数百を抱える盛況ぶりだったという。

根本中道には円仁が延暦寺の根本中堂から移したという「不滅の法灯」が、今も灯っている。また、俳人の**松尾芭蕉**《まつおばしょう》が訪れて、「閑《しずか》さや　岩にしみ入る　蝉《せみ》の声」の名句を残したことはあまりにも有名である。芭蕉は元禄《げんろく》2年（1689）にこの地を訪れている。

◆原初の信仰をいまに伝える湖東三山

琵琶湖の東側、鈴鹿《すずか》山脈の麓《ふもと》に南北に並ぶ天台宗《てんだいしゅう》の3カ寺を湖東三山《ことうさんざん》という。その創始は古く飛鳥時代まで遡《さかのぼ》る。かつては、多くの僧坊を有し大いに発展したが、戦国時代に織田信長の比叡山《ひえいざん》焼き討ちの煽《あお》りを受けて多くの堂塔や僧坊が失われた。その後、再興されて仏像や建築物など多くの文化財が残されている。

まず、**百済寺**《ひやくさいじ》は、寺伝によれば推古《すいこ》天皇14年（606）に、百済《くだら》僧たちが百済にあった龍雲寺《りゆううんじ》をモデルにして建てたのがはじまりと伝えられている。百済寺が建立された年は聖《しょう》徳太子《とくたいし》が『勝鬘経《しょうまんぎょう》』を講義した年で、太子が仏教興隆のために来日した百済僧の労をねぎらうために建立されたものと考えられている。

次に**金剛輪寺**《こんごうりんじ》は天平《てんぴょう》13年（741）、聖武《しょうむ》天皇の命により行基菩薩《ぎょうきぼさつ》が建立したという古《こ》刹《さつ》。奈良時代の終わりから平安時代のはじめにかけては衰退したが、嘉祥《かしょう》年間（848～851）に慈覚大師円仁《じかくだいしえんにん》が中興して天台宗の道場とした。本堂は弘安《こうあん》11年（1288）に元寇《げんこう》の戦勝祈願が満願したことから、近江守佐々木頼綱《おうみのかみささきよりつな》が寄進したもので、国宝に指定されている。このほか、仏像や建築物など、多数の寺宝を納める。

西明寺《さいみょうじ》は承和《じょうわ》元年（834）、慈勝《じしょう》上人の創建で、以降、朝廷の信仰も深かった。平安時代の中期には天台宗に改宗し、湖東の水利権を掌握して勢力を強め、300を超える坊を有したという。中世以降、多くの僧兵《そうへい》を抱えて広大な寺域を誇ったが、織田信長の侵攻によって兵火を被り、本堂と三重塔などを残してことごとく灰燼《かいじん》に帰した。

その焼け残った本堂と三重塔は、ともに鎌倉時代の建築で、国宝に指定されている。西に大きな池があることから「池寺《いけでら》」とも呼ばれている。また、春は桜、秋は紅葉の名所として知られ、その季節には多くの参詣者で賑わう。

コラム

比叡山の守護神・日吉神社

比叡山《ひえいざん》の麓、琵琶湖の湖岸に比叡山の守護神である日吉大社《ひよしたいしゃ》がある。その起源は日吉大社の背後に聳《そび》える八王子山《はちおうじやま》という標高381メートルの山で、古来この山が日吉大社の神体山《しんたいざん》（神奈備山《かんなびやま》）と仰がれてきた。山頂付近には「金大巌《こがねのおおいわ》」と呼ばれる巨岩があって、その前に牛尾宮《うしおのみや》、三宮宮《さんのみやぐう》の2摂社《せっしゃ》が建つ。ここが日吉大社の奥宮になっている。

金大巌は比叡山の地主神とされる大山咋神《おおやまくいのかみ》が降臨するとされる磐座《いわくら》で、古代にはこの巌の前で祭祀《さいし》を行なったものと考えられている。現在でも例大祭《れいたいさい》の夜には神輿《みこし》がまずこの磐座に参拝してから里宮に降りる。

日吉大社のある坂本に住んでいた最澄《さいちょう》の両親は信心深く、毎日のように日吉大社に参拝し、子宝に恵まれるよう祈願していたという。そして、授かったのが日本の仏教史に燦然《さんぜん》たる足跡を残した最澄だった。そして、最澄も子どもの頃から日吉大社に参拝し、崇敬の念を深めていたという。

その最澄が長じて唐（中国）に渡り、天台山を訪れたとき、「山王」という山の神がまつられ、この神が天台宗《てんだいしゅう》の根本経典である『法華経《ほけきょう》』の守護神として篤《あつ》く信仰されていた。その山王の神霊を最澄が日吉大社にまつった。そして、平安時代の中頃になると日吉大社は「山王権現《ごんげん》」として広く崇敬されるようになったのである。

また、猿を山の神の使いとする信仰は仏教伝来以前から日本に根づいていたといわれ、日吉大社でも大山咋神の使いは猿である。豊臣秀吉はその容貌が猿に似ていたことから「猿面冠者《さるめんかんじゃ》」と呼ばれるが、幼名を「日吉丸」といい、実は秀吉は日吉権現の申し子だともいわれている。

◇天台一門の分裂

最澄《さいちょう》の跡を継いだ高僧としては、先にも述べた**慈覚大師円仁**《じかくだいしえんにん》（794～864）と**智証大師円珍**《ちしょうだいしえんちん》（814～891）が筆頭に挙げられる。

円仁は9年間、円珍は5年間、唐で学んで帰朝した。ともに、最澄が空海に後れをとった密教《みっきょう》をみっちり学び、2人の功績によって天台密教《てんだいみっきょう》（胎密）は真言密教《しんごんみっきょう》（東密）を超えたといわれている。

円仁は下野《しもつけ》（栃木県）の生まれで、15歳で出家して最澄に直接師事し、メキメキと頭角を現した。前述したように、山形の立石寺《りっしゃくじ》や平泉の中尊寺《ちゅうそんじ》など多くの寺院を創建するとともに、浅草の浅草寺や日光山《にっこうさん》などを天台宗《てんだいしゅう》に改宗して、空海に勝るとも劣らない力量を発揮した。円仁の時代に比叡山《ひえいざん》は教理を確立し、教団としての基盤も整ったといわれている。第三世天台座主《ざす》となり、内供奉十禅師《ないぐぶじゅうぜんじ》も務めた。

円珍は讃岐《さぬき》（香川県）の生まれで、空海の甥《おい》にあたる。やはり15歳で比叡山で出家し、12年間の籠山《ろうざん》（比叡山から一歩も出ることなく厳しい修行をすること）をし、第五世天台座主となり、内供奉十禅師も務めた高僧である。

比叡山は円仁、円珍の活躍によって隆盛に向かった。しかし、円珍は円仁以上に密教を重んじ、2人は密教の教義解釈や祈祷《きとう》などの作法の点で、かなり見解が異なった。

そこで、2人の門下はそれぞれに派閥を作るようになり、両派は次第に対立するようになった。以降、比叡山では「円珍流」と呼ばれる流派が「円仁流」を凌ぐことになり、天台座主も永く円珍の門下が占めることになったのである。

その後も両派の対立は続いたが、第十八世座主の良源《りょうげん》(912~985)が出るに及んで円仁の門下が逆転し、正暦《しょうりゃく》4年(993)、円珍門徒、数百人はついに園城寺《おんじょうじ》(三井寺《みいでら》)に拠点を移すことになった。以降、園城寺の側を寺門《じもん》、比叡山の側を山門《さんもん》と呼ぶようになったのである。

現在は大きくは天台宗《てんだいしゅう》(比叡山延暦寺)、天台寺門宗(園城寺)、天台真盛宗《しんせいしゅう》(西教寺《さいきょうじ》)に分かれているが、そのほかにも細かい分派がある。

◇念仏の先駆者・空也聖

空也《くうや》(903~972)は名を光勝《こうしょう》といい、醍醐《だいご》天皇の第二皇子ともいわれているが、その出自についてはよくわからない。

早くから沙弥《しゃみ》（正式に受戒していない見習いの僧）となって各地の霊跡を巡り、橋を架け、道をつくり、貧しい人々に食事を提供し、医療を施すなど、社会事業や福祉事業に力を入れた。それと同時に先端に鹿の角のついた杖をつき、胸の前に括りつけた鉦《かね》を叩きながら念仏をとなえて歩き、人々に念仏を勧めた。人々がたくさん集まる定期市で念仏を勧めたことから「**市聖**《いちのひじり》」とも呼ばれて親しまれている。

この時代、仏教は貴族の間に広まったが、まだ民衆の手には届いていなかった。そのため、はじめて市井に深く入り込んで念仏を広めた空也は民衆教化のパイオニアとして、後の仏教者に強い影響を及ぼした。空也から半世紀ほど後に出た源信《げんしん》は『往生要集《おうじょうようしゅう》』を著して浄土信仰を高らかにとなえた。この『往生要集』に感化されて法然《ほうねん》が浄土宗《じょうどしゅう》を開き、親鸞《しんらん》は浄土真宗《じょうどしんしゅう》の基《もとい》をつくったのである。

また、空也は踊りながら念仏をとなえる**踊念仏**をしながら民衆を教化したとされるが、時宗《じしゅう》の基《もとい》をつくった一遍《いっぺん》は空也にならって踊念仏を始めたと伝えられ、それが盆踊りの起源になったともいわれている。その意味でも空也が民衆教化に果たした役割は計り知れないものがある。

また、空也は飢饉《ききん》や疫病の犠牲となった人々を丁重に葬り、供養をした。そして、京都七条に六波羅蜜寺《ろくはらみつじ》を創建して多くの犠牲者の菩提《ぼだい》を弔った。この時代、寺は貴族などが一族の菩提を弔うために建てるのが当たり前だった。その意味で一般民衆の菩提寺として創建された六波羅蜜寺は画期的な存在だったのである。

ところで、六波羅蜜寺には鹿の角のついた杖をつき、撞木《しゅもく》で鉦を叩きながら念仏をとなえて歩く空也上人の像がある。その口からは6体の阿弥陀如来の小仏が吹き出されている。「南無阿弥陀仏《なむあみだぶつ》」の6文字を阿弥陀の小仏で表現したもので、聴覚的なものを視覚的に表現したユニークな作として知られている。

◇法統を受け継ぐ高僧たち

良源《りょうげん》は近江《おうみ》（滋賀県）の生まれで、比叡山で出家して修行に励んだ。そして、メキメキと実力をつけ、ついに天台座主《ざす》（天台宗のトップ）に昇った人である。最澄の後に天台宗を復興したことから**天台中興《ちゅうこう》の祖**と仰がれている。大師号は慈慧《じえ》大師。また、正月3日に亡くなったことから「元三大師《がんざんだいし》」と呼ばれている。

良源は修行や規律に非常に厳しく、またいかめしい顔をしていたことから、弟子たちに恐れられていたという。ある日、良源が魔除けの護摩《ごま》を焚いていたところ、鏡に映った良源の姿が角の生えた鬼のようだった。良源はすぐに絵師を呼んで鏡のなかの姿を描かせたところ、描いているはじから鬼の姿は消え、描き終わると本来の良源の姿が鏡に映り、二度と鬼の姿は現れなかったという。そして、その姿を写して護符としたものが「**角大師**《つの》」のお札だ。

平安時代の中頃に輩出した**源信**《げんしん》は大和国《やまと》（奈良県）の生まれで、比叡山で出家して早くからその学才が知られていた。比叡山の横川《よかわ》の恵心院《えしんいん》に住んだことから恵心僧都《そうず》といわれ、『源氏物語』の「横川の僧都」のモデルといわれている。

彼は天台の奥義に精通するとともに、『往生要集《おうじようようしゆう》』を著し、阿弥陀如来の浄土《じようど》信仰をわが国ではじめて体系的に説き、後に、浄土教の祖と仰がれるようになり、法然《ほうねん》や親鸞《しんらん》にも多大な影響を与えた。

江戸時代のはじめに活躍した**南光坊天海**《なんこうぼうてんかい》は会津《あいづ》の生まれで、早くに出家して比叡山や南都《なんと》（奈良）の寺院に遊学して仏教を幅広く学んだ。

関ヶ原の合戦《かっせん》以降、徳川家康の知遇を得て、幕府の内外の政務に参画するようになり、幕府の宗教顧問として家康、秀忠、家光の3代に仕え、政僧として辣腕《らつわん》を振るった。

また、江戸城の鬼門にあたる忍岡《しのぶがおか》（上野）に土地を賜り、ここに寛永寺《かんえいじ》を創建した。天海は不忍池《しのばずのいけ》を琵琶湖に見立て、寛永寺を中心とする一帯を比叡山になぞらえ、東の叡山、東叡山《とうえいざん》と称し、天海によって天台宗の主翼は関東に移されることになったのである。

天海の大師号は慈眼《じげん》大師。先に述べた慈慧大師（元三大師）とともに、「両大師《りょうだいし》」とならび称されている。

真言宗

この身このままで仏の境地にいたる即身成仏

7世紀の中頃、インドで究極の大乗《だいじょう》仏教といわれる密教《みっきょう》が成立した。真言宗《しんごんしゅう》はその密教に基づく宗派で、口に真言（一種の呪文）をとなえ、手に印を結んでさまざまな修法《しゅほう》を行ない、瞑想《めいそう》することによって即身成仏《そくしんじょうぶつ》（生きたまま悟りの境地に達すること）を最終目的とする。

大日如来《だいにちにょらい》の秘密の教えといわれ、金剛薩埵《こんごうさった》が相承して南インドの鉄塔に密かに納めていた経典を、龍猛《りゅうみょう》（龍樹《りゅうじゅ》）が掘り起こして伝え、龍智《りゅうち》、善無畏《ぜんむい》、金剛智《こんごうち》（以上、インド人）と一行《いちぎょう》、不空《ふくう》、恵果《けいか》（以上、中国人）と次第して日本の弘法大《こうぼうだい》師《し》空海《くうかい》にその奥義が授けられた。龍猛から空海までの8人を伝持の八祖と呼び、真言宗寺院にはこの八祖像をまつっているところもある。

日本では平安時代のはじめに空海が入唐《につとう》して（中国に渡って）その奥義を伝え、高野山を創建して真言密教の根本道場として、各地に布教したのがはじまりである。

空海の後、実恵《じちえ》、真済《しんぜい》、真雅《しんが》、真如《しんにょ》などの高僧が輩出して隆盛に向かったが、空海の没後100年ぐらいのときに、仁和寺《にんなじ》に入寺した宇多《うだ》法皇の系統から広沢流《ひろさわりゅう》が形成され、醍醐寺《だいごじ》を創建した聖宝《しょうぼう》の門下が小野流《おのりゅう》を形成した。これらを野沢《やたく》二流といい、真言宗分流の基礎ができたのである。

さらに平安末期に覚鑁《かくばん》が出て教義上の異説をとなえた。その結果、覚鑁の率いる門徒は高野山《こうやさん》を下り、紀伊国（和歌山県）の根来寺《ねごろじ》を本拠として活動することになった。以降、高野山を本拠とする古義《こぎ》真言宗と根来寺を本拠とする新義《しんぎ》真言宗とに二分されることになった。

その後も真言宗は多くの流派を生み、古義では高野山真言宗（本山・高野山）、真言宗山階《やましな》派（同・勧修寺《かじゅうじ》、京都）、真言宗醍醐寺派（同・醍醐寺、京都）、真言宗御《お》室《むろ》派（同・仁和寺、京都）、東寺《とうじ》真言宗（同・東寺、京都）、真言宗泉涌寺《せんにゅうじ》派（同・泉涌寺、京都）などの流派があり、新義真言宗は真言宗豊山《ぶざん》派（同・長谷寺《はせでら》、奈良）、真言宗智山《ちさん》派（同・智積院《ちしゃくいん》、京都）などに分かれている。

◇大日如来を教主とする秘密仏教

密教《みっきょう》はインドで7世紀頃に成立したもので、仏教の教えのなかで最も深遠なものといわれている。その教えは万物の根元である大日如来《だいにちにょらい》が説いたといわれ、その秘密の教えということで、密教と呼ばれるのだ。

すべての仏、菩薩、明王は大日如来の化身で、大日如来から生まれ、大日如来に還る。大日如来の言葉である**真言《しんごん》**（陀羅尼《だらに》）は深遠で凡人には理解することができないが、これを繰り返しとなえ、手に大日如来と交信するための秘密のサインである印《いん》を結ぶことによって大日如来と合一することができる、つまり悟りの境地に達することができると考える。このような密教の思想に基づいて現れたのが明王である。

顕教《けんぎょう》（密教以外の仏教）では悟りを開くまでに非常に長い時間がかかるのに対して、密教では大日如来と合一すれば、今生《こんじょう》で悟りの境地に達することができると考える。これがいわゆる即身成仏《そくしんじょうぶつ》で、いま現在、生きているこの身のままで仏となる（成仏する）ことが可能なのである。

密教は中国を経由して、弘法大師《こうぼうだいし》が日本に伝えた。浄土真宗《じょうどしんしゅう》を除くすべての宗派が密教を取り入れている。

なかでも真言宗《しんごんしゅう》は弘法大師がインド以来の密教の正統を伝え、密教の教えの上に成り立っている宗派である。また、天台宗《てんだいしゅう》でも大幅に密教を取り入れている。その他の宗派は多少の差はあるが、陀羅尼や祈祷《きとう》などの密教的要素を取り入れている。

◇所依の経典

真言宗《しんごんしゅう》では『大日経《だいにちきょう》』と『金剛頂経《こんごうちょうぎょう》』を根本経典とし、この二つを「両部大経《りょうぶだいきょう》」と呼んでいる。そのうち、『大日経』に基づいて空海《くうかい》が独自の理論を展開したのが『**十住心論**《じゅうじゅうしんろん》』（全10巻）である。正式な書名は『秘密曼荼羅十住心論《ひみつまんだらじゅうじゅうしんろん》』といい、空海が真言密教《しんごんみっきょう》の悟りに至る境地を段階的に説いたもので、淳和《じゅんな》天皇の勅命により著された。

『大日経』の「住心品《じゅうしんぼん》」の思想に基づき、仏道を志すもの（菩薩《ぼさつ》）の心境の変遷を、最も初歩的な段階から10段階に分けて説明し、最後の第10段階が真言密教でしか得られない最高の悟りの境地だと主張したものである。

心の段階の第1は「**異生羝羊心**《いしょうていようしん》」と呼ばれる低い段階で、理性がなく動物のように本性のまま行動する状態である。第2は「**愚童持斎心**《ぐどうじさいしん》」といい、童子（子ども）が倫理に目覚

人が仏に近づく心のあり方を
10段階に分けた『十《じゅう》住《じゅう》心《しん》論《ろん》』

空海は、各段階に原始的な宗教と仏教の諸宗を配している。

第一住心	異《い》生《しょう》羝《てい》羊《よう》心《しん》	宗教心も道徳心もない、本能や欲望のみの世界。（煩悩の世界）
第二住心	愚《ぐ》童《どう》持《じ》斎《さい》心《しん》	倫理、道徳に目覚めた世界。（儒教）
第三住心	嬰《よう》童《どう》無《む》畏《い》心《しん》	宗教心が芽生える世界。（仏教以外の信仰）
第四住心	唯《ゆい》蘊《うん》無《む》我《が》心《しん》	仏教を知り、反省する世界。（小乗仏教のうち声聞乗）
第五住心	抜《ばつ》業《ごう》因《いん》種《じゅ》心《しん》	迷いの心を断ち切るも、他人に悟りを説こうとしない世界。（小乗仏教のうち縁覚乗）
第六住心	他《た》縁《えん》大《だい》乗《じょう》心《しん》	他人の苦悩を救おうとし、慈悲の心を起こす世界。（法相宗）
第七住心	覚《かく》心《しん》不《ふ》生《しょう》心《しん》	すべては「空」であることを知る世界。（三論宗）
第八住心	一《いち》道《どう》無《む》為《い》心《しん》	真実が唯一平等なものであることを知る世界。（天台宗）
第九住心	極《ごく》無《む》自《じ》性《しょう》心《しん》	あらゆる存在は関連性を持ち、そのままの状態が真実であることを知る世界。（華厳宗）
第十住心	秘《ひ》密《みつ》荘《しょう》厳《ごん》心《しん》	心の根源を明らかにした、究極の悟りの世界。（真言密教）

悟り

めた段階。そして、第3の「**嬰童無畏心**《ようどうむいしん》」は宗教心（信仰心）が芽生えてきた段階である。第1は動物的な段階、第2は儒教、第3は仏教以外の宗教を信じるものの心の段階であるという。

第4の「**唯蘊無我心**《ゆいうんむがしん》」は世の中のすべての存在には実体がないという、仏教の根本思想である無我を悟った段階で、ここからが仏教の信者の心である。そして、第5は「**抜業因**《ばつごういん》**種心**《じゅしん》」で、煩悩《ぼんのう》を断ち切って悟りを開いたが、他人を悟りに導こうとしない段階であるという。第4と第5は自分だけ救われて他者は救えない小乗《しょうじょう》仏教の自利行であるとしている。

そして、いよいよ第6段階からが大乗《だいじょう》の思想で、第6の「**他縁大乗心**《たえんだいじょうしん》」は慈悲の心が生じて他人を救済しようという志が芽生える段階で、これは法相宗《ほっそうしゅう》の教えだという。第7の「**覚心不生心**《かくしんふしょうしん》」は世の中のあらゆる存在が「空《くう》」であると悟る段階。これは『般若心《はんにゃしん》経《ぎょう》』などに説かれる空の思想を教理の根幹におく三論宗《さんろんしゅう》の教えであるという。

第8の「**一道無為心**《いちどうむいしん》」は天台宗《てんだいしゅう》の教えで、無我や空を超えてすべての事象がありのままの真実だと悟る段階。第9の「**極無自性心**《ごくむじしょうしん》」は華厳宗《けごんしゅう》の教えで、毘盧遮那如来《びるしゃなにょらい》があらわした世の中のすべての存在現象は紛れもない真実であると悟る段階。第10の「**秘密荘厳**《ひみつしょうごん》**心**《しん》」が真言宗の秘密曼荼羅の悟りの境地で、これが仏教の最高の悟りの境地であるとする。

この『十住心論』はそれまでに作られた多くの経典から縦横に引用していることでも知られ、引用の数は600にも及ぶ。そして、引用の多さが本書の内容を煩瑣《はんき》にしたことから、空海は本書を簡潔に書き改めた。それが『秘蔵宝鑰《ひぞうほうやく》』（3巻）という書物で、『十住心論』のダイジェストということができ、後者は「広論」、前者は「略論」と呼ばれている。『十住心論』は真言宗の教理の根幹をなす書物で、後世、盛んに研究され、その注釈書も多く作られている。

◇わずか2年で密教の奥義を学んだ空海

空海《くうかい》（773〜835）は讃岐《さぬき》国（香川県）の生まれで、15歳のときに上京して大学に入学して儒教《じゅきょう》を学んだ。

当時の大学は官吏養成の機関で、儒教を中心とする為政者の学を学ぶ場所だった。しかし、空海はそんな学問に満足することなく、まもなく大学をやめてしまったのである。以降、独学で仏教を学び、18歳のときには儒教、仏教、道教を比較して仏教が最も優れた思想であることを宣言した『三教指帰《さんごうしいき》』を発表して仏門に入った。当時の奈良仏教の重鎮だった勤操《ごんぞう》に師事して南都《なんと》仏教を学ぶかたわら、各地の深山幽谷に分け入って修行し、密教《みっきょう》の根本経典である『**大日経**《だいにちきょう》』の存在を知って、次第に密教に傾倒していったという。

延暦《えんりゃく》23年（804）には最澄《さいちょう》とともに入唐《にっとう》し、長安《ちょうあん》をはじめ各地に時の高僧を歴訪した。とくに青龍寺《せいりゅうじ》の恵果《けいか》からは親しく密教の奥義を授けられ、2年余りで帰朝した。はじめ高雄山寺《たかおさんじ》で密教を広め、後に高野山《こうやさん》を創建し、東寺《とうじ》（教王護国寺《きょうおうごこくじ》）を賜って密教の根本道場とした。

空海は加持祈祷《かじきとう》を行なって貴族や朝廷から絶大な信頼を得て人気を集め、各地を巡錫《じゅんしゃく》して社会事業などにも着手し、民衆にも慕われたといわれている。

また、綜藝種智院《しゅげいしゅちいん》を設立して民間の教育にも尽力した。このような空海の偉大な業績は後世、大師信仰を生み、今日でも多くの庶民に信仰されているのである。

さらに空海は文芸や芸術にも深い理解と才能を発揮し、書では「弘法《こうぼう》にも筆のあやまり」といわれる能書家で、日本三筆の一人に数えられる。また密教美術を指導し、曼荼羅《まんだら》の制作・普及に大きな貢献をした。そして、その社会教化の一端が四国遍路などに結実したと考えられている。

◇密教の世界観と「三密」の実践

唐で恵果阿闍梨《けいかあじゃり》から密教の奥義《みっきょう》を授けられた空海《くうかい》は、これを独自の組織にまとめあげた。その中心思想が**即身成仏**《そくしんじょうぶつ》である。

密教以前の仏教では、とてつもなく長い間、厳しい修行をし、善行を積まなければ成仏する（悟りを開く）ことはできないと考えられていた。仏教の開祖・釈迦《しゃか》も何回となく輪廻転生《りんねてんしょう》（死んでは生まれ変わり）を繰り返し、最後に悟りを開くことができたというのである。これに対して密教では、人が生まれてから死ぬまでの一生の間に成仏できるという「即身成仏」を説いた。空海はこの「即身成仏」をとくに重んじたのである。

そして、即身成仏を実現するためには「**六大**《ろくだい》」「**四曼**《しまん》」という思想と「**三密**《さんみつ》」という実践がある。

「六大」とは、この世の中にあるものすべて、森羅万象をあらわしている。地《ち》・水《すい》・火《か》・風《ふう》・空《くう》・識《しき》の6つで、現代の物理学でいう物質を構成する元素のことである。

密教では大日如来《だいにちにょらい》は宇宙の根源であり、すべての存在現象は大日如来から生じると考える。したがって、六大も大日如来から生じるもので、それがさまざまに組み合わさって森羅万象を成り立たせていると考えるのである。

つまり、すべての存在現象（森羅万象）は大日如来の宇宙であり、大日如来そのものでもあるのだ。逆にこの宇宙にあるものは六大以外にはないというのが密教の思想であり、この宇宙、この人間世界すべてがそのまま六大であり、大日如来である。

次に「四曼」とは、「六大」が組み合わさって森羅万象としてわれわれの周りに見えているが、その六大自体は知覚することができない。われわれが見ているのは六大が組み合わさって形成されたさまざまな存在の形だけなのである。そこで、六大はなにかの相を持って現れるという教えを4つの「曼荼羅《まんだら》」で象徴的にあらわす。

まず、「大曼荼羅」は仏、菩薩、明王などの姿を描いたもので、悟りの境地をあらわした胎蔵界《たいぞうかい》曼荼羅と智慧の働きをあらわした金剛界《こんごうかい》曼荼羅があり、両界曼荼羅とも呼ばれている。

次に目に見える形の奥にある意味や働きを仏、菩薩の持ち物、たとえばハスの花などで象徴的にあらわしたものを「三昧耶《さまや》曼荼羅」という。三昧耶とはサンスクリット語のサマーディの音写語で、瞑想《めいそう》、つまりイメージすること。ハスの花や密教法具などで象徴的にあらわされたものを三昧耶形《ぎょう》といい、その三昧耶形を見ることで、仏、菩薩をイメージするのだ。

仏、菩薩の名を1文字の梵字《ぼんじ》であらわしたものを種字《しゅじ》という。種字はイニシャルのよう

空海が説いた「即身成仏《そくしんじょうぶつ》」

即身成仏
(密教《みっきょう》の教え)

悟り ↑ 修行

密教の行を行なえば、大日如来と一体化し、生きながらにして成仏できる。

従来の成仏
(顕教《けんぎょう》の教え)

修行を積み重ねれば、来世で成仏できる。

悟り ↑ 修行

即身成仏の理論と実践

真言宗では、宇宙の実体は「体《たい》・相《そう》・用《ゆう》」から成り立っているものと考える。

体（本質）
宇宙に存在するすべてのものは6つの構成要素（六大《ろくだい》）からできている。また、それらは永遠に結びついて溶け合っている。

- 地（固体）
- 水（流体）
- 風（気体）
- 火（エネルギー）
- 空（空間）
- 識（精神）

五大＝宇宙の物質的原理（地・水・風・火・空）

五大の性質を認める精神的原理（識）

↓

相（姿・形）
体としてあらわれた現象は4種類の曼陀羅（四曼《しまん》）で表すことができ、それらは作用し合っている。

- 大曼荼羅《だいまんだら》：諸仏の姿を描いたもの。
- 三昧耶《さんまや》曼荼羅《まんだら》：諸仏の代わりに、その仏を象徴する道具を描いたもの。
- 法曼荼羅《ほうまんだら》：仏を梵字で表したもの。
- 羯磨《かつま》曼荼羅《まんだら》：諸仏や持ち物を彫刻などで立体的に表したもの。

↓

用（働き・動き）
体や相で表される宇宙と一体化し、即身成仏を遂げるためには、3つの行（三密《さんみつ》）の実践が必要になる。

- 身密《しんみつ》（身体）：手で印を結ぶ。
- 口密《くみつ》（言葉）：口で真言《マントラ》を唱える。
- 意密《いみつ》（心）：心で大日如来の姿を思い起こす。

なもので、たとえば大日如来は𑖪𑖽（ヴァン）という梵字1文字であらわす。これを「法曼荼羅」あるいは「種字《しゅじ》曼荼羅」と呼び、梵字を見て仏、菩薩をイメージするのだ。

さらに、仏、菩薩を彫塑《ちょうそ》像で立体的にあらわしたものを「羯磨《かつま》曼荼羅」という。京都の東寺の講堂には大日如来を中心に、菩薩や明王が並ぶ。これを立体曼荼羅と呼んでいるが、これが羯磨曼荼羅の代表だ。

そして、大日如来の本体である六大を感得し、即身成仏するためには「三密」の実践が必須となる。三密とは、からだ（身《しん》）と言葉（口《く》）と心（意《い》）の3つの秘密の働き（行為）のことで、これを「**身口意の三密**」といっている。

具体的な実践としては、手に印《いん》（仏像に見られるようなさまざまな手つきのことで、仏の悟りをあらわしたものだという）を結び、口に真言《しんごん》（陀羅尼《だらに》ともいわれる一種の呪文で、密教では深遠な智慧を持った仏のみが理解できる言葉であるとされている）をとなえ、心に仏の姿を思い浮かべる。そうすることによって、人は仏と融合して、たちまち悟りの境地に至るというのである。

身・口・意の行為はわれわれ人間にもあるが、人間の行為は三業《さんごう》といっている。人間の三業には善悪があり、行ないの善し悪しによって将来が決まる。つまり、簡単にいえば善い行ないを続けていれば、やがて悟りに至り、悪い行ないを続けていれば地獄に落ちる。しかし、密教でいう三密はもともと仏の行為で、絶対的な善行だ。そこで、仏の完璧な行ないである三密を正確に模倣して実践することによって人は自ずから善に向かい、悟りの境地に至ることができるというのである。

コラム

大日如来の世界を表す曼荼羅

「曼荼羅」はサンスクリット語のマンダラを音写したもので、「壇」「輪円具足《りんえんぐそく》」などと漢訳される。もともと古代インドで神をまつるために築かれた土の祭壇を意味することから「壇」と漢訳された。これが密教《みっきょう》に取り入れられて発展したものが、今日見られる曼荼羅である。

「輪円具足」とは車の車輪が車軸やスポーク、外輪がそろってはじめて順調に回転するように、あらゆるものが欠けることなく、そろっているという意味である。密教のマンダラは主にこの輪円具足の意味である。

また、マンダラには広狭二つの意味がある。広義には大日如来《だいにちにょらい》の秘密の徳、すなわち悟りのあらわれで、マンダラのなかには森羅万象が含まれていると考えられている。いっぽう、狭義にはすべての仏、菩薩《ぼさつ》などを一堂に会して、仏の世界観をあらわしているものとされる。われわれはふつう、狭義の意味でマンダラという言葉を用いているのである。

マンダラは密教の世界観をあらわすものであるから、インドで密教が興った7世紀以降につくられるようになったものである。はじめは屋外に土の壇を築き、その上に曼荼羅《まんだら》を描いて儀式が終わると同時に、それを取り壊していたようである。

チベットには今でもこのような古い形式を受け継いだ「砂《すな》曼荼羅」というものがある。これは屋外につくった壇上に色とりどりの砂で曼荼羅を描き、儀式が終わって風が吹くと自然に消滅する仕組みになっているものである。すなわち森羅万象を包括した曼荼羅をつくり、それがまた宇宙に還っていくということである。

しかし、曼荼羅が中国に伝わると、気候の違いから屋外に壇を築くのが困難なこと、また、中国では早くから紙がつくられ、木も豊富にあったことから、木で祭壇をつくって紙や布に描いた曼荼羅を掲げるようになった。そして、日本にこれが伝わったのである。

胎蔵曼荼羅

両界曼荼羅・胎蔵界（東京国立博物館蔵）
© Image: TNM Image Archives

①大日如来《だいにちにょらい》
②宝幢如来《ほうどうにょらい》
③開敷華王如来《かいふけおうにょらい》
④無量寿如来《むりょうじゅにょらい》
⑤天鼓雷音如来《てんくらいおんにょらい》
㋐普賢菩薩《ふげんぼさつ》
㋑文殊菩薩《もんじゅぼさつ》
㋒観音菩薩《かんのんぼさつ》
㋓弥勒菩薩《みろくぼさつ》

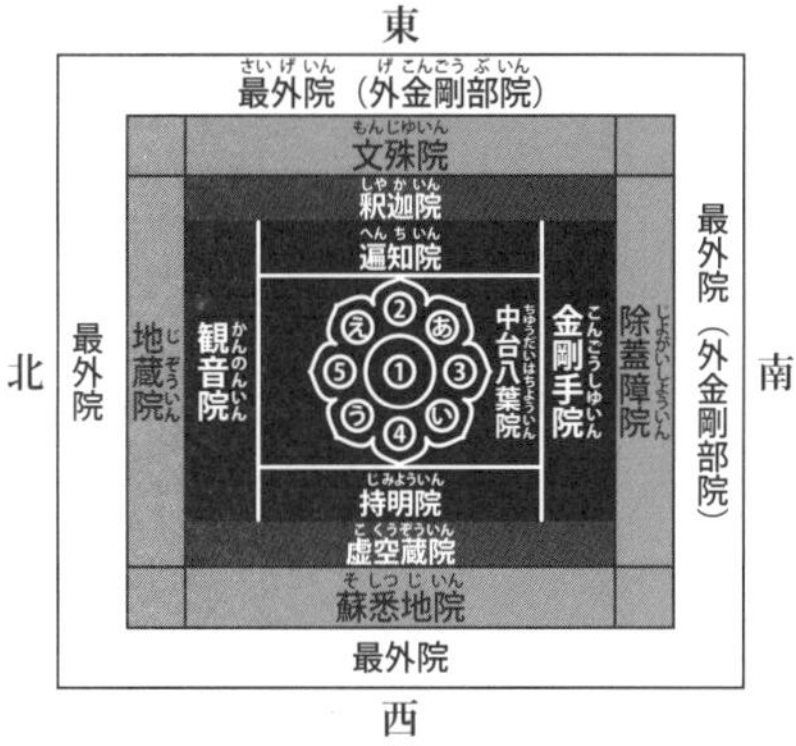

１２の「院」に分かれ、中心の蓮の花をかたどった「中台八葉院《ちゅうだいはちようい ん》」には大日如来が、その周囲に諸如来、菩薩、明王などが配される。母胎に眠る胎児のような人間の仏性（仏になる性質）が仏の慈悲によって目覚め、悟りにいたるまでの過程を示す。

金剛界曼荼羅

両界曼荼羅・金剛界（東京国立博物館蔵）
© Image: TNM Image Archives

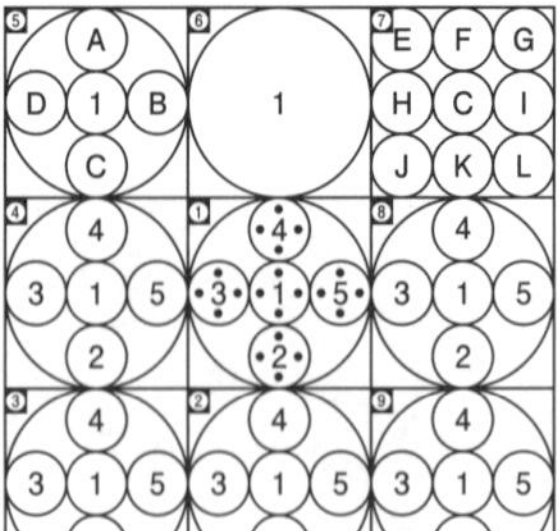

A 金剛法菩薩
B 金剛業菩薩
C 金剛薩埵
D 金剛宝菩薩

E 触金剛女
F 愛金剛菩薩
G 愛金剛女
H 触金剛菩薩
I 慢金剛菩薩
J 慾金剛女
K 慾金剛菩薩
L 慢金剛女

①成身会《じょうじんえ》
②三昧耶会《さんまやえ》
③微細会《みさいえ》
④供養会《くようえ》
⑤四印会《しいんえ》
⑥一印会《いちいんえ》
⑦理趣会《りしゅえ》
⑧降三世会《こうざんぜえ》
⑨降三世三昧耶会《こうざんぜさんまやえ》

1 大日如来《だいにちにょらい》
2 阿閦如来《あしゅくにょらい》
3 宝生如来《ほうしょうにょらい》
4 阿弥陀如来《あみだにょらい》
5 不空成就如来《ふくうじょうじゅにょらい》
●十六大菩薩

成身会を中心に九分割されていることから「九会《くえ》曼荼羅」とも呼ばれる。成身会の中央に大日如来が坐し、東西南北に四如来が、さらに四如来の東西南北に四親近菩薩が配されている。人間の菩提心が仏へ届く過程を示す。

◇深山幽谷の地にたたずむ根本道場

日本では古くから山を聖地として崇める山岳信仰が盛んだったが、高野山《こうやさん》も空海《くうかい》が登る以前から山岳修行の聖地とされ、この山中で多くの修行者が苦修練行《くしゅうれんぎょう》したと考えられている。そして、弘法大師《こうぼうだいし》も唐に留学する以前にすでにこの地で修行したと見られている。

空海は在唐中から日本に帰ったら、どこを密教《みっきょう》の修行の根拠地にするかを検討していたという。そして、古くから山岳修行の聖地とされていた高野山を修行の最適地と考え、朝廷にこの山を開く許可を願い出た。許可はすぐに下り、弘仁《こうにん》7年（816）、高野山の創建がはじまったのである。

山上の伽藍《がらん》は空海と高野山第二世座主《ざす》の真然《しんねん》によって整備されたが、平安時代の中期には東寺《とうじ》との争いに敗れ、一時は衰退した。しかし、平安末期までには再建され、白河《しらかわ》上皇や鳥羽《とば》上皇などが行幸して再び隆盛に向かった。

平安末期から鎌倉時代のはじめには優秀な僧侶が輩出して、密教の根本道場としてますます栄えたが、平安時代の末の長承《ちょうしょう》3年（1134）、高野山座主になった覚鑁《かくばん》がそれまでの高野山真言宗《しんごんしゅう》の教理に異をとなえ、以降、覚鑁の門下と弘法大師以来の教えを守ろうとする保守派との間に溝ができ、結局、両派は袂《たもと》を分かつことになる（143ページ参照）。

また、高野山では教理を学んで修行をする学侶、俗務を行なう行人《ぎょうにん》、全国を巡歴して勧進《かんじん》を行なう高野聖《ひじり》のいわゆる高野三方《さんかた》が一山を運営していたが、室町時代頃から、この高野三方の間の確執が強まり、しばしば衝突を起こすようになった。

そして、戦国時代末の天正《てんしょう》9年（1581）には、織田信長によって焼き討ちの危機にさらされたが、信長の死によって難を逃れた。

続く豊臣秀吉も高野山焼き討ちを企てたが、元武士で高野山で出家した**木食応其**《もくじきおうご》という傑僧が単身、秀吉の陣中に乗り込んで談判し、和議を結んだ。

金剛峯寺・大会堂

応其の人となりに打たれた秀吉は、以降、高野山を保護するようになった。秀吉は生母の菩提を弔うために青巌寺《せいがんじ》を建立したが、これが現在の金剛峯寺《こんごうぶじ》に発展したのである。

奥之院は弘法大師の廟所《びょうしょ》（墓所）があることで知られている。歴史的には弘法大師は承和《じょうわ》2年（835）に没したが、高野山では大師は入滅《にゅうめつ》したのではなく、入定《にゅうじょう》したのだと主張する。つまり、亡くなったのではなく、深い瞑想《めいそう》に入ったまま生き続けており、弥勒菩薩《みろくぼさつ》が下生《げしょう》するのを待っているのだというのである。

また、鎌倉時代頃から分骨の習慣が広まり、奥之院に連なる参道には20万基以上の供養塔が林立して、「**日本総菩提所**《そうぼだいしょ》」の異名をとっている。法然《ほうねん》、親鸞《しんらん》、平敦盛《たいらのあつもり》、武田信玄、上杉謙信、織田信長、豊臣秀吉、明智光秀、石田三成、浅野内匠頭《あさのたくみのかみ》、徳川吉宗、大岡越前守、初代市川團十郎など歴史上の人物がこぞってまつられているのである。

◇密教僧ゆかりの寺院

真言宗《しんごんしゅう》には、高野山を中心とする古義《こぎ》真言宗、根来寺を中心とする新義《しんぎ》真言宗に大きく分かれ、約3400カ寺の寺院がある。

◆日本ではじめての密教寺院・教王護国寺

延暦《えんりゃく》13年（794）に桓武《かんむ》天皇は平安遷都《せんと》を敢行した。その2年後の延暦15年（796）、都の守護として創建されたのが起源。

創建当初は超宗派の官寺《かんじ》（国立の寺院）だったが、弘仁《こうにん》14年（823）に東寺《とうじ》は空海《くうかい》に、西寺《さい》は守敏僧都《しゅびんそうず》に下賜《かし》された。その後、西寺は早くに焼失して廃寺となり、現在はその跡だけが残っている。東寺は教王護国寺《きょうおうごこくじ》と寺号を改め、五重塔や灌頂院《かんじょういん》、講堂などを整備して密教《みっきょう》の根本道場として栄えた。現在、講堂に安置されている大日如来《だいにちにょらい》をはじめとする、菩薩《ぼさつ》や明王などもこのときに造立されてまつられたものである。

教王護国寺（東寺）

承和《じょうわ》2年（835）に空海が没すると、弟子の実恵《じちえ》、真済《しんぜい》、真雅《しんが》などの名僧が跡を継いで法灯を保った。しかし、平安時代の後半になると寺院経営は次第に厳しくなっていった。空海が創設した一般子弟の学校である綜藝種智院《しゅげいしゅちいん》の売却や常駐の僧侶の削減などによって苦境を凌いだが、逼迫《ひっぱく》した財政状況は容易に改善されなかった。そこで、高野山の座主《ざず》が教王護国寺に兼務し、復興のための勧進《かんじん》などを行なった。その結果、平安時代の末にはようやく危機を脱し、復興に向かったのだった。

鎌倉時代から室町時代にかけて、何度か火災や戦禍に遭遇し、荒廃した時期もあった。とりわけ、室町時代中期の応仁《おうにん》の乱（1467～77）のときには伽藍《がらん》の大半を焼失した。しかし、その都度、復興し、戦国時代以降は豊臣、徳川両氏の保護を受けて伽藍《がらん》も整い、現在に至っている。

正式名称は金光明四天王教王護国寺秘密伝法院《こんこうみょうしてんのうきょうおうごこくじひみつでんぽういん》で、東寺は通称。東寺真言宗《とうじしんごんしゅう》総本山である。

◆覚鑁の教えが育まれた地・根来寺

興教大師覚鑁《こうぎょうだいしかくばん》は大治《だいじ》5年（1130）、高野山《こうやさん》に大伝法院《だいでんぽういん》（密教《みつきょう》の秘法を授ける施設）

を建てて鳥羽《とば》上皇の御願寺とした。しかし、高野山の多くの衆徒の反発をかったため、高野山を離れて紀州《きしゅう》の根来神宮寺《ねごろじんぐうじ》に身を寄せ、ここに一乗山円明寺《いちじょうさんえんめいじ》を建立した。

覚鑁は根来寺《ねごろじ》を拠点に高野山の大伝法院の経営を行なっていたが、覚鑁の没後も対立は深まるいっぽうだった。そこで、鎌倉時代になって覚鑁の法灯を継いでいた頼瑜《らいゆ》という僧侶が大伝法院を根来寺に移し、高野山から完全に独立した。以降、根来寺を拠点とする覚鑁の系統を**新義真言宗**《しんぎしんごんしゅう》、高野山の系統を**古義《こぎ》真言宗**と呼ぶようになった。

その後、根来寺は新義真言宗の中心として栄え、最盛期には2700余りの僧坊を擁し、寺領10万石を誇ったという。また、真言教学の中心として多くの学僧が輩出するいっぽうで、根来衆と称する僧兵《そうへい》の武装集団を組織し、政治的にも大きな発言力を持った。室町時代の末には伝来した鉄砲をいち早く装備に取り入れ、戦国時代を通じて強固な軍事組織としてその名を知られていた。

しかし、そのことがかえって織田信長や豊臣秀吉の武力介入を招くことになり、天正《てんしょう》13年（1585）、秀吉の10万の軍勢に焼き討ちされ、大宝塔と大師堂などを残して灰燼《かいじん》に帰したのである。

このとき、京都に難を逃れた玄宥《げんゆう》は智積院《ちしゃくいん》を拠点として智山派の祖となり、奈良に難を逃れた専誉《せんよ》は長谷寺《はせでら》を拠点として豊山派の祖となった。

秀吉の焼き討ち以降、根来寺はしばらく再興されなかったが、寛政《かんせい》9年（1797）に紀州藩の援助で本坊が再建され、豊山派の法主が再興第一世として入寺することになった。以降、明治まで智山派と豊山派から交替で座主《ざす》を出すことになったが、第二次大戦後は両派から分離して新義真言宗総本山となった。

◆母公に捧げられた慈尊院

弘仁《こうにん》7年（816）、空海《くうかい》（弘法大師《こうぼうだいし》）が嵯峨《さが》天皇から高野山《こうやさん》の地を賜った際に、高野山参詣の要所にあたるこの九度山《くどやま》の雨引山麓《あまびきさんろく》に、高野山への表玄関として伽藍《がらん》を創建し、高野山一山の庶務を司る政所《まんどころ》（寺務所）を置き、高野山への宿所ならびに冬期避寒修行の場としたのが慈尊院《じそんいん》のはじまりである。もとは高野山金剛峯寺《こんごうぶじ》に含まれ、山上を上院、慈尊院を下院と呼んでいた。

高齢となった空海の母・阿刀氏《あとじ》（伝承では玉依御前《たまより》）は、讃岐《さぬき》国多度《たど》郡《ぐん》（香川県善通寺《ぜんつうじ》市）から息子の空海が開いた高野山を一目見ようとやってきたが、当時の高野山内は七里四方が女人禁制となっていた。このため、麓にあるこの政所に滞在し、本尊の弥勒菩薩《みろくぼさつ》を日々、礼拝《らいはい》していたという。

母の滞在中、空海はひと月に九度（正確に九度というわけではなく、それだけ頻繁にということのたとえだといわれている）は、険しい山道（高野山町石道《ちょういしみち》）を下って政所の母を訪ねてきたので、このあたりに「**九度**」という地名が付けられた。

空海の母は承和《じょうわ》2年（835）2月5日に死去したが、そのとき空海は弥勒菩薩の霊夢を見たので、廟堂を建立し自作の弥勒菩薩像と母公の霊をまつったという。弥勒菩薩の別名を「慈尊」と呼ぶことから、この政所が慈尊院と呼ばれるようになった。

空海の母がこの弥勒菩薩を熱心に信仰していたため、入滅《にゅうめつ》（死去）して本尊に化身したという信仰が盛んになり、慈尊院は女人結縁《けちえん》の寺として知られるようになった。時代が下ると、女人高野として知られるようになり、多くの女性が慈尊院を詣でて高野山詣での代わりとしたのである。

高野政所に関して「慈尊院」という名称が文献に現れた最も早い例は三条実行《さんじょうさねゆき》（藤原実行）の『鳥羽上皇高野御幸記《とばじょうこうこうやごこうき》』で、天治《てんじ》元年（1124）、上皇が当地に行幸し、慈尊院の由来について尋ねたことが記されている。

◆女人高野の名で親しまれる室生寺

室生《むろう》川の周辺は古くから山岳信仰が行なわれていた場所で、役行者《えんのぎょうじゃ》の開山と伝えられる。宝亀《ほうき》8年（777）に山部《やまべ》親王（後の桓武《かんむ》天皇）の病気平癒のために、室生川沿いにある龍神穴《りゅうじんけつ》で5人の僧侶が延寿祈祷を行なったことにはじまる。その後、親王の病気が平癒したので、勅命によって興福寺《こうふくじ》の僧・賢璟《けんきょう》が天応《てんおう》元年（781）に一宇を建てて室生山《むろうさん》寺《じ》を創建し、興福寺傘下の寺として出発したのである。

延暦《えんりゃく》12年（793）に賢璟が没すると、弟子の修円《しゅえん》が入山して伽藍《がらん》の整備を引き継いだ。修円は興福寺の僧侶だったが、最澄《さいちょう》や空海《くうかい》とも親交があり、最澄から密教《みっきょう》の伝法灌頂《でんぽうかんじょう》を受けていた。このことから、室生寺は天台密教の影響を受けるようになり、承和《じょうわ》元年（834）に延暦寺《えんりゃくじ》を追われた天台宗《てんだいしゅう》の円修《えんしゅう》と堅慧《けんね》が入寺すると室生寺と天台密教との結び付きはますます深くなったのである。

その後も、長く興福寺の支配下に置かれたが、平安時代の後半頃からはさらに密教化が進み、本寺の興福寺との間に確執が生まれた。江戸時代の元禄《げんろく》7年（1694）には、将軍家の護持僧《ごじそう》・新義真言宗《しんぎしんごんしゅう》の隆光《りゅうこう》という僧侶が入寺して興福寺から完全に分離し、法相《ほっそう》宗《しゅう》から真言宗に改宗した。第5代将軍・綱吉《つなよし》の母、桂昌院《けいしょういん》によって再興され再び真言密教の道場になったのである。

真言密教の根拠地である高野山が女人禁制だったのに対して、室生寺は江戸時代には女性の参詣を認めた。このことから、女人高野の名で親しまれている。また、室生寺の仏像は**室生寺派**と呼ばれ、一時代を画した。さざなみが寄せるような細かい衣のヒダの表現などに特徴がある。

平安時代の初期には弘法大師《こうぼうだいし》が入山し、唐から持ち帰ったという宝珠を山中に埋めて真言密教の道場としたと伝えられている。しかし、これは史実としては認め難く、鎌倉時代頃から盛んになった弘法大師伝説に基づくものである。

コラム

全国に現存する即身仏(ミイラ)

東北地方には湯殿山《ゆどのさん》を中心に「即身仏《そくしんぶつ》」といわれるミイラが点在している。

ミイラになったのは、空海《くうかい》が説いた「密教《みっきょう》の教えにしたがって修行をすれば、生きたまま仏になれる」という即身成仏《そくしんじょうぶつ》の教えを実践した人たちである。

即身成仏は真言《しんごん》密教の究極の目標で、空海自身も即身成仏を果たしたといわれている。高野山《こうやさん》で没した空海の心身は死後も滅びることなく、仏となって教えを説き、人々を救済していると信じられ、「弘法大師入定伝説《こうぼうだいしにゆうじようでんせつ》」を生み出した。

弘法大師は今も、高野山の奥之院の弘法大師御廟で生き続けており、そこから抜け出しては四国遍路を巡ったりして、諸国を巡って人々を救済し続けているという。四国霊場のお遍路さんの笠や衣服、杖などに「同行二人」と書かれているのは、一人はお遍路さん、もう一人は弘法大師だというのだ。

中世以降、この大師入定伝統と結び付いたのが即身仏だ。とりわけ湯殿山はその中心地になったため、即身仏が多く残されているのである。

即身仏になる決意をした人は2000日から3000日の期間をかけて準備をする。まず、食べ物の量を次第に減らし、ある程度の期間を経て五穀を断ち、木の実などだけを食べて命をつなぐ。脂肪分が完全になくなると、水だけで一定期間を過ごす。そして、最後に穴を掘って、そのなかに入り、上部を蓋《ふた》で覆って細い竹筒の空気穴をつける。

このなかで行者は静かに読経《どきよう》を続け、数日後に読経が聞こえなくなると空気穴を塞《ふさ》いで密閉する。3年後に掘り起こし、衣を着せられた即身仏は堂内に安置される。
全国には20体の即身仏が現存するが、そのうち8体が湯殿山を中心とする山形県にまつられている。また、最後の即身仏は新潟県村上市の観音寺《かんのんじ》で入定した仏海《ぶっかい》上人で、明治36年（1903）の話である。

◇空海入定後の分派の林立

真言宗《しんごんしゅう》は空海《くうかい》亡き後、実恵《じちえ》、真済《しんぜい》などのいわゆる十大弟子が引き継いだ。なかでも実恵（785～847）は一番弟子で、臨終を迎えた空海は、彼に東寺《とうじ》を託した。また、真済は高雄《たかお》の神護寺《じんごじ》を託された。空海亡き後はこれらの直弟子たちによって高野山や東寺が守られ、法灯を継いできたのである。

しかし、真言宗には天台宗《てんだいしゅう》の円仁《えんにん》や円珍《えんちん》に匹敵するような傑出した人材が輩出せず、高野山や東寺や神護寺といった大寺に高弟が割拠したこともあって、宗派をまとめることが難しかった。そんな事情から比叡山《ひえいざん》が円仁、円珍の活躍によって活況を呈するようになったのとは対照的に、真言宗は現状維持に止まり、後に弟子たちの間に溝も深まった。これが真言宗が十数派に分かれた原因でもある。

そうしたなかで特筆すべきは**聖宝**《しょうぼう》（832〜909）と**覚鑁**《かくばん》（1095〜1143）の2人である。

聖宝は高野山で出家し、その後、奈良で法相宗《ほっそうしゅう》、三論宗《さんろんしゅう》、華厳宗《けごんしゅう》を学び、後に伝法灌《でんぽうかん》頂《じょう》を受けて密教《みっきょう》にも通じた。また、聖宝は山岳信仰も持っており、各地の山に籠《こも》って山岳修行に励んだ。

貞観《じょうがん》年間（859〜876）の末には、京都の醍醐《だいご》山上に准胝《じゅんてい》観音と如意輪《にょいりん》観音をまつって顕密の道場とし、醍醐山を山岳修行の行場とした。これが醍醐寺の起源の上醍醐である。

さらに、醍醐天皇の保護を受けて山麓に大伽藍《がらん》が完成した。これが現在の醍醐寺である。後に修験道が確立すると醍醐寺三宝院《さんぽういん》が東密系修験道の本山となり、この派の修験道は胎密系修験道の「本山派《ほんざんは》」に対して「当山派《とうざんは》」と呼ばれ、日本の修験道の二大潮流となった。

次に、平安時代末に活躍した覚鑁は10代前半で出家して東大寺《とうだいじ》や興福寺で法相宗や華厳宗、三論宗の学門を学び、20歳のときに高野山に登り、真言密教を学んだ。

その後、急速に頭角を現し、27歳のときには、このころ途絶えていた空海伝来の伝法会《でんぽうえ》（密教の秘法を授ける伝法灌頂の儀式）を復活させ、高野山の復興に着手した。さらに鳥《と》羽上皇の帰依《きえ》を受けて高野山に大伝法院を建立し、長承《ちょうしょう》元年（1132）には鳥羽《ば》上皇の臨幸《りんこう》を仰いで伝法大会を開き、上皇から荘園などを寄進されたのである。

そして、上皇の信任のもとに高野山座主《ざす》に任じられたが、高野山の僧侶たちのなかには覚鑁の一連の行動に反発するものも多く、結局、覚鑁は保延《ほうえん》6年（1140）に高野山を下り、紀州《きしゅう》の根来寺《ねごろじ》に拠点を構えた。

それから3年後に覚鑁は根来寺で寂したが、その後も覚鑁門下と高野山の反対派の対立は深まるいっぽうだった。

鎌倉時代になってついに覚鑁門下700余名が山を下り、根来寺に依った。以降、高野山を古義《こぎ》真言宗、根来寺を新義《しんぎ》真言宗と呼び、二分されることになったのである。

融通念佛宗

ひとりの念仏が万人の念仏と融け合う

融通念佛宗《ゆうずうねんぶつしゅう》は、平安時代末に念仏を信仰していた良忍《りょうにん》（1073～1132）という人が創始した国産第一号の宗派である。

良忍は比叡山《ひえいざん》で出家し、その後、京都の仁和寺《にんなじ》で密教《みっきょう》の秘法を授かった。後に大原に隠棲して念仏を広め、さらに経に節をつけて詠いあげる声明《しょうみょう》に巧みで、大原の地を声明の根拠地とした。

そして、良忍は大原の里で念仏三昧に専念するうちに、あるとき阿弥陀如来から速疾往生《そくしつおうじょう》（阿弥陀如来から誰もが速やかに仏の道に至る方法）の偈文《げもん》（詩のかたちで説いた教説）である「一人一切人《いちにんいっさいにん》、一切人一人《いっさいにんいちにん》、一行一切行《いちぎょういっさいぎょう》、一切行一行《いっさいぎょういちぎょう》　十界一念《じっかいいちねん》　融通念仏《ゆうずうねんぶつ》　億百万遍《おくひゃくまんべん》　功徳円満《くどくえんまん》」という言葉を授かったという。

つまり、一人が念仏をとなえれば、それはすべての人の功徳となり、また、すべての人の念仏は一人の人の功徳ともなるということである。そして、自他の念仏の功徳によって浄土《じょうど》に往生しようとするものである。

修行僧は毎朝、西方《さいほう》に向かって良忍の説いた十界一念・自他融通の浄土往生を期する念仏（融通念仏）を十唱することなどを日課とする。

良忍の融通念仏は専修念仏《せんじゅねんぶつ》（ひたすら念仏をとなえること）の先駆であり、その後、確立した法然《ほうねん》の浄土宗《じょうどしゅう》や親鸞《しんらん》の浄土真宗《じょうどしんしゅう》の先行的形態と内容を持つ教えである。

ただ、良忍の時代の融通念仏は勧進行脚《かんじんあんぎゃ》が主で、仏教宗派としての組織を持たず、時衆《じしゅう》のように人々が集まって念仏をとなえ、その念仏が融通し合うということに重きが置かれた。

拠点になる特定の寺もなかったことから、良忍《りょうにん》の没後は衰退し、その法系はしばしば途絶えることもあったが、細々と命脈を保ってきた。そのようなことから、融通念仏の寺も他宗派の寺院となり衰退の一途を辿ったのである。

しかし、元禄《げんろく》年間（1688〜1704）に、融通念仏再興の祖とされる大念佛寺第四十六世の大通が融通念仏の復興に努め、『融通円門章《ゆうずうえんもんしょう》』等により教義を明らかにし、一宗としての体裁を整えた。

現在は、大阪の大念佛寺《だいねんぶつじ》が大本山になっている。

◇所依の経典

所依の経典は『華厳経《けごんきょう》』と『法華経《ほけきょう》』であるが、「浄土三部経《じょうどさんぶきょう》」にも依る。

良忍《りょうにん》は天台宗《てんだいしゅう》出身で、腐敗堕落した比叡山《ひえいざん》を去って大原の来迎院《らいこういん》に隠棲したとき、天台宗の根本経典である『法華経』の読経と6万遍の念仏を日課と定めて修行に励んだ。

また、『華厳経』の「**一即一切　一切即一**」、個のなかに全体があり、全体のなかに個がある。つまり、すべてのものは関連し合って存在しているのであり、個と全体は不離の関係にある。これを根拠に一人の念仏とすべての人々の念仏が融通し合うという、融通念佛《ゆうずうねんぶつ》宗《しゅう》の教理を確立したのである。

◇ひたすら念仏をとなえ続けた良忍

良忍《りょうにん》（1072〜1132）は尾張《おわり》国知多郡《ちたぐん》の領主の子として生まれたが、若くして出家し比叡山《ひえいざん》に登って堂僧《どうそう》となった。

堂僧は修行僧の世話などをする雑役係で、本格的に修行に打ち込むいわば本流をいく僧侶ではなかった。しかし、仏教に深く帰依《きえ》し、かねがねその奥義を究めたいと考えていた良忍は堂僧の役を務めながら良賀《りょうが》という高僧に師事して常に念仏をとなえ続ける不断念仏の修行に専念した。

そして、23歳の頃、比叡山を下って大原に隠棲して念仏三昧《ざんまい》の生活をするいっぽうで、大原に来迎院《らいこういん》や浄蓮華院《じょうれんげいん》を創建して念仏の道場とした。

また、大原を天台声明《てんだいしょうみょう》の聖地とした。声明は読経をするときに節をつけて詠いあげるもので、一種の仏教音楽である。日本には第三世天台座主《ざす》を務めた慈覚大師円仁《じかくだいしえんにん》が伝えたといわれ、

融通念仏とはなにか

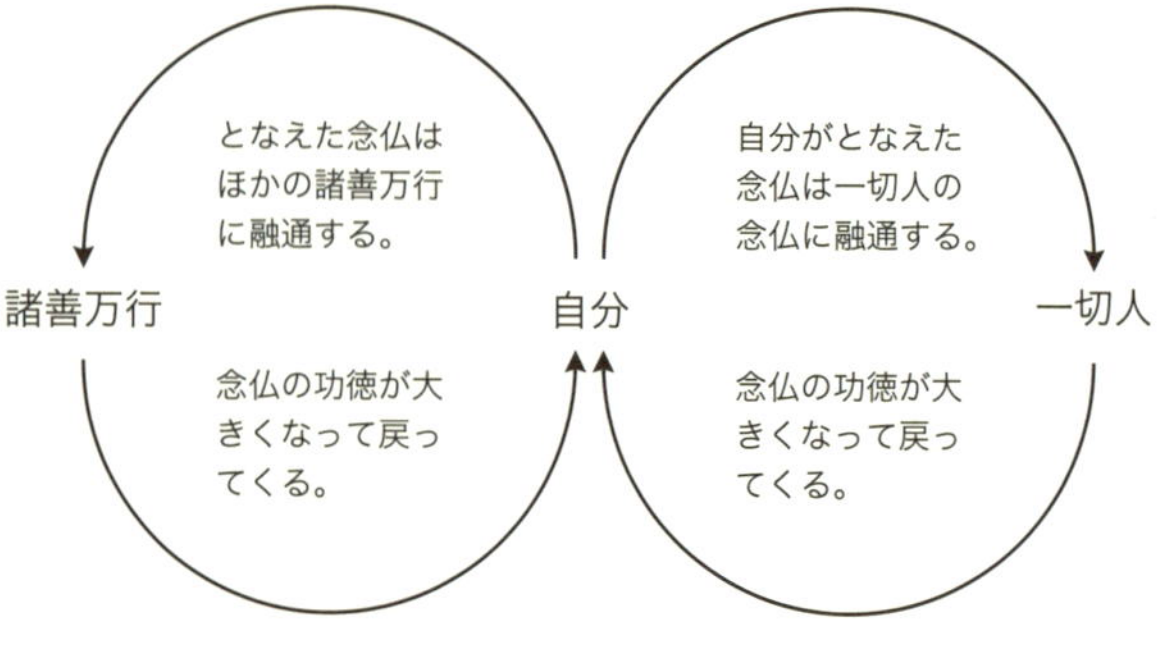
となえた念仏は
ほかの諸善万行
に融通する。
自分がとなえた
念仏は一切人の
念仏に融通する。
諸善万行
自分
一切人
念仏の功徳が大
きくなって戻っ
てくる。
念仏の功徳が大
きくなって戻っ
てくる。

以降、比叡山で天台声明が盛んになった。良忍が活躍した平安時代の後期になると、天台声明はいくつかの流派に分かれていたが、良忍はこれを統一して「大原声明」を確立した。

永久《えいきゅう》5年（1117）には阿弥陀如来から「**一人一切人《いちにんいっさいにん》、一切人一人《いっさいにんいちにん》、一行一切行《いちぎょういっさいぎょう》、一切行一行《いっさいぎょういちぎょう》　十界一念《じっかいいちねん》　融通念仏《ゆうずうねんぶつ》　億百万遍《おくびゃくまんべん》　功徳円満《くどくえんまん》**」の言葉を授かり、融通念仏を創始した。以降、良忍は各地を巡歴して念仏をとなえれば誰もが浄土《じょうど》に往生できると説いて多くの信者を集めた。

大阪市平野区《ひらのく》の大念佛寺《だいねんぶつじ》をはじめ、京都の清凉寺《せいりょうじ》や壬生寺《みぶでら》などで融通念仏が盛んになり、今も壬生寺などには融通念仏の中興者である円覚《えんがく》上人による大念仏狂言が伝えられている。

良忍は多くの人々を教化し、融通念仏宗を開いた功績により、安永《あんえい》2年（1773）に聖応《しょうおう》大師の諡号《しごう》を賜った。

◇念仏勧進の根本道場

巡歴の折、大阪の四天王寺《してんのうじ》で参籠《さんろう》（寺社に籠《こも》って祈願すること）したときに、夢に仏が現れて大阪の平野《ひらの》に寺を開けとのお告げがあった。これにしたがって良忍《りょうにん》は現在の大阪市平野区に修楽寺《しゅらくじ》という念仏道場を開いた。この修楽寺が今の融通念佛宗《ゆうずうねんぶつしゅう》の大本山・大念佛寺《だいねんぶつじ》に発展したのである。

大念佛寺の本尊は「**十一尊天得如来**《じゅういちそんてんとくにょらい》」という阿弥陀如来の周りに十尊の菩薩《ぼさつ》を描いた阿弥陀来迎図である。

本尊「十一尊天得如来」

大念佛寺・本堂

広い境内には本堂を中心に多くの建物が軒を並べている。本堂をはじめ、大部分の建物は明治31年（1898）の火災後に再建されたものだが、山門《さんもん》や鐘楼《しょうろう》、円通殿《えんつうでん》、霊明殿《れいめいでん》、正門回廊などは江戸時代の建物である。

◇「万部おねり」と「百万遍会」の大数珠操り

大念佛寺《だいねんぶつじ》では毎年、「万部《まんぶ》おねり」という年中行事が行なわれている。「万部おねり」とは、阿弥陀如来が多くの菩薩を従えて臨終を迎えた人を迎えにくる光景を再現した「**聖衆来迎会**《しゅじゅらいごうえ》」と『仏説阿弥陀経《ぶっせつあみだきょう》』を1万部読誦する「**万部会**《まんぶえ》」を融合させたもので、聖衆来迎会は室町時代のはじめに大念佛寺中興の祖・法明《ほうみょう》が、

大念佛寺の伝統行事「万部おねり」

「万部会」は江戸時代に第四十九世・尭海《ぎょうかい》がはじめたものである。

また、毎年1月、5月、9月には、「百万遍会《ひゃくまんべんえ》」という行事も行なわれている。参詣者は直径約7センチの珠を1200個つないだ大数珠をくりながら念仏をとなえ、身体堅固などの功徳を授かるのだ。

第 4 章

鎌倉時代以降に開かれた宗派

鎌倉新仏教の基本中の基本

仏教の改革運動が興起

日本の仏教は奈良時代に南都六宗《なんとろくしゅう》が整備されてその基礎を確立した。平安時代になると、最澄《さいちょう》、空海《くうかい》の巨人が出て独自の思想を展開し、南都六宗の学派的な集まりから、信仰上の結社としての宗派の基礎を確立した。

とりわけ最澄が開いた比叡山《ひえいざん》には多くの僧侶が登り、研究と修行に打ち込んだ。そして、この山で学んだ学僧のなかの何人かが一宗を開いて、その教えを後世に残したのである。

また、日本の仏教を歴史的に概観すると、奈良時代は朝廷（天皇）を中心とする仏教、平安時代は貴族を中心とする仏教ということができる。そして、鎌倉時代の仏教は武士と民衆の仏教で、仏教ははじめて民衆のなかに深く浸透して宗教としての活力を遺憾なく発揮することになったのである。

臨済宗《りんざいしゅう》の**栄西**《えいさい》（1141～1215）、曹洞宗《そうとうしゅう》の**道元**《どうげん》（1200～53）、浄土宗《じょうどしゅう》の**源空**《げんくう》（法然《ほうねん》、1133～1212）、浄土真宗《じょうどしんしゅう》の**親鸞**《しんらん》（1173～1262）、日蓮宗《にちれんしゅう》の**日蓮**（1

222～82）、時宗《じしゅう》の**一遍**《いっぺん》（1239～89）が現れてそれぞれ一宗を開き、多くの信者を集めた。この時代の仏教を鎌倉新仏教《しんぶっきょう》と呼んでいる。

◇聖たちの民間布教活動と浄土信仰の広がり

鎌倉時代の仏教には二つの大きな潮流がある。それは武士の仏教と民衆の仏教という流れである。

この時代に宋（中国）から禅宗が伝えられ、武士の間で大いに受け入れられた。戦いを生業《なりわい》とする武士は、常に死と隣り合わせにいる。そんな彼らにとって坐禅によって心の乱れを防ぐ禅は、剣の道にも通じる精神修養の手段として大いに歓迎されたのである。

『法然上人行状絵図』巻6段3より（知恩院蔵）

禅宗はまず栄西《えいさい》が臨済宗《りんざいしゅう》を伝え、その弟子の道元《どうげん》が曹洞宗《そうとうしゅう》を伝えた。しかし、京都ではまだ公家や天台宗《てんだいしゅう》など既成宗派の勢力が強く、禅の布教はままならなかった。

そこで栄西は京都に創建した建仁寺《けんにんじ》を天台や真言などと禅を兼修する寺とした。天台宗や奈良の旧仏教の批判をかわすため、禅の専門道場とすることを避けたのである。

続く道元も京都での布教に限界を感じて、越前《えちぜん》（福井県）に永平寺《えいへいじ》を創建し、都から離れた地で弟子の指導と布教に専念したのだった。

しかし、鎌倉幕府が北条《ほうじょう》氏の手に委ねられると、建長寺や円覚寺《えんがくじ》が創建されて禅は急速に普及した。いわゆる**鎌倉五山**が形成され、禅宗は武士を中心に大いに栄えることになったのである。

いっぽう、民衆の間では釈迦《しゃか》の悟りに近づくという高邁《こうまい》な理想を説く禅は受け入れられなかった。彼らの間で盛んに信仰されるようになったのが阿弥陀如来《あみだにょらい》の極楽往生を説く浄土教《じょうどきょう》だった。

すでに平安時代の中頃から、貴族を中心に浄土往生の信仰は盛んだった。これが法然《ほうねん》や親鸞《しんらん》を介して民衆のものとなったのである。

そんななかで法然ははじめて**浄土信仰**（浄土教）を拠り所とする宗派（浄土宗《じょうどしゅう》）を開い

た。浄土信仰はすでにインドで盛んになり、中国に伝えられて隆盛期を迎えていたが、インドや中国では浄土信仰を中心とする宗派（教団）は形成されなかった。つまり、法然の浄土宗は浄土信仰に基づいて開かれた最初の宗派だったのである。

法然の弟子の親鸞は浄土真宗《じょうどしんしゅう》の基《もとい》をつくって、浄土信仰をさらに民衆に近づけて圧倒的な支持を集め、時宗《じしゅう》の一遍《いっぺん》はまさに民衆と一体となってひたすら念仏をとなえて諸国を巡歴した。

もう一つ、鎌倉時代を代表する宗派が日蓮宗《にちれんしゅう》だ。宗祖の日蓮は『法華経《ほけきょう》』を絶対の教えと考え、国家一丸となって『法華経』を信じなければ国が滅びるという独自の思想を打ち立てた。このような教義のもと、日蓮は激しい論調で幕府や他宗を攻撃した。そのため、日蓮は流罪になったり、あやうく斬首《ざんしゅ》されそうになったりするなど、さまざまな法難《ほうなん》に遭ったのである。

また、この時代には神仏習合《しんぶつしゅうごう》の**山岳信仰**（後の修験道《しゅげんどう》）も盛んになった。各地に点在する山岳信仰の聖地、たとえば、出羽三山《でわさんざん》や熊野《くまの》、金峯山《きんぷせん》などはその道場として栄え、多くの修行者が入山して修行するようになった。

平安時代以降、山岳信仰は密教《みっきょう》と密接に結び付き、ふだんは山中で修行している山岳修行者たちは、積雪期などには天台宗《てんだいしゅう》や真言宗《しんごんしゅう》の密教寺院に身を寄せるようになった。

鎌倉時代の終わりまでに天台宗や真言宗の密教寺院には多くの山岳修行者が寄宿するようになった。そこで、室町時代のはじめにそれらを修験道として独立させ、天台宗の聖護《しょうご》院《いん》、真言宗の醍醐《だいご》寺《じ》などの傘下に入り、組織化されたのである。

修験道の組織が確立すると、熊野や吉野などへの信仰に基づく宗教的結社である「講《こう》」が組織されるようになり、時代が下ると「蟻の熊野詣」に代表されるように、各地の霊山には人々が雲集した。

さらに鎌倉以降に開かれた宗派として禅宗の黄檗宗《おうばくしゅう》がある。江戸時代のはじめ、長崎の華僑の人たちが、中国南部の福州（福建省）から黄檗宗の僧侶を招いて崇福寺《そうふくじ》という菩提《ぼだい》寺《じ》を創建したことにはじまる。

後に、中国の黄檗山萬福寺《まんぷくじ》の住職だった**隠元隆琦**《いんげんりゅうき》を招いた。隠元は第4代将軍・家綱《いえつな》の帰依《きえ》を受けて山城（京都府）の宇治に寺領を与えられ、ここに萬福寺《まんぷくじ》を創建して日本の黄檗宗の大本山としたのである。

◇室町時代以降の仏教の特色

鎌倉幕府が滅亡し、足利尊氏《あしかがたかうじ》が京都に室町幕府を開いてから、約300年間が室町時代である。

この時代、足利幕府は臨済宗《りんざいしゅう》に特別の保護を与えた。その結果、五山文学などに代表されるように、禅宗寺院で文芸や芸術的志向が強まり、雪舟《せっしゅう》をはじめとする優れた画家が輩出することになった。

そのいっぽうで、禅宗勢力は比叡山《ひえいざん》など旧来の勢力と争いが絶えず、歴史上、特筆すべき凄惨《せいさん》な事件もたびたび起こった。そして、**応仁《おうにん》の乱**（1467〜77）以降は混乱期となり、仏教各派も時代の趨勢に流されるかたちとなったのである。

また、戦国時代の終わりになると織田信長の比叡山焼き討ちをはじめ、天下統一を目指す武将たちは次々と寺社勢力を攻撃した。比叡山延暦寺《えんりゃくじ》や高野山《こうやさん》などの大寺院は西日本を中心とする各地に広大な荘園を持っており、それを手中に収めなければ天下統一は実現しないと考えたからである。

1603年に徳川家康が江戸に幕府を開き、江戸時代（徳川時代）に入ると、かつての戦国大名はすっかり徳川幕府の統制下に置かれたが、これと同様、仏教も幕府の強い統制を受けることになった。

幕府は仏教教団に「**法度**《はっと》」を下して統制し、その自由な活動を制限した。その結果、仏教教団は現状維持に留まり、鎌倉時代のような新たな仏教運動は姿を消し、宗教としての本来の活力を失ってしまったのである。

さらに、幕府は切支丹《きりしたん》禁制のために仏教を利用したので、仏教は政治の一端を担わされる結果になった。同時に官僚化した仏教は社会の根強い反感を買うことになり、神道家《しんとうか》や儒者、国学者らの激しい攻撃を受けることになった。そして、この仏教に対する反感が明治維新後の激しい**廃仏毀釈**《はいぶつきしゃく》**運動**の原動力となったのである。

いっぽう、幕府が厳しく仏教の布教活動などを制限し、学問を奨励した結果、仏教の教学、いわゆる「宗学《しゅうがく》」が著しく発展した。各宗派は競って学校を経営し、大きな学校には1000人以上の学僧が集まって仏教の学問的研究に励んだ。

また、全国津々浦々に寺子屋が開かれて、一般人に対する読み書きが教えられ、仏教の教理を平易な仮名交じり文や歌であらわして一般信者にも読めるようにした。この時代に日本人の読み書きの能力を向上させたことが、明治以降の日本の近代化に大きく貢献したのであり、その意味で仏教の初等教育への寄与は大きかったのである。

明治維新を迎えると、維新政府は神道を国教と定め、それまで神仏が混然と信仰されてきた神仏《しんぶつ》習合《しゅうごう》の状態に終止符が打たれることになった。その結果、廃仏毀釈なども起こり、神宮寺など神社に所属した寺院はすべて撤廃された。

堂塔は破壊され、仏像などの文化財の多くも、焼かれたり壊されたりした。この短い期間に日本の文化財の9割がたが失われ、わが国の文化にとって最悪の出来事になったのである。

幕府の民衆支配に利用された仏教

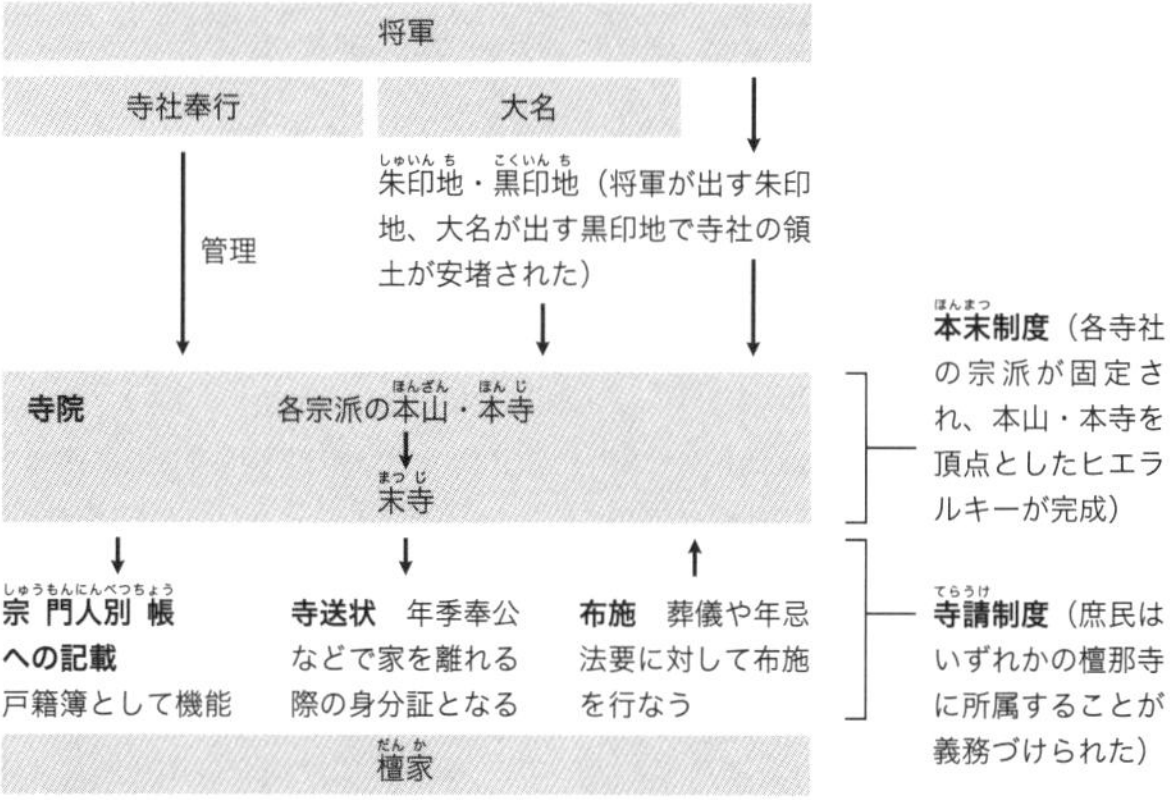
将軍
寺社奉行
大名
管理
朱印地《しゅいんち》・黒印地《こくいんち》（将軍が出す朱印地、大名が出す黒印地で寺社の領土が安堵された）
寺院
各宗派の本山《ほんざん》・本寺《ほんじ》
末寺《まつじ》
本末《ほんまつ》制度（各寺社の宗派が固定され、本山・本寺を頂点としたヒエラルキーが完成）
宗門人別帳《しゅうもんにんべつちょう》への記載
戸籍簿として機能
寺送状　年季奉公などで家を離れる際の身分証となる
布施　葬儀や年忌法要に対して布施を行なう
寺請《てらうけ》制度（庶民はいずれかの檀那寺に所属することが義務づけられた）
檀家《だんか》

浄土宗

末法の世にもたらされた一縷の救い

大乗仏教《だいじょう》の時代になると、釈迦《しやか》如来以外にもさまざまな仏、菩薩《ぼさつ》が登場してくる。そんななかで西方極楽浄土《さいほうごくらくじょうど》の主として現れた救世主が阿弥陀如来で、この如来の救済の力を信じて、その名をとなえれば極楽浄土（理想郷）に生まれる（往生する）ことができると説かれた。

阿弥陀の極楽浄土に往生しようと願う浄土思想は、早くからインドで盛んになり、中国に伝えられて未曾有《みぞう》の発展を遂げた。中国では曇鸞《どんらん》（476〜542）、道綽《どうしやく》（562〜645）の2人によって浄土教の基礎が固められ、善導《ぜんどう》（613〜681）がその教理を大成した。善導は『観無量寿経疏《かんむりょうじゅきょうしょ》』を著して教理を確立し、念仏の作法などを整備したのである。

日本ではすでに飛鳥時代（538〜645）から阿弥陀如来像が造られ、浄土往生を願う信仰が行なわれていた。しかし、浄土信仰の普及は平安時代のはじめに第三世天台座主《ざす》の慈覚大師円仁《じかくだいしえんにん》が中国五台山《ごだいさん》の引声《いんじょう》念仏（声に出して念仏をとなえること）を伝えて以来のことである。

また、日本では早くから平安後期の永承《えいしょう》7年（1052）が末法《まっぽう》の世（暗黒の世界）のはじまりとされ、その年が近づく以前から浄土往生を願う風潮が貴族を中心として強まった。そんななかで源信《げんしん》が『往生要集《おうじょうようしゅう》』を著して地獄の恐ろしさを生々しく描写して浄土往生の重要性を強調したのだ。

この書は末法思想の到来を迎えて動揺した人々の心に強く訴えかけ、一大センセーションを巻き起こした。これが浄土往生の思想を広い階層に伝えて、その信仰を確固たるものにしたのだった。

源信に先駆けて浄土信仰の普及に力を入れた僧侶として空《くう》也《や》（光勝《こうしょう》、903〜972）を忘れることができない。彼は早くから諸国の聖跡を巡って先聖の威徳を偲ぶかたわら、架橋や道路工事を行ない、南無阿弥陀仏《なむあみだぶつ》をとなえて民衆の間に浄土信仰を広めた。破れ衣を着て鹿の角のついた杖をつき、鉦《かね》を叩きながら念仏をとなえて定期市を巡ったことから「市《いちの》

聖《ひじり》」として親しまれた。

源信や空也によって広められた浄土信仰は平安時代後半から、まさに破竹の快進撃を続けた。そして、鎌倉時代のはじめには法然《ほうねん》が浄土信仰に基づいて浄土宗《じょうどしゅう》を開き、法然の弟子の親鸞《しんらん》は浄土真宗《じょうどしんしゅう》の、一遍《いっぺん》は時宗《じしゅう》の基《もとい》を築いたのである。

◇所依の経典

浄土《じょうど》系の宗派では「**浄土三部経《さんぶきょう》**」が所依の経典となる。『無量寿経《むりょうじゅきょう》』『観《かん》無量寿経』『阿弥陀経《あみだきょう》』の三経で、どれも念仏往生を説いた経典である。

三経はみなインドで成立したもので、すでに4世紀にはインドで注釈書が書かれ、中国では善導《ぜんどう》が『観無量寿経』を注釈して『観無量寿経疏《しょ》』（略して『観経疏《かんぎょうしょ》』）を著し、浄土往生の正当性を理論的に

末法思想とは何か

正法《しょうぼう》	釈迦入滅後、1000年（または500年）間。釈迦が伝えた正しい教法が伝わり、修行者もいて、悟りを開く者もいる時代。
像法《ぞうほう》	正法後、1000年（または500年）間。正しい教法が伝わり、修行者もいるが、悟りを開く者がいなくなる時代。
末法《まっぽう》	像法後、教法は伝わっているが、修行者も悟りを開く者もいない時代。

述べた。法然《ほうねん》は善導の『観経疏』に感化されて浄土信仰に入ったのである。

法然は主著『選択本願念仏集《せんじやくほんがんねんぶつしゅう》』（略して『選択集』）の第1章で、「一は無量寿経、二は観無量寿経、三は阿弥陀経である。……この三経を指して浄土の三部経と号す」といっている。三経を一体化して「浄土三部経」と呼んだのは法然の独創で、以降、この名が一般的に用いられるようになったのである。

法然によれば、『無量寿経』によって阿弥陀如来の本願《ほんがん》（人々を救おうという願い）を明らかにし、『観無量寿経』ではひたすら（一向に）念仏することによって弥陀《みだ》の本願にかなうことを教え、『阿弥陀経』は本願の念仏が絶対の真実であることを6万の諸仏が証明し、さらには念仏行者を守護することを説いたものであるという。つまり、法然は三経が有機的に結び付いて、念仏による往生を力強く支えていると説くのである。

『無量寿経』には弥陀の本願である「48の大願《たいがん》」が説かれている。法然はそのうちの第十八願から第二十願までの3つを特に重視した。

第十八願「十方の衆生が真心をこめてわたしの浄土に生まれたいと願い、10回そう思ったのに、そのとおりにならないようなら、わたしは仏にならない。ただし、五逆罪《ごぎゃくざい》（父母を殺すなど極悪非道の5つの罪）を犯したものと正法《しょうぼう》を誹謗《ひぼう》したものとを除く」

第十九願「十方の衆生が菩提心《ぼだいしん》（悟りを開こうとする心）を起こし、功徳《くどく》を修め、真心をこめてわたしの浄土に生まれたいと思ったのに、その臨終に際してわたしが供を連れて彼らの前にあらわれないようなら、わたしは仏にならない」

第二十願「十方の衆生がわたしの名を聞き、わたしの浄土を思い、功徳を修めて、浄土に生まれるようにと真心をこめてその功徳を回向《えこう》したのに、その願いが叶わないようなら、わたしは仏にならない」

「王本願《おうほんがん》」といわれる第十八願は、法然の思想の背景となり、法然の弟子の親鸞《しんらん》もこの第十八願を重視して浄土真宗《じょうどしんしゅう》の根幹においた。

◇弟子にあてて書いた極楽往生の要点（一枚起請文）

法然《ほうねん》は建暦《けんりゃく》2年（1212）、臨終に際して、弟子たちに請われて念仏行の要旨を1枚の紙に認《したた》めた。1枚の紙に書かれていることから『**一枚起請文**《いちまいきしょうもん》』と呼ばれている。

全文はわずか二百数十字の和文で、『般若心経《はんにゃしんぎょう》』ほどの長さである。

「唐土我朝《もろこしわがちょう》に、もろもろの智者《ちしゃ》達の沙汰《さた》し申さるる観念の念にもあらず。また学問をして、念のこころを悟りて申す念仏にもあらず。ただ往生極楽のためには、南無阿弥陀仏《なむあみだぶつ》と申して、うたがひなく往生するぞと思ひ取りて申す外には別の仔細《しさい》候はず。但し三心四修《さんじんししゅ》と申すごとの候うは、皆決定《けつじょう》して南無阿弥陀仏にて往生するぞと思ふうちにこもり候うなり。この外に奥ふかき事を存ぜば、二尊《にそん》のあはれみにはづれ、本願にもれ候うべし。念仏を信ぜん人は、たとひ一代の法をよくよく学すとも、一文不知《いちもんふち》の愚鈍の身になして、尼入道《あまにゅうどう》の無智のともがらに同じうして、智者のふるまひをせずしてただ一向に念仏すべし。証のために両手印をもつてす。浄土宗の安心起行《あんじんきぎょう》この一紙に至極《しごく》せり。源空が所存、この外に全く別義を存ぜず、滅後の邪義をふせがんがために、所存をしるし畢《おわ》んぬ。」

（阿弥陀如来の衆生救済の力を信じ、念仏によって極楽往生を願う人は、疑いなく往生するのだという信念を持つことが重要で、ほかになにも考える必要はない。その信念さえあれば、浄土に生まれるものが備えなければならない三種の心（三心）や、念仏行をする人が心掛けるべき4つの修行（四修）などというものも、自ずと備わってくる。もし、この外に深い意味を考えたりしたら、釈迦と阿弥陀の二尊のあわれみにはずれ、二尊が人々を救おうとの本願からもれることにもなる。念仏をとなえて極楽に往生しようとする人は、たとえ万巻の書を読んで高遠な学識を備えていても、無学な愚者と同じ心でただひたすら（一向に）念仏をとなえるべきである）

本書は『選択集』の内容をコンパクトにまとめたもので、その要点が簡潔に示されている。また、平易な和文で綴られているため、誰にでも容易に理解できることから、浄土信仰の普及、念仏の布教に大いに貢献してきた。今も、浄土宗《じょうどしゅう》の寺院では葬儀や法要の折などに読まれている。

◇仏教修行を聖道門と浄土門に分類

法然《ほうねん》は仏教の修行を聖道門《しょうどうもん》、浄土門《じょうどもん》に分け、衆生《しゅじょう》（すべての人々）がどの方法で救われるかを考察した。

聖道門とは厳しい修行に耐えて救われる（悟りに至る）道で**難行道**《なんぎょうどう》という。浄土門は阿弥陀如来《あみだにょらい》の救済の力を信じて念仏によって救われる道で、**易行道**《いぎょうどう》ともいう。そして、法然は末法《まっぽう》の世では浄土門でしか救われることができないとしたのである。

そして、浄土門の修行方法を正行《しょうぎょう》（悟りを得るための直接の原因になる修行。正しい修行）と雑行《ぞうぎょう》（戒律《かいりつ》を守ったり、坐禅をしたり、阿弥陀如来以外の諸仏を礼拝したりすること。念仏以外の修行）に分け、念仏こそが正行であると説いた。また、念仏には仏の姿や極楽浄土《ごくらくじょうど》の光景を思い浮かべる「観想念仏《かんそうねんぶつ》」と、「南無阿弥陀仏《なむあみだぶつ》」と声に出してとなえる「称名念仏《しょうみょう》」があるが、法然は後者こそが正行中の正行であると主張したのである。

先に挙げた『一枚《いちまい》起《き》請文《しょうもん》』には「ただ往生極楽のためには、南無阿弥陀仏と申して、うたがひなく……一文不知の愚鈍の身になして、尼入道の……」とあり、念仏以外の学問や修行が無益であると断じている。

このような法然の思想は『選択《せんじゃく》本願念仏集《ほんがんねんぶつしゅう》』という主著のなかで明らかにされた。「選択本願」とは阿弥陀如来が遠い過去に立てた48の誓願のことで、阿弥陀如来は

法然による仏教修行の分類

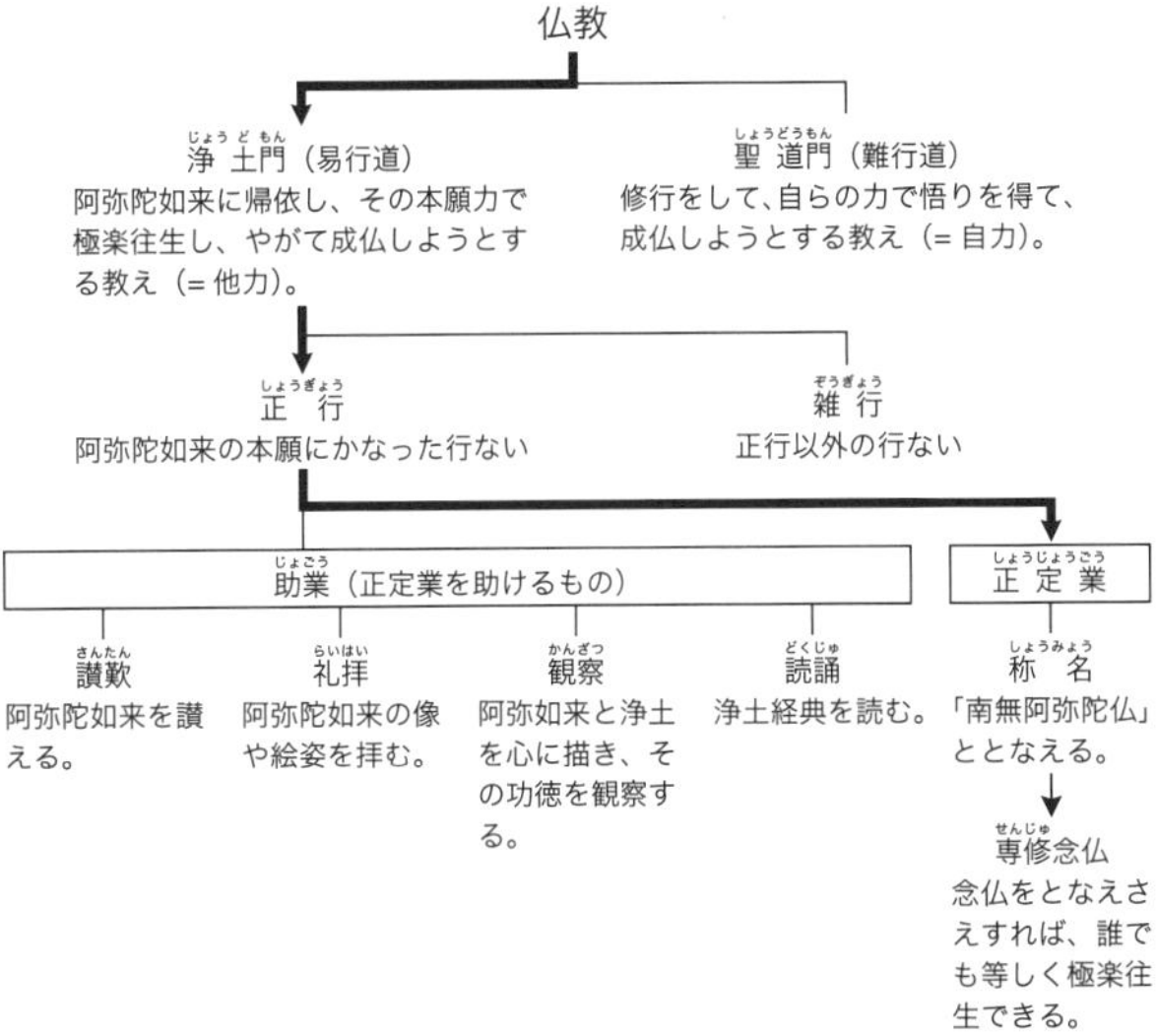

仏教
浄土門《じょうどもん》（易行道）
阿弥陀如来に帰依し、その本願力で極楽往生し、やがて成仏しようとする教え（＝他力）。
聖道門《しょうどうもん》（難行道）
修行をして、自らの力で悟りを得て、成仏しようとする教え（＝自力）。
正行《しょうぎょう》
阿弥陀如来の本願にかなった行ない
雑行《ぞうぎょう》
正行以外の行ない
助業《じょごう》（正定業を助けるもの）
正定業《しょうじょうごう》
讃歎《さんたん》
阿弥陀如来を讃える。
礼拝《らいはい》
阿弥陀如来の像や絵姿を拝む。
観察《かんざつ》
阿弥如来と浄土を心に描き、その功徳を観察する。
読誦《どくじゅ》
浄土経典を読む。
称名《しょうみょう》
「南無阿弥陀仏」ととなえる。
専修念仏《せんじゅ》
念仏をとなえさえすれば、誰でも等しく極楽往生できる。

諸仏が立てた誓願を参考にして、その内容を吟味し、48の最も優れたものを選び取ったというのである。

その本願に絶対的な信頼を置いてとなえるのが「本願念仏」である。法然もまた、この本願念仏を唯一最高の教えとして選択した（選び取った）のである。

◇専修念仏の普及に人生をささげた法然

浄土宗《じょうどしゅう》の開祖、法然《ほうねん》（1133〜1212）は美作《みまさか》（岡山県）の生まれで、討ち死にした父の遺訓により9歳で出家し、13歳で比叡山《ひえいざん》に登った。

一切経（『法華経《ほけきょう》』や「浄土三部経」などほとんどすべての仏典を一堂に会した、いわば仏教経典全集で「大蔵経《だいぞうきょう》」ともいう）を5回も読破したが、求める道は得られなかった。しかし、中国の浄土教の大成者、善導《ぜんどう》が「浄土三部経」の一つの『観無量寿経《かんむりょうじゅきょう》』に注釈を施した『観無量寿経疏《しょ》』によって浄土思想に開眼し、源信《げんしん》の『往生要集《おうじょうようしゅう》』の影響を強く受けて一宗を立てる決意をしたという。

その後、法然は、東山吉水《よしみず》（現在、知恩院《ちおんいん》のある場所）を浄土念仏の道場とし、衆人に念仏を勧めるとともに自らも日に6万遍の念仏修行に専念した。

念仏以外の修行は一切しないで、ひたすら念仏に専念することを「**専修念仏**《せんじゅねんぶつ》」というが、これが朝廷や武士をはじめ、庶民の間にも爆発的に広がっていった。しかし、あまりにも急速に広がったために、比叡山を中心とする旧仏教から反感をかい、また幕府や朝廷も警戒を強めた。

そんな折しも、鹿谷《ししがたに》の念仏道場で、法然の弟子の導きによって宮中の女官2人が出家した事件を発端に、比叡山や南都《なんと》（旧来の奈良仏教）の提訴により念仏停止《ちょうじ》の沙汰《さた》が出たのである。

女官の出家を手引きした2人の僧侶は死罪となり、法然は土佐《とさ》（実は讃岐《さぬき》）に流された。さらに法然の弟子の親鸞《しんらん》もこの事件に連座して越後に流罪となった。これを承元《じょうげん》の法難《ほうなん》といい、法然が75歳のときのことだった。

数か月後に法然は赦免になったが、京都に戻ることは許されなかった。彼は弟子たちとともに摂津《せっつ》（大阪府）の勝尾寺《かちおでら》に仮住まいをしたり、郷里の美作あたりを巡って布教した。

ここで、多数の道俗を教化すること4年。建暦《けんりゃく》元年（1211）、ようやく入洛を許されたが、その翌年には弟子の源智《げんち》に『一枚起請文《いちまいきしょうもん》』を与え、東山大谷《おおたに》（現在、知恩院のあるところ。吉水も同じ）で80歳の生涯を閉じたのである。

◇自力と他力

法然《ほうねん》の念仏は**本願他力《ほんがんたりき》**の念仏であるという。他力というのは文字どおり、他者の力を頼んで望みを叶えようという意味である。

今でも「他力本願」という言葉がよく用いられるが、この場合は自らの力（自力）に限界を感じて他者の力（他力）に頼るということで、「苦しいときの神頼み」といった意味合いが強い。

しかし、法然のいう他力はいわゆる他力本願とは意味が違う。阿弥陀如来《あみだにょらい》の衆生《しゅじょう》（すべての人々）を救おうとの本願に全幅の信頼を寄せ、それに徹底してすがるという意味だ。自力に限界を感じるか否かは想定されていない。これが本願他力である。もともと南無阿《なむあ》弥陀仏《みだぶつ》の「南無」という言葉には「帰命《きみょう》」という意味がある。帰命とは命を捧げるというほどの意味であろう。

世の中にはなかなか命を捧げられるほど信頼できる人はいない。しかし、阿弥陀如来は違う。命を捧げ、預けても十分に応えてくれるのだ。つまり、それほどの信頼を寄せれば必ず極楽浄土に往生させてくれるのである。この他力に比べれば、自力は限りなく微弱なのである。

阿弥陀如来の力によって彼岸に到達しようとする本願他力の思想を強く打ち出したのが法然の浄《じょう》土《ど》宗《しゅう》である。この思想は弟子の親鸞《しんらん》によって受け継がれ、絶対他力というさらに徹底した他力の考えが打ち出された。さらに一遍《いっぺん》にいたっては、本人に浄土往生の意思がなくても往生できるという究極の他力思想を生み出すに至ったのである。

◇より多く念仏をとなえるほど往生できるのか

念仏をとなえる回数が多ければ多いほど極楽往生に近づくのか。それとも、1回の念仏でも往生できるのか。

1回だけ念仏をとなえれば往生できるとする説を「**一念義**《いちねんぎ》」といい、念仏の回数が多いほど往生

他力を実践するための心構え

四修《ししゅ》

念仏者が守るべき生活態度

無間修《むけんじゅ》	恭敬修《くぎょうしゅ》	長時修《じょうじしゅ》	無余修《むよしゅ》
どんなときでも念仏をとなえる。	阿弥陀仏や極楽浄土に関係するすべてのものを敬い、重んじる。	一生涯念仏をとなえる。	念仏以外の行は行なわず、ただ阿弥陀仏の名をとなえる。

三心《さんじん》

念仏をとなえるときの心構え

至誠心《しじょうしん》	深心《じんしん》	回向発願心《えこうほっがんしん》
極楽浄土をただ願う心。	阿弥陀仏を信じて疑わない心。	阿弥陀仏の救いにすがる心。

の機会が増すとする説を「**多念義**《たねんぎ》」という。

法然《ほうねん》は基本的には前者の説をとった。しかし、念仏をとなえればとなえるほど極楽往生が確実になるとも説き、自らも一日に6万遍も念仏をとなえたと伝えられている。

法然が1回の念仏で往生できるという立場をとりながら、自らは日に6万遍もの念仏をとなえるという、一見、矛盾したことを説いたことから、浄土宗《じょうどしゅう》では法然亡き後に一念・多念の論争が激しくなり、見解が大きく分かれるようになった。

そして、一念義を主張する者のなかには、一念で往生できることは阿弥陀如来の本願《ほんがん》で認められており、何回も念仏をとなえることはその本願を疑うことになるという極端な意見もあらわれた。

しかし、法然の一念・多念は必ずしも念仏の回数を指しているのではなく、一念は阿弥陀如来の本願を信じる不動の信念であり、その確固たる信念を持ったうえでひたすら念仏をとなえよという意味であると考えられるのである。

『一枚起請文《いちまいきしょうもん》』のなかにも「ただ往生極楽のためには、……うたがいなく往生するぞとおもひとりて……ただ一向に念仏すべし」とある。つまり、極楽往生するのだという確固たる信念のうえに、ひたすら念仏を重ねるという意味であると考えられる。このあたりに法然の真意があるのだろう。

このような念仏の真意をよく伝えたのが法然の弟子で、浄土真宗《じょうどしんしゅう》の基《もとい》をつくった親鸞《しんらん》であるということができよう。親鸞は「往生するぞ」との思いに力点を置き、念仏は阿弥陀如来の本願に感謝を捧げる「報恩謝徳の念仏」と位置づけたのである。

◇既成仏教からの激しい弾圧と迫害

法然《ほうねん》は『選択本願念仏集《せんじやくほんがんねんぶつしゆう》』のなかで次のように述べている。

「わがこの身は戒行《かいぎよう》において一戒をもたず、禅定《ぜんじよう》においても一もこれを得ず。智慧においても断惑証果《だんなくしようか》の正智《しようち》を得ず。……悲しい哉《かな》、悲しい哉、いかがせん、いかがせん。ここに予がごときは、すでに戒定慧《かいじようえ》の三学《さんがく》の器にあらず」と。

戒定慧の三学とは、仏道修行するものが必ず修めなければならない基本的な修行である。「戒」は不殺生戒《ふせつしようかい》などの戒律《かいりつ》を守り、悪を止めて善を行なうこと。「定」は静寂のなかにあって精神を統一して雑念を払うこと。そして、「慧」とは煩悩《ぼんのう》を断って一切の事物の真実の姿を見極めることである。この三学は相即不離の関係にあって、3つを常に併修することによって仏道修行が完成する。すなわち、悟りの境地に達するとされている。

三学のなかでも戒律は仏教の屋台骨を支えるもので、これを厳格に守ることによって悟りに向かうことができるとされている。しかし、法然は最も基本的な三学を修してもなにも得られなかった。そして、自ら三学の器ではないと言い切っているのである。

先にも述べたように、法然は生涯に大蔵経を5回も読破したといわれ、比叡山《ひえいざん》では厳しい修行と勉学に励み、「智慧第一の法然房」の異名をとった。そんな大秀才の法然が「三学の器ではない」と言い、「三学を修しても何一つ得るところがなかった」と言っているのである。

それは末法《まっぽう》の世では人々の信仰心や能力が極度に低下するため、釈迦《しゃか》の時代に説かれた三学を身につけることのできる人はいない。そして、自らを「愚中《ぐちゅう》の極愚《ごくぐ》」と称して、愚《ぐ》者《しゃ》の認識を表明した法然にとって、三学を修することなどとうてい叶わぬことだというのである。だから、三学に無駄な時間を費やすことなく、ひたすら本願《ほんがん》の念仏にすがって救われようというのである。

しかし、結果的に法然は仏教の根幹に位置する戒（戒律）を否定することになった。そこで、他宗の僧侶たちから激しい批判を浴びたのである。とりわけ、日蓮《にちれん》や栂尾山《とがのおさん》の明恵《みょうえ》は厳しい態度で臨んだ。これに対して、法然はとくに反論はしなかったが、もちろん自説を曲げることもなかった。

◇壮麗な伽藍をもつ総本山・知恩院

土佐《とさ》に流された後、建暦《けんりゃく》元年（1211）、法然《ほうねん》は入洛を許されて京都に戻ったが、留守中の4年余りの間に、かつて法然が創建した吉水《よしみず》の念仏道場はすっかり荒廃していた。そこで、法然の理解者だった天台座主《ざす》の慈円《じえん》が、もともと自らの禅室だった大谷禅房《おおたにぜんぼう》を提供した。

法然は布教活動を再開したが、翌年、そこで亡くなった。その後、弟子や縁者が大谷禅房に法然の遺骨を納めて、菩提《ぼだい》を弔い、文暦《ぶんりゃく》元年（1234）、法然の二十三回忌にあたって弟子の源智《げんち》が堂塔を整備して、盛大な年忌法要を営

知恩院・三門

み、法然を第一世として大谷寺《おおたにでら》と号した。これが知恩院《ちおんいん》のはじまりである。

その後、法然の門下が法統を継いで、次第に栄えたが、応仁の乱（１４６７～77）のときには戦禍を逃れて一時、近江に難を逃れ、知恩院は荒廃した。しかし、室町末期になってようやく現在地に堂塔が再建され、大永《だいえい》４年（１５２４）には勅命により浄土宗《じょうどしゅう》第一の寺となり、以降は朝廷や信長、秀吉の寄進もあって栄えた。

江戸幕府が始まった慶長《けいちょう》８年（１６０３）、徳川家康は知恩院を生母の永代菩提《えいだいぼだい》所と定め、大伽《が》藍《らん》を造営した。同時に家康は皇室から後陽成《ごようぜい》天皇の第八皇子・良純《りょうじゅん》法親王（通称「八宮」）の入寺を請い、知恩院は宮門跡《みやもんぜき》として不動の地位を得るに至った。

寛永《かんえい》10年（１６３３）には火災によって多くの建物を焼失したが、第3代将軍・家光がただちに伽藍《がらん》の再建に着手し、同16年（１６３９）には**御影堂**《みえいどう》（本堂）が再建され、同18

『阿弥陀二十五菩薩来迎図』（知恩院蔵）

年（1641）には諸堂の再建が完了した。

その後は江戸時代を通じて朝廷の勅願所《ちょくがんじょ》、徳川家の菩提寺として栄えたが、明治維新のときに寺領を返還し、廃仏毀釈《はいぶつきしゃく》の煽りもあって一時は衰退した。しかし、明治5年（1872）に第1回京都博覧会の会場となり、明治天皇の行幸を契機に、次第に寺勢を盛り返したのである。

現在は浄土宗総本山として、東の増上寺《ぞうじょうじ》とともに重責を担っている。正式名称は華頂《かちょう》山知恩教院大谷寺《ざんちおんきょういんおおたにでら》という。

◇専修念仏教勢の拡大につながった五大本山

法然の没後、浄土宗《じょうどしゅう》はその弟子たちによって五派に分かれた。

まず、**鎮西派《ちんぜい》**は弟子の辨阿《べんあ》によって広まったもので、諸行往生の義を説く。また、**西山《せいざん》派**は諸行不生の義を説き、証空《しょうくう》によって唱導された。

次に、隆寛《りゅうかん》は化生《けしょう》往生を説いて**長楽寺《ちょうらくじ》派**を広め、長西《ちょうさい》は諸行本願を説いて**九品寺《くほんじ》派**を創始した。さらに幸西《こうさい》が一念業成《ごうじょう》の義を説いて**一念義派**を広めた。

これら五派のうち、後世に伝えられたのは鎮西派と西山派の二派で、現在では鎮西派が浄土宗の主流を占めている。知恩院を総本山、増上寺《ぞうじょうじ》を大本山とし、この二大本山に京都の金戒光明寺《こんかいこうみょうじ》、鎌倉の光明寺《こうみょうじ》、九州の善導寺《ぜんどうじ》を加えて五大本山といっている。

増上寺の前身は空海《くうかい》の弟子の宗叡《しゅうえい》が武蔵に建立した光明寺《こうみょうじ》だという。その後、しばらく荒廃していたというが、室町時代の明徳《めいとく》4年（１３９３）、聖聡《しょうそう》という浄土宗の僧が再興し、真言宗《しんごんしゅう》から浄土宗に改宗した。実質上、この聖聡が増上寺の開山となったのである。江戸開府のときに徳川家康が当時の増上寺の住持《じゅうじ》・存応《ぞんのう》と対面して、徳川家の菩提寺《ぼだいじ》とした。以降、徳川幕府の保護を受けて関東の浄土宗の要として栄えた。

次に、**金戒光明寺**は承安《じょうあん》5年（１１７５）、法然《ほうねん》が比叡山《ひえいざん》の黒谷《くろだに》を下る途中、当寺の付近の巨石に腰掛けたところ、その石から紫の雲が立ち上り、大空を覆って、西の空には、金色の光が放たれるという奇瑞があった。そこで、法然はここに草庵を結んだ。これがこの寺のはじまりであるとされる。「白川の禅房」と呼ばれ、もとは比叡山黒谷の所領だったことから、今も「黒谷さん」と呼ばれて親しまれている。

また、鎌倉の**光明寺**は仁治《にんじ》元年（１２４０）に北条経時《つねとき》を開基に、浄土宗第三祖の然阿《ねんあ》良忠《りょうちゅう》を開山に、鎌倉の佐助ヶ谷《さすけがやつ》に創建された蓮華寺《れんげじ》が起源だと伝えられている。寛元《かんげん》元年（１２４３）、現在地に移って光明寺と改めたという。その後の歴史ははっきりしないところも多いが、室町時代の末には祐崇《ゆうそう》が再興して、中興開山となった。

福岡県久留米市の**善導寺**は建久《けんきゅう》2年（1191）、聖光《しょうこう》の開山で創建されたと伝えられている。はじめは光明寺と号したが、建保《けんぽう》5年（1217）に善導寺と改められた。

室町時代には兵火により焼失したが、江戸時代の初期に柳河《やながわ》藩主の田中氏の帰依《きえ》を受けて復興した。

元和《げんな》2年（1616）に徳川家康が没すると、藩主により東照宮が勧請された。その後、当寺は久留米藩領に属し、藩主有馬氏の保護を受けて浄土宗の九州大本山として栄えることになったのである。

増上寺・大殿

浄土真宗

阿弥陀如来による「絶対他力」の世界

親鸞《しんらん》は京都の貴族、日野氏の家柄に生まれた。親鸞が生まれた平安時代の末期、世相の混乱や武士の台頭で貴族は没落の一途を辿っていた。かつて日野氏は朝廷でも権勢を振るったが、親鸞の祖父が不祥事を起こして失脚し、時代の趨勢もあって、親鸞が生まれた頃には、下級貴族になり果てて、没落の危機に曝《さら》されていたのである。

親鸞の父は前途を悲観して出家を志し、親鸞も父とともに9歳で出家して比叡山《ひえいざん》に登った。以降、20年間、比叡山で修行したが、求める道に出会うことができず、29歳のときに山を下りた。

建仁《けんにん》元年（1201）、京都の六角堂《ろっかくどう》に参籠し、95日目の暁に聖徳太子《しょうとくたいし》の夢告にあずかり、これが機縁になって法然《ほうねん》と出会い、以後、100日間吉水《よしみず》の禅室に通った。

親鸞は法然の本願《ほんがん》念仏の教えに触れて、念仏の信仰に帰することを決意し、法然の弟子になったのである。

メキメキと頭角をあらわした親鸞は入門後、まもなく高弟の一人に数えられるようになった。しかし、6年後の承元《じょうげん》元年（1207）には承元の法難《ほうなん》が起こり、事件に連座して親鸞は還俗《げんぞく》（僧籍を剥奪《はくだつ》されて俗人に戻ること）のうえ、越後に流された。親鸞はすでに京都で恵信尼《えしんに》との間に長子の善鸞《ぜんらん》をもうけていたが、越後で正式に結婚することになったのである。

4年後に放免された親鸞は妻子を連れて関東に赴き、常陸《ひたち》（茨城県）の稲田《いなだ》で生活をはじめた。ここで40代の初めから60代の初めまで約20年間過ごし、この間に精力的に伝道して多くの弟子を得た。浄土真宗《じょうどしんしゅう》の基盤は稲田の地で固められたのである。

60歳を過ぎた頃、京都に帰った親鸞は、関東の同朋《どうほう》から生活費の仕送りを受けながら、思索と著作の日々を送った。京都に帰ってから没するまでの約30年間の生活は非常に貧しかったが、精神的には最も充実していたといわれ、主著の『教《きょう》行信証《ぎょうしんしょう》』をはじめ、『愚禿鈔《ぐとくしょう》』『浄土和讃《じょうどわさん》』『一念多念文意《いちねんたねんぶんい》』など多くの著作をまとめた。

晩年の親鸞は一切の執着を離れた「自然法爾《じねんほうに》」の境地に安

住していたという。自然法爾とは、自然の摂理に則って生きる、全くとらわれのない境涯である。親鸞は自力のはからいを捨て、如来（仏）の手にすべてをまかせきることを自然法爾といったのである。

弘長《こうちょう》2年（1262）11月28日、親鸞は弟子たちに自分の没後に葬送などに従事することの愚かさを遺言して90年の生涯を閉じた。

曾孫の覚如《かくにょ》の『改邪鈔《かいじゃしょう》』には、「それがし閉眼せば賀茂河に入れて魚にあたうべしと、云云」という有名な言葉がある。この遺言に従うかたちで、親鸞の遺骸は京都郊外の鳥部山《とりべやま》にひっそりと葬られた。

しかし、それから10年後には末娘の覚心尼《かくしんに》をはじめとする弟子たちが盛大な法要を行ない、遺骨を現在、知恩院のある東山大谷に改葬した。これが後の本願寺《ほんがんじ》の起源になったのである。

◇所依の経典

『無量寿経《むりょうじゅきょう》』『観《かん》無量寿経』『阿弥陀経《あみだきょう》』の三経を「浄土三部経《じょうどさんぶきょう》」と定めたのは、親鸞《しんらん》の師の法然《ほうねん》だった。したがって、法然の思想を継承した親鸞ももちろん浄土三部経を根本経典とする。

しかし、法然が三部経のなかでも『観無量寿経』を重視したのに対し、親鸞は『無量寿経』に重きを置いた。親鸞は三部経の間にも価値の違いがあると言った。そして、『無量寿経』を真実の教えとし、『観無量寿経』と『阿弥陀経』は真実の教えに至るための方便《ほうべん》の教えとしたのである。このことから、浄土真宗《じょうどしんしゅう》では三部経のなかでも『無量寿経』を主要経典として重視する。

このほか親鸞の主著である『教行信証《きょうぎょうしんしょう》』の「行巻」の終わりにある『**正信念仏偈**《しょうしんねんぶつげ》』（略して『正信偈《しょうしんげ》』）、蓮如が親鸞の教えを和語でわかりやすく説いた『**御文章**《ごぶんしょう》』（『御文《おふみ》』）なども重要視され、法要のときなどにしばしば読まれる。

◇阿弥陀如来への絶対的帰依を説く『教行信証』

親鸞《しんらん》の師の法然《ほうねん》は、ただひたすら念仏をとなえる専修念仏《せんじゅねんぶつ》を説き、他の修行方法を否定した。そのため、存命中から他宗の激しい批判を浴び、一時は弾圧を受けて流刑にもなった。そのとき、親鸞も法然とともに刑を受けて越後《えちご》に流された。そして、法然の没後も専修念仏の教えに対してさまざまな非難が加えられた。

このような状況を嘆いた親鸞が、師の法然の十三回忌に捧げたのが『教行信証《きょうぎょうしんしょう》』で、多くの経典を引用して**専修念仏の正当性を主張**している。古来、本書は浄土真宗《じょうどしんしゅう》の立教開宗《りっきょうかいしゅう》の書として重要視されている。

本書で注目すべきは著者の親鸞が自身の言葉をできるだけ抑え、引用した諸経典の言葉を親鸞自身の言葉として伝えているところである。

全体は教巻《きょうのまき》・行巻《ぎょうのまき》・信巻《しんのまき》・証巻《しょうのまき》・真仏土巻《しんぶつどのまき》・化身土巻《けしんどのまき》の6巻からなり、前5巻は真実の教えを明らかにし、第6巻の化身土巻は方便《ほうべん》の教えであるという。

「教」は浄土教の根本聖典である『大無量寿経《だいむりょうじゅきょう》』の教え、「行」は「南無阿弥陀仏《なむあみだぶつ》」の念仏、「信」は極楽往生に導いてくれる阿弥陀如来を信じる信心

教行信証とは何か

教巻	真実の教えは『無量寿経』にあることを説く。
行巻	念仏の重要性を説く。
信巻	阿弥陀如来の本願を信じれば救われることを説く。
証巻	浄土往生の後は阿弥陀如来と同じ悟りを得、仏として再びこの世に戻り、苦しむ人々を救う。
真仏土巻	真実の浄土（悟りの世界）を説く。
化身土巻	偽りの浄土と、真実の浄土に導くための方便の浄土があることを説く。

の心、「証」は行と信によって得られる「証果《しようか》（成果《じようか》）」、極楽往生を遂げることである。
つまり、まず阿弥陀如来の本願《ほんがん》を説く『大無量寿経』の教えに触れて（教）、その教えに納得して南無阿弥陀仏をとなえ（行）、同時に阿弥陀如来の本願を無条件に信じる（信）。そうすることによって、往生が得られる（証）というのである。

そして、真仏土とは、浄土のことであり、人はこの浄土から出て、再びその浄土にかえっていくと説く。

最後に化身土はわれわれが住む娑婆《しやば》世界、すなわち俗世間のことである。われわれは本来、真仏土に行くことが確定しているが、それまでの間は方便として化身土に住んでいるというのである。

◇親鸞の生の言葉が記された『歎異抄』

あまりにも独創的な親鸞《しんらん》の教えは、すでに存命中からさまざまに曲解された。そして、親鸞没後もさまざまな異説があらわれた。このような状況を嘆いた弟子の**唯円**《ゆいえん》が、生前、親鸞から聞いていた言葉で異解《いかい》を正したのが『歎異抄《たんにしよう》』であると伝えられている。文字どおり「異解を嘆い」て著したものである。

全体は18章からなり、前半の10章は唯円が聞いた親鸞の法語を綴ったものであり、後半の8章は種々の異解を正し、批判に答えたものである。このうち、前半の10章までには、親鸞の他の著作には見られない独自の考え方が述べられており、そのことが小品ながら本書に真宗の重要聖典としての地位を与えている所以《ゆえん》になっている。

『歎異抄』における親鸞の言葉はどれも極めて逆説的で、世間の常識を覆すようなものが多い。人は自力によって結果を期待する。だから、いくら他力といわれても、一心に念仏するうちにはどうしても自らの念仏（努力）によって、救われるという認識に傾く。そこを鋭く突くのが親鸞のパラドクシカルな言葉だ。絶対他力を口で言うのは優しい。しかし、それをほんとうに自分のものにするためにはコペルニクス的な展開が必要なのである。『歎異抄』はそのあまりにも過激な論調から、本書が果たして親鸞の語録かどうかということがしばしば議論されてきた。

たしかに、本書には親鸞の他の著作では見られない見解や、あまりにも逆説的な見解が目立つ。しかし、前述したように親鸞の晩年にはさまざまな異解があらわれて教団内に物議を醸し、親鸞自身もこの問題に悩まされたことは確かである。そんななかで、親鸞が他力の教えを徹底するために、敢えて飛躍的な見解を述べたことは想像に難くない。唯円はそんな師の最晩年の法語を丁寧に聞き取り、これを綴ったものと考えられるのである。

◇法然と親鸞の説く念仏の違い

浄土宗《じょうどしゅう》と浄土真宗《じょうどしんしゅう》はどちらも「南無阿弥陀仏《なむあみだぶつ》」をとなえて極楽往生しようとする信仰である。ともに他力本願《たりきほんがん》、つまり念仏さえとなえれば阿弥陀如来の慈悲の力（他力）によって救われると説く。他の宗派では悟りの境地に達するには厳しい修行が必要だが、両派では念仏という誰にでもできる簡単な修行だけで悟りの境地に達すると説くのである。

一見、同じ教えのようだが、両者にははっきりとした違いがある。浄土真宗の親鸞《しんらん》の他力は、浄土宗の法然《ほうねん》のそれをさらに徹底したものだといわれているのだ。

つまり、法然はひたすら念仏をする専修念仏《せんじゅねんぶつ》をとなえ、念仏を多くとなえればとなえるほど効果があると説き、自らも一日に6万遍も念仏をとなえたという。これではいくら念仏が誰にでもできるといっても、非常にハードな修行になってしまう。そして、極楽往生するためには何千回、何万回と念仏をとなえる自らの努力（自力）が必要になってくるのだ。

このことに矛盾を感じた親鸞は、人の往生を決定するのは念仏の回数ではなく阿弥陀如来の本願《ほんがん》（必ず極楽往生させてくれるという誓い）を信ずる心（信心《しんじん》）に重きを置く。ひとたび信ずる心を起こせば必ず救われる。だから、往生するためには念仏の回数は関係なく、肝心なのは信心の心だという本願に絶対的な信頼を置く「**他力回向**《たりきえこう》」という立場を打ち出したのである。そして、信じる心を起こした後の念仏は阿弥陀如来の他力に感謝する念仏（報恩謝徳《ほうおんしゃとく》の念仏）であると説いた。

このように、親鸞は師の法然の他力の教えをさらに推し進め、絶対他力の立場から仏を信じるものは一人残らず救われると説いた。その教えは多くの人々に歓迎され、浄土真宗は膨大な数の信者を集めたのである。

◇非僧非俗を貫いた親鸞

親鸞《しんらん》は非僧非俗《ひそうひぞく》（僧にあらず、俗にあらず）という独自の立場を打ち出し、肉食妻帯《にくじきさいたい》して在俗の生活をしながら純粋な信仰を貫いた。

越後《えちご》に流罪になった親鸞は、遠流《おんる》に当たって還俗《げんぞく》させられたうえに、法名を改めて藤井善信《よしざね》という俗名を与えられた。このような公権力の押し付けに痛烈に反発した親鸞は、「しかればすでに僧にあらず、俗にあらず。このゆえに禿《とく》の字をもって姓となす」と言って、藤井善信という俗名を用いることをキッパリと拒絶したのである。

「禿」には衣だけ着ている偽の僧侶、剃髪《ていはつ》しない僧侶といった意味があるといわれる。そして、さらに禿の上に「愚」の一字を冠して「**愚禿**《ぐとく》」とした。親鸞いわく「非僧非俗にして破戒愚痴《はかいぐち》の徒」である。

妻帯することによって、在家《ざいけ》に近づいた親鸞は、さらに愚禿として生まれ変わった。最も愚かで低劣な愚禿が救われるのであれば、万人が救われる。つまり、戒律《かいりつ》を守らず市井にまみえてふつうに生活する人でも疑いなく救われるということを、自ら示したのである。

今も浄土真宗《じょうどしんしゅう》の僧侶が剃髪せず、また、ネクタイをしたうえに簡易な法衣を着けたりするのは親鸞の非僧非俗の立場を踏襲しているからだ。

◇悪人ほど往生できる「悪人正機説」

「善人なおもて往生を遂《と》ぐ。況《いわん》や悪人をや」

善人でも救われるのであるから、悪人が救われないはずがない。このあまりにも有名な『歎異抄《たんにしょう》』の一節には、逆説的な親鸞《しんらん》の真意が込められている。

浄土宗《じょうどしゅう》の法然《ほうねん》はいくら念仏をとなえても極悪非道のものは極楽往生することができな

いと説いた。これに対して親鸞は、極悪非道のものでも阿弥陀如来を信ずる心さえ起こせば、往生できると説いたのである。

つまり、阿弥陀如来の本願《ほんがん》のもとでは、善人や悪人といった区別はなく、すべての人が平等である。そして、阿弥陀如来の本願を信ずる人は例外なく救われるというのが本願の真骨頂だ。したがって、一般には救いがたい悪人が救われなければ、阿弥陀如来の本願は成就しないことになる。だから「悪人こそが救いの目当て」なのである。

阿弥陀如来の本願は不易の真理であると親鸞は考えた。その真理を真理たらしめるためには、万人が平等に救われなければならない。そのためには、悪人の救済は至上命令なのである。つまり、悪人が救われなければ、本願は成就せず善人も救われないということになるのである。そのことを強調するために親鸞は敢えて逆説を労したのだ。肉食妻帯《にくじきさいたい》をして憚らなかったのも、この悪人正機を身をもって体現するためだったということができるだろう。

◇血脈相続によって伝えられた法脈

親鸞《しんらん》の没後、10年を経た文永《ぶんえい》9年（1272）の冬、親鸞を慕う末娘の**覚信尼**《かくしんに》と遺弟たちが、京都東山の大谷（今の知恩院《ちおんいん》の北側）に親鸞の御影《ごえい》（肖像）を安置して廟堂を建立し、覚信尼が初代の留守職（後の門主）となった。以降、覚信尼の子孫が留守職を継承することになったのである。

第二代は如信が、第三代は覚信尼の孫にあたる**覚如《かくによ》**（１２７０〜１３５１）が継いだ。覚如は大谷本廟を寺院として独立させ、ここに本願寺《ほんがんじ》建立の基礎を固めてこの廟堂を本願寺と称した。

覚如は親鸞の曾孫にあたり、本願寺継承者の筆頭の位にあった。しかし、他の親族との間に確執があり、他の親族のなかに本願寺の留守職に就くことを主張するものもいた。そこで、彼は『口伝《くでん》鈔《しょう》』を著して「三代伝持《さんだいでんじ》の血脈」を表明して留守職に就く正当性を主張し、これを有力門徒に認めさせたのである。

「三代伝持」とは、本願寺は代々、親鸞の直系が継承し、守られるべきことを表明したものである。

覚如の三大伝持の主張

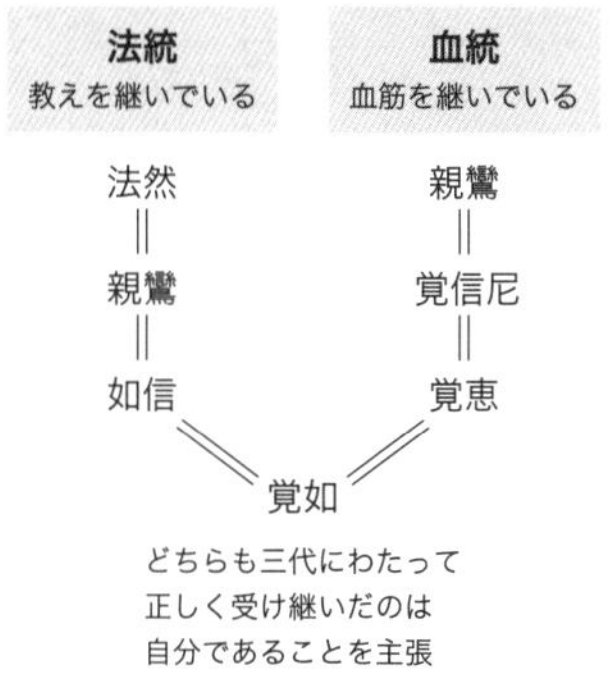
法統
教えを継いでいる
血統
血筋を継いでいる
法然
親鸞
如信
親鸞
覚信尼
覚恵
覚如
どちらも三代にわたって
正しく受け継いだのは
自分であることを主張

その後、善如《ぜんにょ》、綽如《しゃくにょ》、巧如《ぎょうにょ》と次第し、第七代の存如《ぞんにょ》のときに親鸞の肖像をまつる御影堂《ごえいどう》と阿弥陀堂《あみだどう》の両堂を備えた現在の本願寺の伽藍《がらん》形式が整った。ただし、第四代あたりから第七代存如までは本願寺は停滞し、経済的にも極めて困窮していた。

そのような苦境のなか、第八代を継いだのが**蓮如**《れんにょ》（1415〜99）だった。存如の長男として生まれた蓮如は17歳で出家し、若くして親鸞の著作を精読して教義を完全に自己のものにしていた。また、『御文章《ごぶんしょう》』や『正信偈大意《しょうしんげたいい》』などを著して親鸞の教えを平易な日常語で説いて民衆の教化に努めた。

蓮如の活躍によって本願寺は隆盛に向かった。しかし、寛正《かんしょう》6年（1465）には、真宗の拡大に危機感を抱いた比叡山《ひえいざん》の衆徒によって大谷本願寺は破壊され、退却を余儀なくされた蓮如は近江を点々とし、その後、越前《えちぜん》（福井県）の吉崎《よしざき》に至って北陸で布教した。これが北陸に浄土真宗《じょうどしんしゅう》が栄えるきっかけとなった。

蓮如が北陸でシッカリと浄土真宗の基盤を固めた頃、比叡山の勢力も次第に衰えていった。その状況を見極めた蓮如は、文明《ぶんめい》10年（1478）、京都に戻って山科《やましな》本願寺を再興したのである。

◇本願寺の東西分裂

戦国時代になると、蓮如の教えによって目覚めた民衆が各地で一向一揆《いっこういっき》を起こし、本願寺はその本拠地として強大な勢力となった。第十代証如《しょうにょ》のときに山科《やましな》本願寺が焼き討ちに遭い、蓮如が隠居所として開いた大坂の石山寺《いしやまでら》に移り、ここを本拠地として基盤を整えていった。

しかし、第十一代の**顕如**《けんにょ》の時代になると織田信長との確執が生じ、11年間に及ぶいわゆる「石山寺合戦《かっせん》」を展開した。天正《てんしょう》8年（1580）には信長と和睦し、石山寺を明け渡した。ここが後の大坂城である。紀州《きしゅう》鷺森《さぎのもり》に本願寺を移転し、次

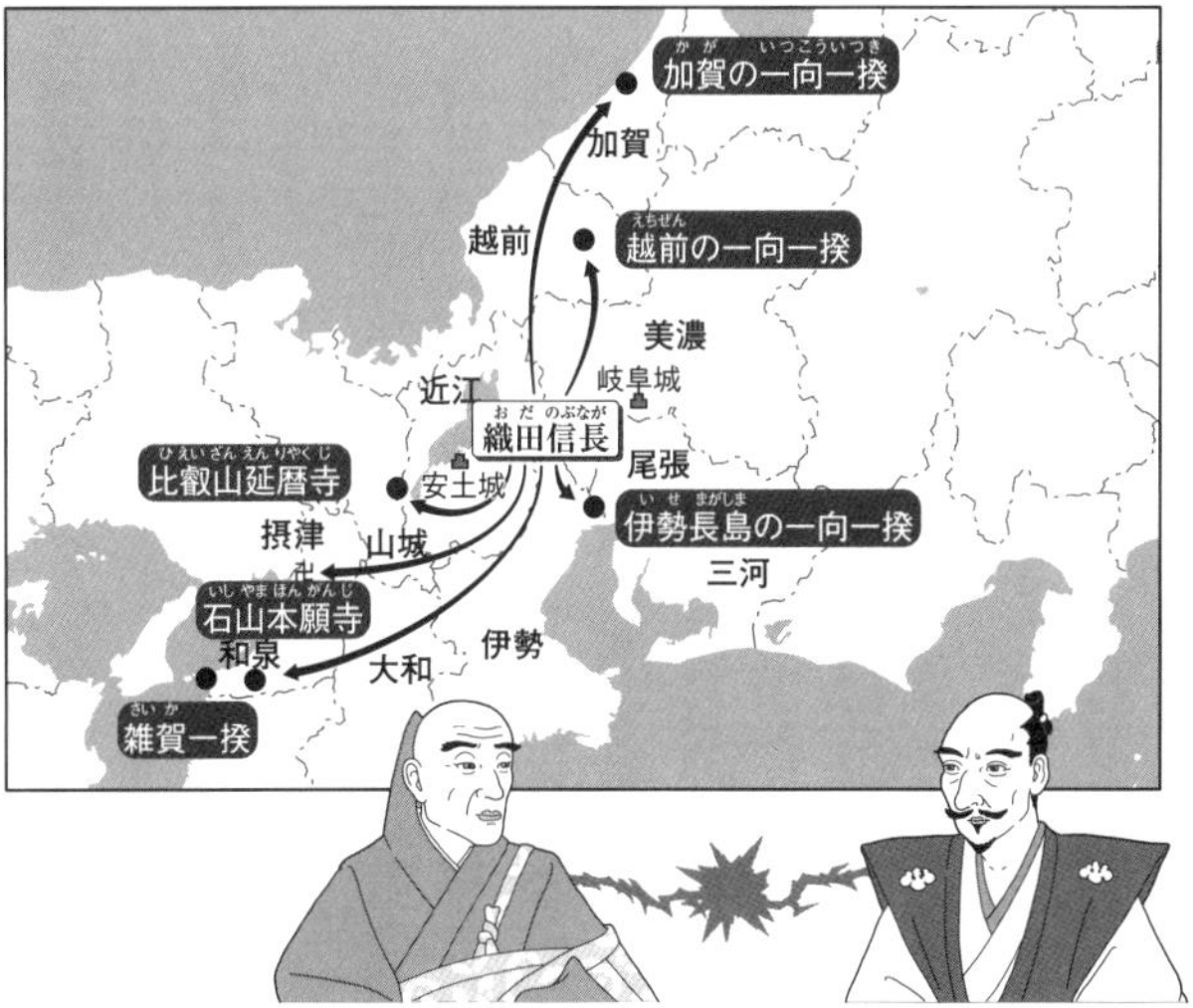

いで貝塚、天満《てんま》を経て天正19年（1591）には現在の京都六条堀川《ほりかわ》に寺の基礎を固めた。

この翌年、顕如が急逝し、第十二代はいったん長男の教如《きょうにょ》が継いだ。しかし、教如は秀吉から隠退を迫られて、わずか1年で門主《もんす》の座を降りた。石山寺合戦のとき、顕如が退城を主張したのに対して、長男の教如があくまでも籠城を主張した。そのため、秀吉は結果的に権力に背いた教如を嫌って隠退を迫ったのである。

また、本願寺内部に対立が起こり、和睦後も確執を生じた。その結果、三男の准如《じゅんにょ》が継ぎ、はじめて長男以外の門主が誕生したのだった。

結局、長男の教如は父親の顕如と袂《たもと》を分かったのであるが、徳川家康の時代になって、家康から寺領を与えられて東本願寺を創建した。巨

東本願寺・御影堂

大化した真宗教団に危機感を抱いた家康は、内部の確執に乗じて勢力の分散に成功したのである。その結果、本願寺は西と東に分かれることになったのである。

西本願寺は明治14年（1881）には真宗本願寺派、昭和22年（1947）には浄土《じょうど》真宗《しんしゅう》本願寺派（通称「お西」）に改称して現在に至っている。現在の伽藍は元和《げんな》3年（1617）の火災以降に再建、または移築されたものである。

また、**東本願寺**（真宗大谷派）は前述したように、慶長《けいちょう》7年（1602）に教如が徳川家康から寺領を寄進されて分離した。江戸時代後半には四度にわたる火災で伽藍が失われたが、その都度、門徒の懇志によって再興された。現在

西本願寺・阿弥陀堂

の伽藍（祖師堂と本堂）は明治28年（1895）に再建されたものである。明治14年には真宗大谷派を宗名と定め、今日に至っている。

◇真宗十派の本山

浄《じょう》土《ど》真《しん》宗《しゅう》には現在、**浄土真宗本願寺《ほんがんじ》派**と**真宗大谷派**のほかに、**真宗高田派・真宗仏光寺《ぶっこうじ》派・真宗木辺《きべ》派・真宗興正《こうしょう》派・真宗出雲路《いずもじ》派・真宗山元《やまもと》派・真宗誠照寺《じょうしょうじ》派・真宗三門徒《さんもんと》派**の八派があり、これらを総称して、真宗十派と呼んでいる。

浄土真宗本願寺派は京都の西本願寺、真宗大谷派は同じく京都の東本願寺をそれぞれ総本山としている。そして、他の八派にもそれぞれ大本山が定められているのだ。

西本願寺・唐門

まず、真宗高田派の本山は三重県津市の専修寺《せんじゅじ》で、通称、一身田《いっしんでん》御殿と呼ばれている。嘉禄《かろく》2年（1226）、親鸞《しんらん》が関東から京都に帰る途中、弟子の真仏《しんぶつ》に建立させたという

寺。その後、勅願寺となり、足利氏の保護を受け、後柏原《ごかしわばら》天皇の皇子・真智《しんち》法親王が入寺して門跡《もんぜき》寺院となった。

真宗仏光寺派の本山は、京都の仏光寺。もと山科にあった興正寺《こうしょうじ》という勅願寺だったが、蓮如《れんにょ》の時代に山科本願寺が移ったことなどから撤退を余儀なくされ、各地を転々とし、豊臣秀吉の時代に現在地に移った。

真宗木辺派の本山は滋賀県の錦織寺《きんしょくじ》。もともと天台宗《てんだいしゅう》の慈覚大師《じかくだいし》円仁《えんにん》が毘沙門堂《びしゃもんどう》を創建したのがはじまりという古刹だったが、しばらく荒廃していたという。親鸞が京都に帰る途中、霊夢を見て、この寺に阿弥陀如来《あみだにょらい》像を安置した。その後、この地の領主・石畠氏の保護により、寺院として整備された。戦国時代から江戸時代初期にかけて、一時は浄土《じょうど》宗《しゅう》に属したが、江戸時代中頃、浄土真宗に復帰し、幕末には准門跡となった。

真宗興正派の本山は京都の興正寺。承元《じょうげん》の法難《ほうなん》で越後《えちご》に流された親鸞が、赦免になった翌年の建暦《けんりゃく》2年（1212）、一端、京都に帰ったときに山科に建てたのがはじまりと伝えられている。もとは本願寺に属していたが、明治になって教義の違いから独立し、興正寺派を名乗り、その大本山となったのである。

真宗出雲路派の本山は福井県の毫摂寺《ごうしょうじ》。寺伝によれば、天福《てんぷく》元年（1233）に京都の出雲路に親鸞の子の善鸞《ぜんらん》が創建したのがはじまりという。慶長《けいちょう》8年（1603）、現在地に移り、三門徒の本寺として栄えた。

三門徒とは第三代覚如《かくによ》の頃、大野の如導《にょどう》、横越《よここし》の道性《どうしょう》、鯖江《さばえ》の覚如の3人が「おがまず秘事」を唱導する一派をいい、「越前《えちぜん》三門徒おがまずの衆」とも呼ぶ。その教義は、われわれ衆生と仏は本来一体で、阿弥陀如来が悟りを開いたときに、すでに衆生の往生は決定している。だから、ただ阿弥陀如来の本願《ほんがん》を信じればよいので、念仏や礼拝《らいはい》は不要であるとするものである。

幾多の火災に遭って焼失し、堂塔の大半は明治以降に再建されたものだが、御影堂門だけは江戸時代の文化8年（1811）に建立されたものである。

真宗山元派の本山は福井県の証誠寺《しょうじょうじ》。承元《じょうげん》元年（1207）、親鸞が越後に遠流《おんる》の途上、建立したと伝えられる。その後、親鸞の五男の道性《どうしょう》が継ぎ、室町時代の文明7年（1475）、現在地に寺地を定め、伽藍《がらん》を整備した。

真宗誠照寺派の本山は福井県の誠照寺。弘安2年（1279）、親鸞の孫の覚如の創建と伝えられる。波多野《はたの》氏や足利《あしかが》氏の保護を受けたが、豊臣秀吉の焼き討ちに遭って灰燼《かいじん》に帰した。その後、明治になって真宗山元派が独立し、伽藍も再建して当派の大本山となった。

真宗三門徒派の本山は福井県の専照寺《せんしょうじ》。高田派の本山専修寺から室町時代中期に独立し、越前（福井県）に創建されたのが起源と伝えられている。その後、室町幕府第6代将軍の足利義教《よしのり》の帰依《きえ》を受けて栄えた。

浄土真宗の主な宗派

＊は真宗十派

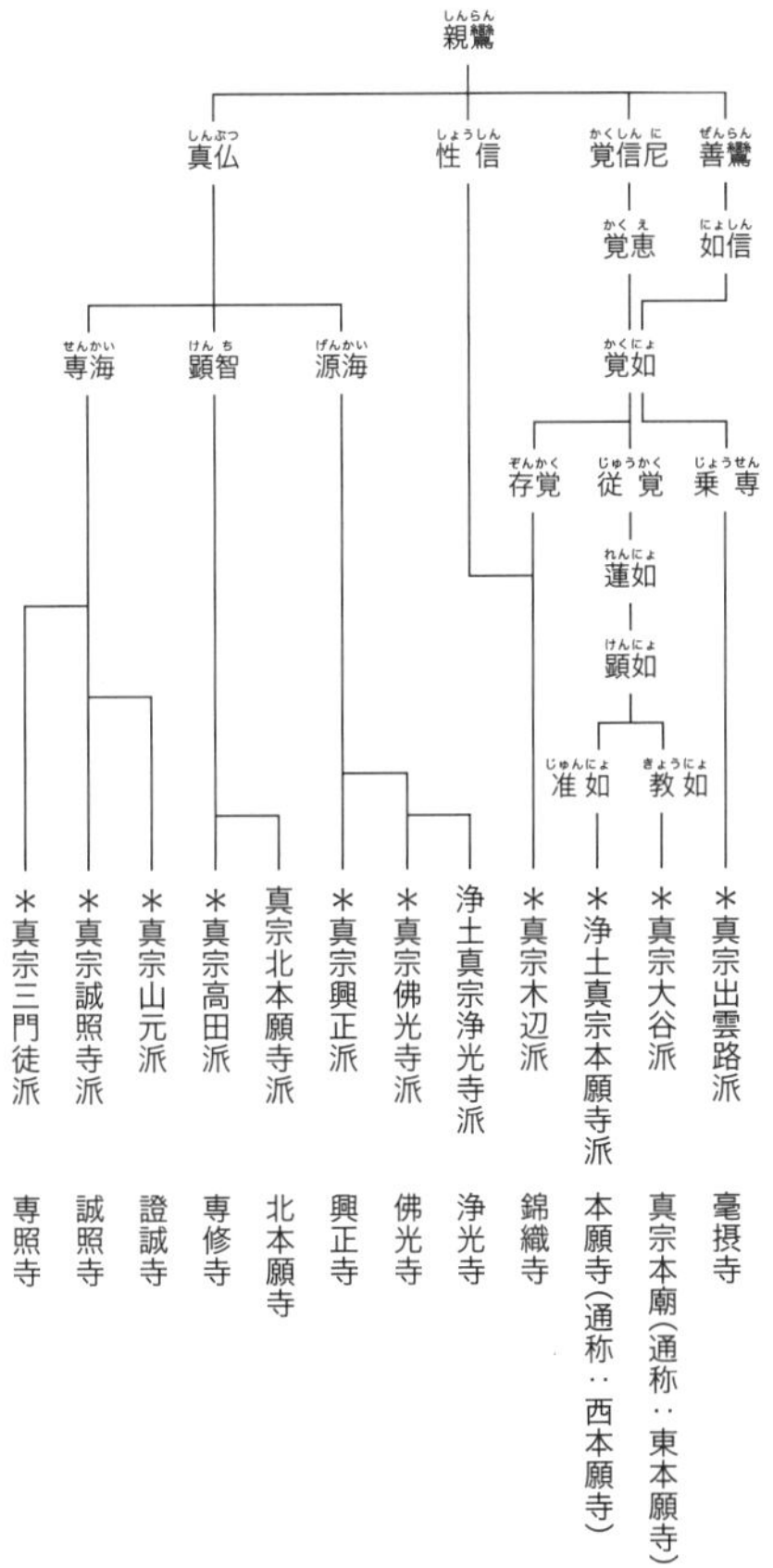

親鸞《しんらん》
真仏《しんぶつ》
性信《しょうしん》
覚信尼《かくしんに》
善鸞《ぜんらん》
覚恵《かくえ》
如信《にょしん》
専海《せんかい》
顕智《けんち》
源海《げんかい》
覚如《かくにょ》
存覚《ぞんかく》
従覚《じゅうかく》
乗専《じょうせん》
蓮如《れんにょ》
顕如《けんにょ》
准如《じゅんにょ》
教如《きょうにょ》
＊真宗出雲路派　毫摂寺
＊真宗大谷派　真宗本廟（通称：東本願寺）
＊浄土真宗本願寺派　本願寺（通称：西本願寺）
＊真宗木辺派　錦織寺
浄土真宗浄光寺派　浄光寺
＊真宗佛光寺派　佛光寺
＊真宗興正派　興正寺
真宗北本願寺派　北本願寺
＊真宗高田派　専修寺
＊真宗山元派　證誠寺
＊真宗誠照寺派　誠照寺
＊真宗三門徒派　専照寺

時宗

お札と踊念仏で民衆を救済する歓喜の教え

時宗《じしゅう》の宗祖・一遍《いっぺん》は延応《えんおう》元年（1239）、伊予《いよ》（愛媛県）の豪族、河野氏の家に生まれた。若くして出家したが、後に家督を継ぐために還俗《げんぞく》して妻《めと》を娶り子どももうけた。

河野氏は古くから瀬戸内海の水軍として知られた豪族だったが、承久《じょうきゅう》の変で朝廷方についたため、鎌倉時代になると一遍の先代は厳しく断罪された。一族の多くが流罪になるなどして衰えたが、一遍は家長としてそのわずかな家督を相続するために還俗したのだった。

しかし、一遍を亡き者にしてまで家督を奪おうとする親族の醜い争いに絶望し、妻子を捨てて再び出家した一遍は一所不住《いっしょふじゅう》の遊行《ゆぎょう》の旅に上った。

まず、長野の善光寺《ぜんこうじ》で二河白道図《にがびゃくどうず》を感得した一遍は、浄土《じょうど》信仰によって衆生を救おうとの信念を確立する。二河白道図とは釈迦《しゃか》如来と阿弥陀如来の偉大な慈悲をあらわした絵解きで、極楽往生への信心を固めさせるための宗教絵画である。娑婆《しゃば》（現世）と極楽とを結んで水と火の2つの河に架かった細い白道がある。そして彼岸に阿弥陀如来を、此岸《しがん》に釈迦如来を描く。白道を歩く旅人を彼岸の阿弥陀如来が「来《こ》よ」と招き、此岸の釈迦如来が「往《ゆ》け」と促す。水河は欲望、火河は煩悩《ぼんのう》、旅人は救いを求める衆生、白道は道心《どうしん》（悟りを求める心）をあらわす。阿弥陀如来に絶対的な信頼をおいて、恐れずに細い白道を渡ったものは無事に極楽に到達できるという。

一遍は故郷に帰って窪寺《くぼでら》という山のなかの草庵に二河白道図を本尊として掲げ、3年間、念仏三昧の日々を送った。そのとき、後の時宗の根本教義となる『十一不二《じゅういちふに》

『紙本著色　二河白道図』
清浄光寺（遊行寺）蔵

頌《じゅ》』という詩文を作って本尊の傍らに掛けたという。

3年間の修行で念仏往生に確信を抱いた一遍は、念仏をすすめながら全国を行脚する遊行《ゆぎょう》の旅に出ることにした。以降、南は九州から北は岩手県北部の江刺《えさし》まで、全国を20年近く遊行した一遍は、正応《しょうおう》2年（1289）、兵庫の観音堂（現在の真光寺《しんこうじ》）で最期のときを迎えた。時に一遍、51歳。怒涛《どとう》の如く全国を巡って布教した一遍の身体は衰弱の極に達していた。

死の直前、わずかに持ち歩いていた経典や自分の著作を焼き捨ててしまったという。あらゆるものを投げ捨てて「南無阿弥陀仏《なむあみだぶつ》」をとなえることを説いた一遍は「捨聖《すてひじり》」とも呼ばれている。

その後、一遍の教えに基づいて時宗が開かれると、一遍の後継者である時宗の歴代の管長は「遊行上人」と呼ばれて現代に至っている。

◇所依の経典

一遍《いっぺん》の著作は何一つ残っていないのだが、その思想は江戸時代に編纂《へんさん》された『一遍上人語録』によって知ることができる。

「衣食住は三悪道なり。衣裳を求《もとめ》かざるは畜生道の業なり。食物をむさぼるは餓鬼道の業なり。住所をかまふるは地獄道の業なり。（後略）」

「語録」にあるこの一節は生涯一所不住《いっしょふじゅう》の遊行《ゆぎょう》生活を送り、徹底して物欲を離れた一遍の姿を端的にあらわしている。

また、『一遍聖絵《ひじりえ》』『一遍上人絵詞伝』という2つの絵巻があり、これらのなかに一遍の事績が克明に描かれている。これらの絵巻は鎌倉時代の庶民の風俗などを知るうえで貴重な史料でもある。

これらの史料から、一遍が当然のことながら浄土三部経《じょうどさんぶきょう》を重視していたことがわかるが、とくに『阿弥陀経《あみだきょう》』に重きを置いていたようである。

一遍は正応2年（1289）の8月23日に51歳で亡くなったが、それに先立つ8月10日の朝、わずかに所持していた経典の一部を播磨《はりま》（兵庫県）の書写山《しょしゃざん》・円教寺《えんきょうじ》から来ていた僧侶に託し、その他の経典を「**一代聖教《しょうきょう》みなつきて、南無阿弥陀仏《なむあみだぶつ》になりはてぬ**」と言って焼き捨てたという。

そして、円教寺の僧侶に託した経典のなかには、かつて一遍が奈良の當麻寺《たいまでら》の僧侶から譲り受けた『阿弥陀経』が含まれていたという。

◇念仏を1回となえるだけで往生を約束する

時宗《じしゅう》の教えの中心は一遍《いっぺん》が作った「**十劫正覚衆生界《じっこうしょうがくしゅじょうかい》　一念往生弥陀国《いちねんおうじょうみだこく》　十一不二証無生《じゅういちふにしょうむしょう》　国界平等坐大会《こっかいびょうどうざだいえ》**」という『十一不二頌《じゅういちふにじゅ》』に端的に表されている。

十劫の昔（とてつもなく遠い過去）に法蔵比丘《びく》（阿弥陀如来の修行時代の名）は正覚を得て（悟りを開いて）阿弥陀如来となった。このとき、阿弥陀如来はすべての衆生（すべての人々）が極楽《ごくらく》往生することを約束した（十劫正覚衆生界）。そして、衆生は「南無阿弥陀仏《なむあみだぶつ》」の念仏を1回だけとなえれば極楽浄土《じょうど》に往生できる（一念往生弥陀国）。

また、十劫の昔、法蔵比丘が悟りを開いて阿弥陀如来に

浄土系宗派の念仏思想の違い

浄土宗（法然の教え）	浄土真宗（親鸞の教え）	時宗（一遍の教え）
専修念仏《せんじゅねんぶつ》	絶対他力《ぜったいたりき》	念仏は仏の計らい
阿弥陀如来の本願（誓い）を信じて称名念仏を行なえば、浄土へ往生できる。	阿弥陀如来の本願を信じた瞬間に救われることは決まっている。だから、念仏は感謝の念をもって行なうのがよい。	すべての人の往生はすでに決定している。念仏は人がとなえているのではなく、阿弥陀如来がとなえさせている。

なったことと、衆生がただ1回の念仏で往生することは同一であり、そこには生もなければ死もない（十一不二証無生）。極楽浄土とわれわれが住む娑婆《しゃば》世界は一つのものであり、阿弥陀如来が説法をしている法会の坐には仏と衆生が同席している（国界平等坐大会）。

阿弥陀如来は十劫の昔に悟りを開いたときに、衆生の往生を約束した。これが阿弥陀如来の本願《ほんがん》である。この本願は疑う余地のないことであるから、衆生の往生はすでに十劫の昔に決定しているのである。

そして、その本願を信じようが信じまいが、「南無阿弥陀仏」の念仏を1回でもとなえれば、即座に往生するというのである。

◇「算を賦る」布教スタイル

文永11年（1274）、熊野（和歌山県）に詣で、熊野権現のお告げを受けた一遍《いっぺん》は、神社のお札にヒントを得て、タテ7・5センチ、ヨコ2センチほどの紙片に「**南無阿弥陀《なむあみだ》仏《ぶつ》　決定往生《けつじょうおうじょう》　六十万人**」と墨書されたお札を配って人々に往生を約束することを決意する。

以降、全国を行脚してお札を配るうちに一遍の評判が各地に広まり、行く先々でお札を求める人々が殺到したという。

このユニークな布教は、「算《ふだ》を賦《くば》る」ところから、「**賦算**《ふさん》」と呼ばれ、後に一遍は「形《かた》木《ぎ》」と呼ばれる版木を作り、これで大量に摺《す》って行きあうすべての人々に配ったのである。

一遍が活躍した当時、日本には武蔵国や大和国など60余りの国があったが、各国の1万人の衆生（実際には鎌倉時代前期には数百万人の人口があった）にまずは往生を約束しようというのが一遍の賦算の計画だった。一遍は生涯に25万1000枚ほどのお札を配ったと推計されている。

また、賦算の「形木」は熊野権現から授かったものと伝えられて神聖視され、歴代の遊行上人が法統《ほうとう》継承の証《あかし》として受け継いでいる。いうなれば三種の神器である。

◇すべてを捨て去り、遊行の旅に生きる

一遍《いっぺん》のように無一物《むいちぶつ》で一所不住《いっしょふじゅう》の布教の旅をすることを「**遊行**《ゆぎょう》」といっている。遊行とは布教や修行をしながら聖跡などを巡歴するもので、インドでは仏教以前から行なわれていた。

インドでは古くから一生を学生期《がくしょうき》、家住期《かじゅうき》、林住期《りんじゅうき》、遊行期の4つの時期に分けて、

人生の指針としている。学生期は学校に行ったりして勉学に励む時期。家住期は適齢期を迎えて結婚し、子どもをもうけて、家族を養う時期。林住期はリタイヤして悠々自適の隠居生活をする時期。そして、遊行期はすべてを捨てて無一物になり、各地を巡礼する時期である。

インドでは今でも巡礼が盛んで、政治家や財界人、大学教授などかなりの地位にいた人が、晩年になって遊行に出る場合も少なくない。インドでは20キロから24キロごとにヒンドゥー教などの寺院があり、そこに行けば一宿一飯に与《あずか》ることができるのだ。

このような古くからの習俗が仏教に取り入れられ、釈迦《しやか》は29歳のときに出家して、35歳で悟りを開いた後はインド各地を巡って教えを説き、80歳で亡くなるまで、45年にわたって、遊行生活を続けた。とくに仏教では遊行に宗教的な意義が与えられ、釈迦にならって各地を巡って人々を教え導くことが求められたのである。

釈迦は四住期でいう林住期を飛ばして、遊行期に入った。一遍も釈迦と同じような途《みち》を辿ったのである。そして、空海《くうかい》や最澄《さいちよう》、日蓮《にちれん》など多くの高僧が遊行を経験しているが、釈迦と同じように家を出てから死ぬまで一所不住の遊行生活を続けたのは、日本では一遍ただ一人である。

仏教は本来、遊行の宗教ということができるが、これを徹底して実践したのが一遍であり、時宗《じしゅう》教団だったのである。

◇盆踊りの起源をつくった一遍

一遍《いっぺん》は空也聖《くうやひじり》に範をとって踊念仏をはじめたと伝えられる。

『一遍聖絵』などによれば、一遍が時衆《じしゅう》とともに信濃《しなの》の佐久平《さくだいら》を訪れたとき、彼は農家の庭先で時衆《じしゅう》とともに念仏をとなえていたという。そのとき、一遍は傍らにあった湯呑をとって箸で叩き、そのリズムに合わせて踊りながら念仏をとなえだした。居合わせた時衆とともに念仏踊りの輪ができたという。今も佐久《さく》市跡部《あとべ》の**西方寺**《さいほうじ》では毎年4月の第一日曜日に念仏踊りが行なわれ、国の重要無形民俗文化財に指定されている。

また、盆踊りの起源については次のような話が伝えられている。一遍は遊行《ゆぎょう》の折、鎌倉に立ち寄ろうとした。当時の鎌倉には4つの関があり、出入りの人々を監視していた。一遍と時衆の一行が建長寺《けんちょうじ》の近くの巨福呂坂《こぶくろざか》の関から入府しようとしたとき、幕府の役人がこれを拒んだ。当時の鎌倉は京都のような雅《みやび》な都を目指していたのだが、一遍一行はほとんど着の身着のままで、さながら浮浪者の集団だった。そんな集団が府内に入るのはもっての外と、役人はシャットアウトしたのである。一遍が抗議して詰め寄ったが、役人も頑強に拒否した。すると、一遍は、身なりのことで入府を拒否するようなところに行くのは、こちらから願い下げだと啖呵《たんか》を切ったという。

そして、一行は江ノ島の対岸の片瀬《かたせ》の海岸に行き、ここにしばらく留まることになった。一遍を慕う地元の人々が遊行の時衆に炊き出しをしたり、宿を提供したりして、地元の時衆も含めて数百人の人々が心ゆくまで念仏をとなえた。

3か月ほどここに逗留《とうりゅう》するうちにお盆の時期を迎えた。一遍は砂浜に櫓《やぐら》を組んで舞台をつくらせ、その上や舞台の周囲の砂浜を巡りながら大勢の時衆が踊念仏を行なった。これが盆踊りの起源になったといわれている。

円伊『一遍聖絵（一遍上人絵伝）』巻第7より（東京国立博物館蔵）
© Image: TNM Image Archives

◇弟子によって後世に創建された総本山

前述したように、一遍《いっぺん》は熊野権現の託宣によって行く先々で「南無阿弥陀仏《なむあみだぶつ》」と書かれたお札を配り、そのとき居合わせた人々と念仏をとなえて往生を約束して立ち去る。これが一遍の布教のスタイルで、その場、その場に集まった人々を時衆《じしゅう》と呼び、時衆はそのときに往生が決定しているので、その後は念仏のための道場（寺院）などは必要ないと考えていた。だから、彼は念仏に基づく一宗派を開こうなどという気持ちは微塵《みじん》もなかったのである。

一遍は文字どおり一所不住の遊行《ゆぎょう》生活をして、寺院を建立したり、宗規《しゅうき》（宗派の綱領）を定め

清浄光寺・本堂と一遍上人像

たりすることはなかった。しかし、一遍の没後、彼の弟子たちが徐々に教団を整備し、第二代の他阿《たあ》上人のときには宗規を確立し、正中《しょうちゅう》2年（1325）、第四代呑海《どんかい》のときに藤沢（神奈川県）の**清浄光寺**《しょうじょうこうじ》を創建して本山と定めた。

以降、清浄光寺には代々、一遍の法統《ほうとう》を継ぐ遊行上人が住持《じゅうじ》したことから、通称、遊《ゆ》行寺《ぎょうじ》と呼ばれている。

◇一遍ゆかりの寺院

愛媛県道後《どうご》にある**法厳寺**《ほんごんじ》は、寺伝によれば天智天皇《てんじ》4年（665）、勅命で建立されたと伝えられている。その後、一時は衰退したが正応《しょうおう》5年（1292）に天台宗《てんだいしゅう》から時宗《じしゅう》に改宗した。当寺の門前には「一遍上人御誕生旧跡」という石碑が建っている。

一遍《いっぺん》は伊予《いよ》の豪族河野氏の生まれだが、一遍が生まれた頃は一族はすっかり衰退し、没落していた。一遍の父は豪族（武士）としての将来に望みが持てず、法厳寺で出家して天台僧として残りの人生を送ることを決意した。父の出家後に一遍が生まれたことから、法厳寺は一遍誕生の地として時宗の聖跡になっているのだ。

ただし、当時、寺院で出産するということは考えられず、父が出家したからには法厳寺の近くに母が住んでいて、実際には一遍はその家で生まれたのだろう。しかし、父が入寺したということで、法厳寺が誕生の地ということになっているのだ。

かつては十二坊を擁する大寺院で広大な敷地に大伽藍《がらん》が立ち並んでいたという。

また、広島県尾道市《おのみち》にある**海徳寺**《かいとくじ》も一遍の旧跡だ。弘安《こうあん》10年（1287）、一遍が諸国遊行《ゆぎょう》の折、尾道を訪れ、草庵を結んで念仏を勧めたことにはじまると伝えられている。もとは近くの海上の孤島にあったので「沖の道場」とも呼ばれ、尾道最古の時宗道場として知られていた。大正15年（1926）、火災により伽藍をことごとく焼失し、昭和3年（1928）に孤島から現在地に移った。

孤島時代には境内が広く勧進《かんじん》相撲などが行なわれたという。また、大きな松の老樹があり、その松に龍神が灯明《とうみょう》を灯すという言い伝えがあり、「龍燈松《りゅうとうまつ》」と呼ばれていたという。

さらに、一遍は厳島《いつくしま》神社を信仰し、このあたりに知遇を得ていたことから、尾道にはほかにも時宗の寺院が多い。

西郷寺《さいごうじ》は鎌倉時代の末に第六代遊行上人、一鎮《いっちん》の創建で、当初は西江寺《さいこうじ》と称した。本堂は時宗最古式とされる貴重なもので、文和《ぶんな》2年（1353）の建立。

正念寺《しょうねんじ》は天正《てんしょう》2年（1574）、第三十一代遊行上人、同念上人の開基といわれ、中国地方の時宗の信仰の中心的な存在として栄えてきた。全国的に珍しい半跏坐《はんかざ》（片足だけを下ろして椅子に坐ったもの）木造の「阿弥陀如来像」や等身大の「延命地蔵菩薩像《えんめいじぞうぼさつぞう》」がある。また境内には尾道随一の名水が湧く「延命井」がある。

鎌倉の**光触寺**《こうそくじ》は真言宗《しんごんしゅう》の寺として弘安2年（1279）に創建された。その後、一遍に帰依《きえ》した作阿《さくあ》が一遍を開山として時宗に改宗した。本尊の阿弥陀如来は「頬焼《ほほやけ》阿弥陀」と呼ばれ、観音、勢至《せいし》の両菩薩を従えた三尊形式。この阿弥陀如来像には次のような逸話がある。

建保《けんぽう》3年（1215）、源頼朝に仕えていた町ノ局《つぼね》が仏師運慶《うんけい》に阿弥陀如来像を造らせて自邸に安置した。町ノ局の家には万歳法師《まんざいほうし》という日ごろから盗み癖のある僧侶が仕えていた。町ノ局の私物がたびたびなくなることから、局は万歳法師の仕業と考え、罰として法師の左頬に焼印を押した。ところが、このときは法師の仕業でなかったので、法師の頬には焼痕はつかず、翌朝になって阿弥陀如来の左頬に焼痕がついていた。つまり、濡れ衣を着せられた法師を憐れんだ阿弥陀如来が代わりに局の罰を受けたのだ。これを見た町ノ局はその霊験に恐れをなし、お堂を建てて阿弥陀如来像を丁重にまつったというのである。

長野の**善光寺**《ぜんこうじ》は浄土宗《じょうどしゅう》と天台宗の両派で支えているが、一遍ゆかりの寺としてかつては時宗の信徒も大勢、押し寄せた。本堂を入ってすぐ、正面に「妻戸台《つまどだい》」と呼ばれる舞台があるが、これは時宗の人たちが踊念仏を行なったところである。

◇法統を受け継ぐ遊行上人たち

先にも述べたように時宗《じしゅう》は、本来、時衆の意味であり、その時々に集まった見知らぬ人々がともに念仏をとなえ、阿弥陀如来と結縁すれば、後は離れ離れになっても極楽往生が約束されると一遍《いっぺん》は考えていた。だから、一遍には一つの宗派を開こうとか、拠点の寺院を創建するつもりは微塵《みじん》もなかったのである。

しかし、その弟子たちの時代になると、次第に結束を強め、教団として整備し、拠点の寺を開こうとの気運が高まった。そんななかで一遍の後継者となったのが**他阿真教**《たあしんきょう》（1237〜1319）で、時宗第二代と呼ばれている。

彼は京都の人で、建治《けんじ》3年（1277）に一遍が九州を巡ったときに41歳で弟子になり、以降、一遍の遊行《ゆぎょう》に従って諸国を巡った。正応《しょうおう》2年（1289）に一遍が没した後、一端は解散した時衆を再結成し、時宗の基《もとい》をつくった。

真教の時代に念仏の道場が設けられ、時衆の遊行の慣習は次第に薄れていった。この時代、すでに100を超える道場があったという。また、真教から後継者は「他阿（詳しくは他阿弥陀仏）」の号を継承するようになったのである。

真教が時衆をまとめて教団の体裁を整えた。その意味で、時宗教団の実質的な祖は真教である。そこで、時宗では一遍と並んで「二祖上人」と呼ばれて重んじられ、時宗寺院の多くは一遍上人像とともに他阿像をまつっている。

真教は通風で歩行困難になったため、嘉元《かげん》2年（1304）、第三代量阿《りょうあ》（他阿智得《ちとく》、1261〜1320）に遊行を譲り、自らは相模《さがみ》（神奈川県）に草庵（後の無量光寺《むりょうこうじ》で当麻道場と呼ばれた）に独住し、そこで83歳の生涯を終えた。

時宗第二代の真教とともに重要な人物が**聖戒**《しょうかい》（1261〜1323）である。彼は一遍の従兄で、一遍の遊行にはじめから従っていた。

捨聖《すてひじり》と呼ばれた一遍には著作はなにも残っていない。しかし、一遍の事績をかなり正確に知ることができるのは、聖戒がまとめた伝記をもとに、『一遍聖絵』が作られたためである。一遍は親鸞《しんらん》が「弟子一人も持たず」（『歎異抄《たんにしょう》』）と言ったといわれているのと同様、師弟関係をもたない主義だった。時衆は一期一会だからである。しかし、聖戒には信頼を置き、密かに後継者と見なしていたとも考えられている。

第四代を継いだのが**呑海**《どんかい》（1265〜1327）である。彼は相模の出身で、真教に師事した。第三代の智得が無量光寺（当麻道場）で没したとき、呑海は遊行の旅に出ていた。そこで、執権、北条高時《たかとき》は智得の弟子の智光に無量光寺の住持《じゆうじ》になるように命じた。

そして、遊行から帰った呑海が無量光寺に入寺しようとしたとき、智光が当麻道場の明け渡しを拒否したことから、争いとなった。そこで、呑海は藤沢に清浄光寺《しようじようこうじ》を創建してそこに住んだ。これが、通称、遊行寺と呼ばれる時宗の総本山で、呑海以来、遊行上人は遊行を終えると、清浄光寺に住むようになった。

また、第三代智得の弟子に**託何**《たくが》（1285〜1354）があり、第七代を継いだ。彼は多くの書を著して、時宗教学を組織した。彼以前の遊行上人は遊行生活を基本としたことから、まとまった著作をなすのは困難だったが、託何は遊行上人としては、はじめて京都の七条道場に永らく留まって、著作に専念したのである。

禅宗

自分のなかの仏心に目覚める「禅」

禅はサンスクリット語（インドの言葉）でディヤーナといい、「定」「静慮《じょうりょ》」などとも訳され、瞑想《めいそう》のことである。正しくは禅定《ぜんじょう》といい、禅はその略である。

禅の起源は古く、すでに今から約4000年前に栄えたインダス文明の遺跡の一つであるモヘンジョダロからの出土品のなかに坐禅をする人物の像が見られる。このことからも禅はインドの原住民に起源を持つと見られている。

また、紀元前1500年頃にインドに侵入してきたアーリア人は苦行《くぎょう》の実践による神通力の獲得を目指していたが、後にインドの土着の実践である禅を取り入れた。以降、苦行と禅とはインドの宗教的実践の両翼を担う重要な要素として現代に至っている。

王子時代から釈迦《しゃか》は禅に親しんでいたといわれ、35歳のと

きに苦行を捨てて菩提樹《ぼだいじゅ》の下で坐禅を組んで悟りを開いた。このことから仏教では早くから禅が取り入れられ、独自の発展を遂げたのである。

禅は仏教の修行の根幹をなすもので、禅宗以外の宗派でも禅を取り入れている。

◇禅の大成者・菩提達摩

禅宗の開祖とされる菩提達摩《ぼだいだるま》（後世は達磨と書く、？〜528？）は実在の人物とされているが、謎の部分が多い。

その伝説的な伝記によればインドの出身で、出家してインド各地を巡って修行した。あるとき、釈迦《しやか》が悟りを開いた地、ブッダガヤを訪れ、釈迦が菩提樹《ぼだいじゅ》の下で坐禅（瞑想《めいそう》）によって悟りを開いたことに強く感化された。以降は坐禅によって悟りを開こうとして、インド各地で参禅修行に励んだという。

そして、6世紀のはじめ頃、海路、中国に渡ってきたと伝えられている。はじめ、中国南部に上陸した達摩は各地を巡って禅を教え、嵩山少林寺《すうざんしょうりんじ》に籠《こも》って9年間、壁に向かって坐禅をしたという話は有名だろう。

ちなみに、壁に向かって9年間も座り続けたために、手足が萎《な》えてしまったという伝説が作られ、後世、その伝説から日本では手足のない達摩像が作られるようになり、また、「七転八起《ななころびやおき》」の諺《ことわざ》が生まれた。

さらに、達摩は弟子を取ることに極めて慎重だったという。禅の奥義は言葉や理論で伝えることはできず、体得するものだ。だから、師弟の間に絶対的な信頼関係がなくてはならないからである。

禅宗第二祖と仰がれる**慧可**《えか》（４８７〜５９３？）は少林寺に達摩を訪ねて入門を願い出た。来る日も来るも壁に向かって坐禅する達摩の背後に立ち尽くして入門の許可を待ったが、容易には許されなかった。そこで、慧可は自らの左腕を切り落として決意のほどを示した。さすがの達摩もこれには心を動かされ、入門を許したという。

この話はもちろん伝説的なものだが、慧可は実在の人物で、彼の後に禅の教えは第三祖僧璨《そうさん》（〜６０６？）、第四祖道《どう》信《しん》（５８０〜６５１）、第五祖弘忍《ぐにん》（６

雪舟『慧可断臂図』（齊年寺蔵）

02～675）と受け継がれて後の禅宗の基礎を確立した。

その後、第五祖弘忍の門下から神秀《じんしゅう》（606?～706）、慧能《えのう》（638～713）という2人の傑出した弟子が輩出した。

神秀は**北宗禅**《ほくしゅうぜん》、慧能は**南宗禅**《なんしゅうぜん》を確立したが、これらの二派はその性格が大きく異なっていた。このうち北宗禅はまもなく衰えたが、南宗禅はますます栄え、慧能の門下に青原《せいげん》行思《ぎょうし》（?～740）と南嶽懐譲《なんがくえじょう》（677～744）が出て、前者は曹洞宗《そうとうしゅう》の、後者は臨《りん》済宗《ざいしゅう》の祖となった。そして、後に臨済宗や曹洞宗、黄檗宗《おうばくしゅう》が日本に伝えられたのである。

◇達摩から受け継がれる4つの教え

達摩《だるま》の禅は論理的であったといわれるが、第五祖弘忍《ぐにん》あたりから非論理的な傾向が強まり、第六祖慧能《えのう》にいたって禅は完全に非論理的なものになった。つまり、仏教の奥義を理詰めで理解するのではなく、理論を超越した坐禅によって体得しようとしたのである。

そして、このころから「**不立文字**《ふりゅうもんじ》・**教外別伝**《きょうげべつでん》・**直指人心**《じきしじんしん》・**見性成仏**《けんしょうじょうぶつ》」という禅思想（四聖句《ししょうく》）を代表する非論理的な命題が確立したのである。

まず、「不立文字」というのは、文字に頼らないという意味。しかし、これは文字を使わないという意味ではなく、文字にとらわれないという意味である。したがって、経典の文言に対しては形式にとらわれることなく、自由な態度をとることになるのである。

次に「教外別伝」とは、教（経典）に記述されていないところに仏法があるという意味である。つまり、経典に絶対的価値や意義を置かないという意味である。

そこで禅の修行では師弟の関係が重視される。そして、個人の禅体験の深まりを直観することが修行の基本となる。師は弟子の禅の境地を、弟子は師の禅の境地を直ちに把握して如実に表現しなければならない。それを「直指人心」という。

また、それは自己の仏性（仏になる可能性）を見極めることで、仏性を見極めたときに悟りの境地が開けると考えられる。これを「見性成仏」という。

すなわち「直ちに人心を指さすとは、いたずらに眼を外界に向けることなく、自己の心を、自己の命をまっすぐにつかめ、考えたり、分析したりすることなく、

四聖句

不《ふ》立《りゅう》文《もん》字《じ》　釈迦の教えは文字や言葉によらず、

教《きょう》外《げ》別《べつ》伝《でん》　人の心から心へ直接伝わる。

直《じき》指《し》人《にん》心《しん》　己の心を深く見つめ、

見《けん》性《しょう》成《じょう》仏《ぶつ》　仏性に目覚めれば仏になれる。

むんずとつかめ。そうすれば、自己自身が実は仏そのものであることを、徹底して知るだろう」という意味である。

◇師との問答を通して悟りに至る「公案」

禅の目的は坐禅によって釈迦《しゃか》と同じ悟りの境地に至ることである。しかし、釈迦の悟りの境地といっても雲をつかむような話である。そこで、どうしたら悟りの境地に至ることができるかを考えるヒントとして提示されるのが公案《こうあん》である。

もともと中国で政府の公式文書として布告された「公府の案牘《あんとく》」に由来し、政府の公式文書と同じく極めて厳格で不可侵のものであるという意味で公案と呼ばれた。

いわゆる「禅問答」の課題で、これには**古則公案**《こそく》と**現成公案**《げんじょう》というものがある。古則公案は優れた禅僧の現行録で、これは1700則（1700の課題）ある。

師はこれらの公案のなかから一つを選んで弟子に考えさせる。考えるといっても頭で考えるのではなく、坐禅して無の境地に至ることでその真意を体得するのである。

公案に一定の答えがあるのではなく、師弟のやり取りのなかで見出された一致点が答えになる。常識的な答えではなく、傍からみれば珍妙な答えもある。禅問答が「コンニャク問答」といわれる所以《ゆえん》である。

たとえば、「仏はいずこにありや?」という問いに、弟子が「糞《くそ》かきべら中にあり」と答えたという有名な話がある。糞かきべらとは禅宗の寺院で大用を足した後に便をこそぎ取る竹べらのことだ。そんな汚いもののなかに仏がいるというのは常識では理解し難い。しかし、この答えに師は諸手《もろて》を挙げて合格点を与えたという。

おそらく、弟子はあらゆるところに仏がいる。したがって、誰でも仏になる（成仏する）可能性があると言ったのだろう。しかし、他人がこの問答の意味を詮索《せんさく》しても、その真意はわからない。それはあくまでも師弟の間の以心伝心なのである。

また、現成公案というのはわれわれが見聞きするものをそのまま公案としてとらえたものである。世の中の存在、現象は紛れもない真実で不可侵のものである。だからそれがそのまま悟りのヒントになるというのである。一休《いっきゅう》禅師には闇夜にカラスが一声鳴くのを聞いて積年の疑問が一瞬にして解け、悟りの境地に達したという有名な話が伝えられている。

◇食すことも修行という「五観文」

中国で唐代に律宗《りつしゅう》の基《もとい》をつくった道宣《どうせん》（596〜667）が著した『四分律行事鈔《しぶんりつぎょうじしょう》』

という戒律《かいりつ》の論書がある。宋代の黄庭堅《こうていけん》という僧侶がこの論書のなかから抜粋したものを、僧侶はもとより、在家《ざいけ》の人間にもわかりやすく説いたのが「五観文」である。「**五観《ごかん》の偈《げ》**」とも呼ばれ、主に禅宗寺院で食事の前にとなえる偈文《げもん》（詩のかたちで説いた教説）である。道元《どうげん》が食事の作法を体系的に記した『赴粥飯法《ふしゅくはんぼう》』のなかでこれを引用したことから広く知られるようになった。以下の5つの偈文である。

一つには功《こう》の多少を計《はか》り彼《か》の来処《らいしょ》を量《はか》る
（あらゆるものに感謝してこの食事を頂きます）
二つには己が徳行《とくぎょう》の全闕《ぜんけつ》を忖《はか》って供《く》に応ず
（自らの日々の行ないを反省してこの食事を頂きます）
三つには瞋《しん》を防ぎ過貪等《とがとんとう》を離るるを宗《しゅう》とす
（欲張ってたくさん食べたり、残したりしないでこの食事を頂きます）
四つには正《まさ》に良薬を事《こと》とするは形枯《ぎょうこ》を療《りょう》ぜんが為《ため》なり
（身体と心の健康のためにこの食事を頂きます）
五つには道業《どうぎょう》を成ぜんが為に当《まさ》に此《こ》の食《じき》を受くべし

（すべての人が幸福になるためにこの食事を頂きます）

日本では道元以来、曹洞宗《そうとうしゅう》を中心に主に禅宗で用いられるが、食事ばかりではなく、人としての普遍的な倫理道徳を説いた言葉として広く用いられている。

◇日本に誕生した禅宗のあゆみ

日本には7世紀の中頃、禅宗が伝えられたが、それが完全に根づいたのは鎌倉時代（12世紀）以降。まず、日本臨済宗《りんざいしゅう》の祖・**栄西**《えいさい》（1141～1215）が入宋して禅を伝え、鎌倉に寿福寺《じゅふくじ》、京都に建仁寺《けんにんじ》を開いて禅宗の基礎をつくった。

しかし、この時代は天台宗《てんだいしゅう》や真言宗《しんごんしゅう》、奈良仏教などの旧来の勢力が強く、新進の禅を広めるには時期尚早で、天台宗を中心とする旧来の勢力からさまざまな圧力がかかった。そこで、栄西は建仁寺を天台や真言、律とともに禅を含めた兼学道場とすることで、既存の勢力の批判や圧力をかわしたのである（240ページ参照）。

次に栄西の弟子から**道元**《どうげん》（1200～1253）が輩出して曹洞宗《そうとうしゅう》を伝えた。道元は宋に4年間滞在して、禅の奥義を受けて帰朝し、京都に禅宗寺院を開いて布教に努めた。

道元の開いた道場には多くの修行者が集まって栄えたが、まだこの時期も他宗の妨害や批判が続いた。

約10年にわたって布教に努めた道元だったが、京都での禅の布教は時期尚早と考えた。折しも道元に深く帰依《きえ》していた越前《えちぜん》（福井県）の波多野義重《はたのよししげ》に招かれ、寛元《かんげん》2年（1244）、その所領に禅の専門道場を開くことにした。これが、曹洞宗の大本山・永平寺《えいへいじ》である。

今述べたように、京都では延暦寺《えんりやくじ》を中心とする旧来の勢力が強く、さまざまな妨害や圧力がかかったため、禅宗は思うように普及できなかった。しかし、鎌倉ではそんな妨害もなく、さらには武士が禅を好んだため、鎌倉時代の前半には禅宗が広まった。常に死と隣り合わせに生きる武士にとって精神を集中して、心を落ち着かせる禅はその気質によくマッチしたのである。

また、この時期、中国では蒙古《もうこ》が勢力を伸ばして南下し、南部を中心に発展した禅宗の寺院も攻撃を受けるものが多かった。そこで、多くの禅僧が国を追われ、日本にも多くの禅の高僧が亡命してきたのである。

このことが禅を広めようとする鎌倉幕府にとって追い風となった。第5代執権《しっけん》・北条《ほうじょう》時頼《ときより》の時代、中国の禅僧・**蘭渓道隆《らんけいどうりゅう》**を開山に建長寺《けんちょうじ》が創建された。建長5年（1253）のことで、これがわが国最初の本格的な禅宗寺院となったのである。

建長寺の創建から約30年後の弘安《こうあん》5年（1282）、北条時宗《ときむね》の招きで来日した無学祖元《むがくそげん》を開山に円覚寺《えんがくじ》が創建された。その後、浄智寺《じょうちじ》、浄妙寺《じょうみょうじ》が創建され、先に栄西が開山となって創建した寿福寺と合わせて「鎌倉五山《ござん》」が揃うことになった。

黄檗宗《おうばくしゅう》は中国南部の福州（福建省）にある萬福寺《まんぷくじ》を大本山として栄えていた禅宗の一派だが、江戸時代に長崎在住の華僑《かきょう》の人たちが菩提寺《ぼだいじ》を作ることを志し、中国から黄檗宗の禅僧を招いて長崎に崇福寺《そうふくじ》を創建したことにはじまる。

その後、中国の萬福寺《まんぷくじ》の住職で、数千人の禅僧たちを率いていた隠元隆琦《いんげんりゅうき》を招いた。隠元は第4代将軍・家綱《いえつな》の帰依を受けて京都の宇治に土地を与えられ、萬福寺を創建した。

鎌倉時代から室町時代には臨済宗、曹洞宗の宗派的障壁はなく、大いに交流があったという。江戸時代に隠元が黄檗宗を伝えると、禅宗は三派になったが江戸時代中期頃までは互いに交流があった。

ところが、時代が下ると臨済宗は公案《こうあん》禅の色彩を強め、曹洞宗は黙照《もくしょう》禅（ひたすら坐禅する禅）の傾向を強くし、黄檗宗は念仏禅の色彩を強めて、互いに排他的になった。このため、禅宗各宗は寺院に引き籠って教理を研究する保守的な教団を形成した。

◇栄西の禅、道元の禅

栄西《えいさい》の禅は基本的には教学的色彩を多分に持ち、戒律《かいりつ》を重んじるアカデミックなものだった。しかし、そのいっぽうで末法《まっぽう》の世にふさわしい衆生救済の仏法をとなえ、市井に往来して興禅護国《こうぜんごこく》（禅の興隆を図って国を護ること）を主張した。著書には『興禅護国論』『出家大綱《しゅっけたいこう》』などがある。

道元《どうげん》は、理論より実践を重んじ、坐禅を悟りの目的ではなく、悟りと一体のものととらえた。

坐禅こそ仏法に入る唯一の道であるとした道元は、ひたすら坐禅する「**只管打坐**《しかんたざ》」を主張し、日常生活のすべてを参禅ととらえたのである。

その著作は『普勧坐禅儀《ふかんざぜんぎ》』『学道用心集《がくどうようじんしゅう》』など数々あるが、主著の『正法眼蔵《しょうぼうげんぞう》』は日本人の手になる最高の哲学書として海外でも高い評価を得ている。

◇今日につながる禅宗文化

禅は日本文化に大きな影響を与えた。禅の思想は茶道などの精神の基盤となり、また質《しつ》実剛健《じつごうけん》を宗《むね》とする武士道とも結び付いて発展した。

◆茶禅一致

日本の喫茶の慣習は栄西《えいさい》によってもたらされた。栄西は宋から茶の種を持ち帰り、これを高山寺《こうざんじ》の明恵《みょうえ》が植えて、日本の茶栽培のはじまりとなった。栄西自らも『**喫茶養生記**《きっさようじょうき》』を著して茶の効能を述べ、その普及に努めた。

茶ははじめ、薬用に供されていたようだが、次第に作法を完備した茶道に発展していった。

茶道はすべての行ないを仏の計《はか》らいとする禅の修行そのものと見なされ、室町時代には禅僧のなかに茶をよくするものがあらわれ、大徳寺などはその中心になった。そして、茶禅一致ということがとなえられ、禅の修行の一環として茶道に励む風潮を生んだ。これを集大成したのが千利休《せんのりきゅう》の「**侘茶**《わびちゃ》」の世界である。

◆剣禅一致

最初に禅に着目したのは武士階級だった。質《しつ》実剛健《じつごうけん》を宗《むね》とする武士の精神が簡素を宗とする禅の精神を好んだためである。

そして、時代が下っていわゆる**武士道**が確立すると、禅がその精神的なバックボーンとして注目されるようになる。とりわけ、戦国時代以降に戦いに明け暮れた武士たちは禅（静慮《じょうりょ》）を精神的支柱として、剣術と禅を融合した剣禅一致《けんぜんいっち》を唱えた。

◆枯山水庭園

禅が日本の庭園に多大な影響を与えたことはよく知られている。枯山水《かれさんすい》庭園や草木を1本も

龍安寺・石庭

使わない龍安寺《りようあんじ》の石庭などは、それまでの日本人が見たこともないユニークなものだった。

これらの禅宗式庭園は禅の思想そのものを表した極めて抽象的なもので、それまでの景勝地を模写した具象的な庭園とはまったく違うコンセプトのもとに創造されたものだった。そして、禅僧のなかから優れた造園家があらわれたことも見逃すことができない。

◆禅画・漢詩

宋代の中国の禅宗寺院では水墨画《すいぼくが》などが盛んになり、室町期には日本でも禅宗寺院に画僧《がそう》と呼ばれる人たちが活躍して大いに健筆を振るった。

画題も出山釈迦《しゆつさんしやか》や菩提達磨《ぼだいだるま》を描いた道釈画《どうしやくが》

雪舟『天橋立図』（京都国立博物館蔵）

写真：@ KYOTOMUSE（京都国立博物館）

や、頂相《ちんぞう》と呼ばれる師や高僧の肖像画から、**山水・花鳥画**《かちょうが》へと広がり、雪舟《せっしゅう》などがその代表で、国宝級の優れた絵画を残している。

また、漢詩も盛んになり、中世以降の文学に大きな影響を与えた。そのほか、禅画と呼ばれる参禅の境地などをあらわした独特な絵画も生まれた。

水墨画の中心的な担い手となった禅僧たち

黙庵《もくあん》	『四睡《しすい》図』『布袋《ほてい》図』
可翁《かおう》	『寒山《かんざん》図』『蜆子《けんす》和尚図』
鉄舟徳済《てっしゅうとくさい》	『蘆雁《ろがん》図』『蘭竹《らんちく》図』
明兆《みんちょう》	『五百羅漢《ごひゃくらかん》図』『聖一《しょういち》国師像』
如拙《じょせつ》	『瓢鮎《ひょうねん》図』『王羲之書扇《おうぎししょせん》図』
周文《しゅうぶん》	『観音善財童子《かんのんぜんざいどうじ》図』『水色巒光《らんこう》図』
雪舟《せっしゅう》	『四季山水図』『天橋立《あまのはしだて》図』

臨済宗

禅問答によって覚醒を促す宋風禅の教え

中国の唐代《とうだい》に臨済義玄《りんざいぎげん》（?〜867）という禅僧が、福建省の黄檗山《おうばくさん》で、黄檗希運《きうん》のもとで修行し、後に独立して臨済宗《りんざいしゅう》の基《もとい》をつくった。その後、臨済宗《りんざいしゅう》は多くの弟子が輩出して曹洞宗《そうとうしゅう》とともに禅の二大潮流となった。

先にも述べたように、日本では明庵栄西《みょうあんえいさい》（1141〜1215）が入宋して臨済禅を伝え、鎌倉の寿福寺《じゅふくじ》、京都の建仁寺《けんにんじ》を開いて禅宗の基礎をつくった。

栄西の時代はまだ天台宗《てんだいしゅう》などの旧来の宗派の勢力が強く、純粋な禅宗寺院を作ることは難しい状況だったが、栄西没後の鎌倉時代の前半には建長寺《けんちょうじ》（鎌倉）をはじめとする鎌倉五山が創建された。禅は新たに権力の座についた武士の間で歓迎されて確固たる地位を築くことができたのである。

また、この時代には中国人の禅僧が相次いで来日した。こ

のころ、中国では蒙古《もうこ》（モンゴル）が来襲して国情が不安定になり、多くの僧侶が国を離れることを余儀なくされ、日本に亡命した人も少なくなかったのだ。

禅宗は師から弟子へ直接、奥義《おうぎ》が伝えられて継承されていくため、師の考え方や性格によって差異が生じる。臨済宗はとくにその傾向が強く、早くから多くの流派に分かれ、鎌倉時代には24の流派が伝えられた。

室町時代になると足利《あしかが》氏《し》が禅宗に帰依《きえ》し、京都に天龍寺《てんりゅうじ》と相国寺《しょうこくじ》を創建して京都五山が形成された。室町幕府は政策的に禅宗を保護したため、五山を中心に優秀な学僧が集まった。また、五山文学といわれるように文芸や絵画などにも傑出した禅僧があらわれ、後の日本の文化に大きな影響を与えた。

現在、臨済宗には天龍寺派、相国寺派、建仁寺派、南禅寺《なんぜんじ》派、妙心寺《みょうしんじ》派、建長寺派、円覚寺《えんがくじ》派、東福寺《とうふくじ》派、大徳寺《だいとくじ》派、永源寺《えいげんじ》派、方広寺《ほうこうじ》派、国泰寺《こくたいじ》派、仏通寺《ぶっつうじ》派、向嶽寺《こうがくじ》派の十四派がある。

◇所依の経典

もともと禅宗は不立文字《ふりゅうもんじ》、教外別伝《きょうげべつでん》を掲げ、とくに経典には頼らないのが建前だ。したがって、臨済宗《りんざいしゅう》でも一応は宗の綱要のなかに『楞伽経《りょうがきょう》』や『般若心経《はんにゃしんぎょう》』などの経典を挙げてはいるが、「古来の慣習によって読誦《どくじゅ》する」と言っている。

とくにこれらの経典によって教理が確立しているわけではなく、法要や日常の勤行《ごんぎょう》として読経する経典という意味である。この点、日蓮宗《にちれんしゅう》が『法華経《ほけきょう》』を絶対の経典とし、浄土《じょうど》宗《しゅう》は「浄土三部経《さんぶきょう》」を所依の経典としているのとは大いに事情が異なる。

禅宗はいわば釈迦の悟りを追体験することを目的とする宗派である。そして、釈迦の悟りの内容は元来、言語を絶したものだった。だから、もっぱら坐禅という実践に頼り、不立文字を宣言して言語で説かれた経典には頼らないという立場をとったのである。

このような事情から禅宗ではインド以来の経典にはさほど重きを置かないが、歴代の高僧の言行録である「禅の語録」が重視されるようになった。

とりわけ、臨済宗では『臨済録《りんざいろく》』『碧巌集《へきがんしゅう》』『無門関《むもんかん》』などといった語録が重視される。これらの書は1700則といわれる公案のなかから最も重要なものを50から100程度を厳選し、これらに解説をつけたものである。

◇公案禅によって自らの仏性に気づく

坐禅によって釈迦《しゃか》の悟りの境地を体得するのが禅の目的で、この点では禅宗各派は同じである。しかし、臨済宗《りんざいしゅう》と曹洞宗《そうとうしゅう》、黄檗宗《おうばくしゅう》の間には参禅方法や考え方にかなり違いがある。臨済宗は公案《こうあん》禅といって公案を重んじる。修行者は師から提示された公案を手がかりに坐禅を組み、悟りの境地に至ることを目指すのである。

臨済宗を創始した臨済義玄《ぎげん》によれば、悟りの境地に至るとは「一無位《いちむい》の真人《しんじん》」に出会うことだという。一無位の真人とは真の自己のことで、自分の心のなかに厳然と存在している仏性（仏になる可能性）のことだという。

修行者は公案を手がかりに坐禅を組み、その答えが見つかった（一無位の真人に出会った）と思ったら、師の部屋を訪ねて自分の見解を述べる。師に認められれば悟りの境地に達したことになる。しかし、師に認められなければ、再び坐禅を組んで答えを模索する。

このような修行方法を「入室参禅《にっしつさんぜん》」といい、臨済宗の修行ではこれが繰り返されるのである。また、師匠が認めることを「印可《いんが》」というが、弟子は印可を受けてもそれで修行が終わったわけではない。入室参禅は終生続けられるのである。

◇2度にわたって入宋した国際派の傑僧・栄西

栄西《えいさい》は備中《びっちゅう》（岡山県）の出身で、19歳のときに比叡山《ひえいざん》に登って天台宗《てんだいしゅう》の教えを学び、密教《みっきょう》にも通じていた。しかし、停滞していた比叡山の天台教学に飽き足らず、本場の天台山で学びたいとの志を抱いて山を下った。

仁安《にんあん》3年（1168）、入宋《にっそう》して（中国に渡って）天台山《てんだいさん》に学んだ。このとき、禅の教えに出会って大いに関心を抱いた。この体験が後に栄西を禅宗に誘うことになったのである。帰国後も天台密教の僧侶として活躍したが、栄西の頭からは禅という文字がかたときも離れることがなかったと思われる。

そして、文治《ぶんじ》3年（1187）、47歳のときに再び入宋した。当初、栄西には宋からインドに渡り、釈迦《しゃか》の聖地を巡歴して本場の仏教を学ぶという遠大な計画があった。しかし、当時の宋では出国が厳しく制限されていたため、インド行きは断念せざるを得なかった。そこで、栄西は天台山万年寺の**虚庵懐敞**《きあんえしょう》に師事することになった。

懐敞は臨済禅《りんざいぜん》を修めた禅僧で、栄西は懐敞のもとで5年間、禅を学んでその奥義を体得し、建久《けんきゅう》2年（1191）に帰国した。鎌倉幕府開幕の1年前のことだった。

帰国後の栄西は九州に聖福寺《しょうふくじ》をはじめとする禅宗寺院を次々に開いて禅の布教に努めた。栄西は京都に禅宗寺院を創建しようとしたが、この当時はまだ天台宗をはじめとする旧仏教の勢力が強く、さまざまな迫害を受けたのだ。

栄西は『**興禅護国論**《こうぜんごこくろん》』を著して禅の正当性を主張したが、かえって旧仏教は反発を強め、京都での禅の普及は困難を極めた。そこで、栄西は鎌倉に下り、第2代将軍・源頼家《よりいえ》や北条政子《まさこ》の帰依《きえ》を受けて鎌倉に寿福寺《じゅふくじ》を創建した。

当時、新興の武士勢力は新しい仏教である禅に心を寄せた。精神の安定をもたらす禅は、死と隣り合わせの修羅場を駆け巡る武士にとって格好の修行方法だったのだ。

まもなく幕府から京都の土地を寄進され、建仁《けんにん》2年（1202）に建仁寺《けんにんじ》を創建した。ここに日本臨済宗《りんざいしゅう》は正式に産声をあげた。しかし、栄西は建仁寺を禅宗の専門道場とはせず、天台、真言《しんごん》、禅の三宗兼学の寺として、旧仏教との争いを避けた。栄西は現実重視の人で、政治的手腕にも優れ、時の権力ともうまく調和を図ったのである。

そこで、栄西は権力志向だとか、日和見《ひよりみ》主義などと批判を受けることもある。しかし、そのような立場をとったからこそ、禅宗という新参の仏教をソフトランディングさせることができたことも事実だ。

建仁寺の創建以降、栄西の存在は広く認められ、建保《けんぽう》元年（1213）には東大寺《とうだいじ》の僧正にまで上り詰めた。そして、同3年（1215）、75歳の生涯を閉じた。

◇中国僧によって諸流派が興隆

鎌倉時代に栄西《えいさい》が伝えた臨済宗《りんざいしゅう》には多くの高僧が現れた。まず、鎌倉の建長寺《けんちょうじ》の開山になった**蘭渓道隆**《らんけいどうりゅう》（1213〜78）は、寛元《かんげん》4年（1246）、34歳のときに弟子とともに来日した。

当時、中国では元《げん》（蒙古《もうこ》）が勢力をのばし、南下して禅宗寺院などが圧力をかけられた。その結果、寺を追われるものも相当数あり、その一部は日本に渡ってきたのだ。

来日した蘭渓道隆は京都の泉涌寺《せんにゅうじ》や鎌倉の寿福寺《じゅふくじ》などに寓居して、宋風の本格的な禅を広めた。その名声は広く知られるようになり、鎌倉第5代執権・北条時頼《ほうじょうときより》の帰依《きえ》を受けて建長寺の開山となったのである。

その後、元寇《げんこう》のときに蒙古の密偵の疑いをかけられ、一時は甲州や奥州を転々とするが、やがて建長寺に戻って、ここで没した。

建長寺は禅の専門道場として、また、仏教をはじめ諸学の学問所として栄え、以降、来日した禅僧はまず建長寺に身を寄せた。そのなかには、後に円覚寺《えんがくじ》を開いた無学祖元《むがくそげん》もいた。

無学祖元（１２２６〜86）は弘安《こうあん》２年（１２７９）、第８代執権《しっけん》・北条時宗《ほうじょうときむね》の招きで来日し、建長寺に迎えられ、来日から３年後の弘安５年（１２８２）に時宗の命により円覚寺を創建した。

来日前、元の軍が南宋《なんそう》に侵入したとき、ただ一人、動ぜず、元の兵士を感服させたという逸話《いつわ》がある。また、２度目の元寇、弘安の役の一か月前に蒙古が再び来襲することを予知し、時宗に伝えたという。

夢窓疎石《むそうそせき》（１２７５〜１３５１）は宇多《うだ》天皇の末裔《まつえい》ともいわれ、甲斐《かい》（山梨県）で出家し、諸国を巡歴して顕密《けんみつ》の教えを学び、戦乱の世に各地に寺を創建したという。鎌倉に来て禅を学び、後醍醐《ごだいご》天皇に召されて南禅寺《なんぜんじ》に住した。

その後、足利尊氏《あしかがたかうじ》の帰依を受け、鎌倉末期の戦乱の犠牲者を弔うために、尊氏に勧めて安国寺利生塔《あんこくじりしょうとう》を各地に造立した。また、これも尊氏に勧めて後醍醐天皇の菩提《ぼだい》を弔うために、天龍寺《てんりゅうじ》を創建した。

このように疎石は時の権力と組んで、政治的にも手腕を発揮した。弟子1万人と呼ばれるほど多くの門下を持ち、その勢力は後世に至るまで栄えたのである。

また、疎石は作庭にも卓抜した才能を発揮し、苔寺《こけでら》で知られる西芳寺《さいほうじ》の庭園や岐阜の永保寺《えいほうじ》、鎌倉の瑞泉寺《ずいせんじ》など、数々の庭園を残している。このような芸術的志向は弟子たちにも受け継がれ、やがてその門下が五山《ござん》文学最盛期を作り出した。

このように疎石をパイオニアとして五山文学などが盛んになった結果、本来の禅の修行からは遠ざかり、漢詩や絵画などに熱中する禅僧が増えた。そこで、そのような風潮を改革して禅宗本来の姿に戻そうとするものも少なからずあらわれた。

室町時代の中頃に登場した頓知《とんち》で知られる一休宗純《いっきゅうそうじゅん》（1394〜1481）もその一人である。晩年、請われて大徳寺《だいとくじ》の住持《じゅうじ》になった一休は宋朝風の厳しい禅を奨励して、禅宗本来の姿を取り戻したのだった。

◇宋にならった寺の格付け制度（五山の制）

「鎌倉五山《ござん》」「京都五山」などの「五山」とは、臨済宗《りんざいしゅう》で最高の格式をそなえた寺院のことである。昔、インドに五精舎《ごしょうじゃ》という代表的な寺院があり、これにならって中国で五山の制ができた。これが鎌倉時代に禅宗とともに日本に伝えられたのである。

日本では建長《けんちょう》5年（1253）に鎌倉に建立した建長寺《けんちょうじ》を第一として、円覚寺《えんがくじ》などの五カ寺を五山と定め、幕府が手厚く保護した。五山の制によって寺を格付けし、それらの大寺を殊遇すると同時に、傘下に置くことで、幕府の権威を高めようとしたのである。

その後、鎌倉幕府が滅亡すると、京都を中心とする五山の制が定められ、南禅寺《なんぜんじ》（大徳寺《だいとくじ》と同格）、建仁寺《けんにんじ》、東福寺《とうふくじ》、建長寺、円覚寺を五山とした。

さらに、室町幕府が京都に天龍寺《てんりゅうじ》と相国寺《しょうこくじ》を建立し、元中《げんちゅう》3年（1386）に新たに京都五山、鎌倉五山の制を定めた。

京都五山は**天龍寺**、**相国寺**、**建仁寺**、**東福寺**《とうふくじ》、**万寿寺**《まんじゅじ》の五カ寺で、その上に**南禅寺**を別格とし

五山制度

鎌倉五山		京都五山
	別格	南禅寺
建長寺	第一	天龍寺
円覚寺	第二	相国寺
寿福寺	第三	建仁寺
浄智寺	第四	東福寺
浄妙寺	第五	万寿寺

ておいた。また、鎌倉五山は**建長寺**、**円覚寺**、**寿福寺**《じゅふくじ》、**浄智寺**《じょうちじ》、**浄妙寺**《じょうみょうじ》の五カ寺である。

これらの五山は室町幕府の強力なバックアップのもとに発展し、中国から名僧を招き、そのもとに全国から優秀な学僧が集まった。そして、五山文学などを生み出し、中世文化の中心となったが、室町幕府の衰亡とともに衰えた。

◆日本の禅宗の草分け的存在・建仁寺

建仁寺《けんにんじ》は宋で禅を学んだ栄西《えいさい》が、建仁《けんにん》2年（1202）に創建に着手した寺である。

先にも述べたように、源《みなもと》頼朝《のよりとも》の帰依《きえ》を受けた栄西は、京都に最初の禅寺を建立することを目指した。しかし、当時は禅を広めるには時期尚早で、比叡山《ひえいざん》や奈良の大寺《だいじ》の反発が強かった。

建仁寺・法堂の双龍図

そこで、栄西は建仁寺を純粋な禅寺ではなく、天台や真言などの**兼修《けんしゅう》道場**とすることで批判を交わしたのである（240ページ参照）。

建仁寺は、後に第十一世・道隆《どうりゅう》の時代に純粋な禅道場となり、室町時代には五山の第3位として重んじられた。

たびたび火災や戦火に見舞われたが、天正《てんしょう》年間（1573〜91）に安国寺恵瓊《あんこくじえけい》が復興した。勅使門《ちょくしもん》は六波羅探題《ろくはらたんだい》にあったものを移築した鎌倉建築。方丈は足利尊氏《あしかがたかうじ》が創建した広島の安国寺にあった建物を移築したもの。そして、仏殿《ぶつでん》（本堂）は復興後の江戸時代に建立されたものである。かつては70以上の塔頭があったが、現在は10余りを残すに過ぎないが、塔頭《たっちゅう》には書画の文化財も多い。

建長寺・仏殿

◆武士がつくった純粋禅の専門道場・建長寺

建長寺《けんちょうじ》は建長《けんちょう》5年（1253）、第5代執権・北条時頼《ほうじょうときより》が宋の禅僧・**蘭渓道隆**《らんけいどうりゅう》を開山として創建した寺である。時頼は道隆に深く帰依《きえ》し、中国五山のひとつ杭州径山《けいざん》の興聖万寿禅寺《こうしょうまんじゅぜんじ》を模してこの寺を建立したという。

建長寺はわが国最初の臨済宗の専門道場で、かつては鎌倉五山の筆頭に挙げられ、鎌倉幕府の祈願所《きがんしょ》として栄えた。円覚寺開山の無学祖元《むがくそげん》をはじめ、数々の名僧が当寺で修行し、最盛期には七堂伽藍《しちどうがらん》に加えて49の塔頭《たっちゅう》があった。

また、当寺の建長寺は禅だけではなく、儒《じゅ》教《きょう》など中国の学問を広く研究する総合学問所の

妙心寺・法堂（京都 妙心寺蔵）

様相を呈していた。このため、全国から優秀な学僧が参集し、研讃を積んだ。

室町時代になると、戦乱が打ち続いたために一時は荒廃した。しかし、室町末期になると、北条、徳川両氏の外護を受けて幾多の火災で堂塔を失ったにもかかわらず、その都度、再建された。江戸時代には徳川幕府の保護を受けて寺運隆盛に向かった。

◆最大派閥の本山・妙心寺

もともとこの地には花園《はなぞの》天皇の離宮《りきゅう》があった。建武《けんむ》2年（1335）、出家した花園上皇が花園御所《ごしょ》（離宮萩原殿《りきゅうはぎわらでん》）を禅寺に改めることを発願し、関山慧玄《かんざんえげん》を開山として創建したのが妙心寺《みょうしんじ》のはじまりである。

「正法山《しょうぼうざん》妙心寺」の山号寺号は釈迦《しゃか》の十大弟子の摩訶迦葉《まかかしょう》に授けたという「正法眼蔵涅槃《げんぞうねはん》妙心」（「最高の悟り」という意味）という言葉から取ったものであるという。

第三世の無因宗因《むいんそういん》の頃に伽藍《がらん》を整備し、足利義満《あしかがよしみつ》の祈願所《きがんしょ》となった。その後、一時は南禅寺に合併されるなど盛衰を繰り返し、応仁《おうにん》の乱では伽藍を焼失して大きな打撃を受けたが、後に復興し、戦国時代には豊臣秀吉などの保護を受け、江戸時代には徳川幕府の保護を受けて大いに栄えた。

現在も臨済宗の最大派閥である妙心寺派の大本山として栄えている。寺域が広く、塔頭《たっちゅう》も多く、退蔵院の所蔵する「**瓢鮎図**《ひょうねんず》」のような国宝、重文級の書画も少なくない。また、庭園や建物も多い。

コラム

室町時代に花開いた禅宗文化（五山文学）

五山《ござん》文学は鎌倉時代末期にはじまり、室町時代を通じて栄えた文学で、鎌倉時代末期に来朝した一山《いっさん》一寧《いちねい》（1247〜1317）にはじまる。

彼は元《げん》（中国）の使節として来朝したため、元寇《げんこう》で苦い経験をした鎌倉幕府ははじめ警戒したが、その優れた学識と人格が認められ、南禅寺《なんぜんじ》の住持《じゅうじ》（住職）として迎えられた。

彼は禅の思想はもちろんのこと、儒学《じゅがく》をはじめとする諸学に精通するとともに豊かな教養と文才を身につけ、多くの優れた漢詩を作った。そして、その門下からは多くの優れた文人が輩出した。

一寧の弟子のなかで五山文学流行の先駆けとなったのは京都生まれの虎関師錬《こかんしれん》（1287〜1346）という人だ。彼は仏教はもとより諸学に通じた学僧だったが、とくに詩文の才能に秀でていた。その詩は唐宋八家《とうそうはっか》（中国の唐代、宋代の優れた８人の詩人）と並び称され、高い評価を得ている。

さらに一寧の弟子中の第一人者として後世に名を留めているのが雪村友梅《せっそんゆうばい》（１２９０～１３４６）だ。越後《えちご》（新潟県）生まれの友梅は少年時代に上京して鎌倉の建長寺《けんちょうじ》で一寧に師事し、18歳で元（中国）に渡り、24年間滞在した。中国に渡ってまもなく、誤って投獄されたが、その後は許されて各地の名刹《めいさつ》を巡り、参禅修行をするとともに詩文の才能を磨いた。帰朝後は各地の寺に住んで禅の修行をするとともに多くの漢詩を作った。その詩集『岷峨集《みんがしゅう》』は五山文学を代表するものである。

さらにこの時代の五山には文学ばかりでなく、絵画にも逸材《いつざい》が登場した。そのなかで最も有名なのが雪舟《せっしゅう》（１４２０～１５０６）である。備中《びっちゅう》（岡山県）出身の雪舟は相国寺《しょうこくじ》などで禅を学んだ後に明（中国）に渡り、各地の名刹で修行した。宋、元の水墨画《すいぼくが》から独自の境地を編み出し、水墨画の大成者として高く評価されている。

また、一寧の弟子のなかで、最大派閥を形成したのが苔寺《こけでら》で知られる西芳寺《さいほうじ》の庭園などを造った夢窓疎石《むそうそせき》（１２７５～１３５１）だ。彼は伊勢《いせ》（三重県）の生まれで天龍寺《てんりゅうじ》の開山《かいざん》となり、多くの禅僧を育てた。１万人といわれる門下のなかに優れた文人がいて、五山文学の黄金時代を作りあげた。さらに彼は造園に卓越した才能を発揮し、西芳寺や天龍寺の庭園など歴史に残る数々の名園を造った。
このように、五山文学は単に文学だけでなく、絵画や建築、彫刻、造園などでも新しい境地を開花させ、その後の日本の文化に大きな影響を与えたのだった。

◇本物の禅を追求し続けた一休宗純

一休宗順《いっきゅうそうじゅん》は後小松《ごこまつ》天皇の御落胤《ごらくいん》として生まれた。応仁《おうにん》の乱がまじかに迫った混乱期、御落胤という複雑な運命を背負った一休は政争のなかで翻弄され、いつ命を失うかわからない状況にあった。

一休の先行きを憂慮した生母は、わが子を一日も早く寺に預けて身の安全を確保しようと願った。そんな母の強い望みもあって、一休はわずか6歳で出家することになったのである。

ある日、一休がいつものように破《やぶ》れ衣《ころも》を着て街を歩いていたとき、ある金持ちの家で法要が営まれていた。

彼はこれも仏縁《ぶつえん》と思って、門口《かどぐち》に立って供養《くよう》をしたいと申し出

た。すると対応にあたった家人はてっきり乞食坊主が無心に来たと勘違いし、わずかばかりの布施をやって追い返した。

数日後、一休は再びこの家の前を通りかかると、たまたまこの日もその家では法要が営まれていた。そこで、彼は過日と同じように門口に立ち供養をしたいと申し出た。その日はたまたま立派な衣を着ていたので、家のものが予期せぬ高僧が来てくれたことを喜び、法要が終わると豪華な膳を出して最高のもてなしをした。

ところが、一休はまったく箸をつけず、着ていた立派な衣を膳の前に供えて、自分は脇にちょこんと控えている。この奇行に一同目を瞠《みは》っていたが、たまりかねた主人がその訳を尋ねた。すると一休は次のように答えた。

過日、自分が破れ衣を着て供養を申し出たときには、すげなく追い払われた。ところが、たまたま、今日は立派な衣を着ていたので手厚いもてなしを受けた。これは自分に対してではなく、衣に敬意を払っているにすぎない。だから、このご馳走は衣がいただくべきだ。そう言って、何一つ食べないで立ち去ったというのである。

とかく人は社会的地位や身なりで、人間の価値を判断する。一休は膳の前に衣を供えるという突飛な行動によって、そういう価値判断がいかに無意味で愚かなことかを戒めたのである。

一休は公然と酒を飲み、肉食《にくじき》をし、遊里《ゆうり》にも通った。型破りの禅僧が多いなかでも一休は横綱クラスだ。その型破りの人生と奇行から伝説的な人間像を後世に残し、風変わりな僧侶という印象が強い。しかし、彼の真骨頂は人間の現実を見据える鋭い洞察力と世間の顰蹙《ひんしゅく》をかってでも奇行を敢行する勇気にあるということができる。

破天荒な人生を送った一休は81歳で大徳寺《だいとくじ》の住持《じゅうじ》（住職）になり、応仁の乱で荒廃した寺を見事に復興した。しかし、大寺の方丈《ほうじょう》に住むことを好まず、京都郊外の**酬恩庵**《しゅうおんあん》というお気に入りの草庵を本拠地として、大徳寺に参勤したという。

そんな一休の人柄にひかれて、大徳寺には多くの僧侶が参集した。そして、茶の湯を導入して、他の禅宗寺院とは異なる雰囲気の寺院を作りあげたのだった。

◇沢庵禅師と紫衣事件

世に沢庵漬けの考案者といわれている沢庵宗彭《たくあんそうほう》（1573〜1645）は但馬《たじま》（兵庫県）の生まれで、10歳で出家し、諸方で参禅修行に励み、31歳のときに大悟《たいご》し、沢庵の法号を得た。その後、37歳で大徳寺《だいとくじ》の住持《じゅうじ》となった。

このように禅の高僧として順調な道を歩んでいた沢庵だったが、寛永《かんえい》4年（1627）にその地位を根底から覆す「**紫衣《しえ》事件**」と呼ばれる大事件が起こった。

「紫衣」とは古くから最高位の僧侶に天皇から授けられる衣のことだ。従来は天皇の詔勅《しょうちょく》で誰に授けるかが決まっていたが、江戸時代になると、幕府が「禁中 並 公家諸法度《きんちゅうならびにくげしょはっと》」を出して、天皇といえども勝手に紫衣を下賜《かし》することが禁じられた。

そんななか、後水尾《ごみずのお》天皇が幕府に諮《はか》ることなく、沢庵に紫衣を賜ったのである。これに対して幕府は法度を根拠に紫衣の取りあげを命じた。

これに反発して後水尾天皇は皇位を娘の桜町《さくらまち》天皇に譲って退いた。そして、沢庵も大徳寺の総力を挙げ、妙心寺などにも協力を仰いで反対運動を繰り広げ、翌寛永5年（1628）には抗弁書を幕府に提出した。

当時、幕府に反旗を翻すことは許されず、沢庵は捕らえられて出羽《でわ》（山形県）に流され、協力した僧侶たち数名も津軽《つがる》（青森県）や出羽に流罪《るざい》となった。

3年後、沢庵は赦免となったが、上洛は許されず、主に江戸を拠点として過ごした。その後、第3代将軍・徳川家光《いえみつ》に謁見する機会を得たが、家光は沢庵に帰依《きえ》し、復権した。その後、後水尾上皇とも再会し、仏典を講義した。その際、沢庵の学徳に感服した上皇が国師《こくし》号の授与を申し出たが、沢庵はこれを固辞したのである。

ちなみに、紫衣は皇室の財源の一つにもなっていた。紫衣を賜ることは当代一流の高僧として認められることで、僧侶や寺にとっても名誉なことだった。そして、室町から江戸時代にかけては、紫衣を賜ると寺側が天皇家に相応なお礼をすることが慣習化した。

徳川幕府は天皇の権力を極力抑え、財源の絞り込みを図った。天皇の勢力が結束して抵抗勢力になることを警戒したのである。そこで、後水尾天皇が無断で紫衣を賜ったことに断固とした態度をとったのだった。

◇禅の心を広める菩薩行に邁進した白隠

白隠《はくいん》慧《え》鶴《かく》（１６８５～１７６８）は江戸時代に登場した臨済宗《りんざいしゅう》の巨人である。彼は公案《こうあん》による独自の修行体系を完成させ、いっぽうで禅の精神を平易に説いて広く民衆を教化した。弟子１万人、５００年に一人の逸材《いつざい》、臨済宗中興の祖として仰がれている。白隠以降、臨済宗の僧侶は何らかのかたちで彼の法系をひくといわれている。

白隠は貞享《ていきょう》2年（1685）、駿河《するが》（静岡県）に生まれた。7歳のとき、村の僧侶が「汝、気骨あり、必ず世の福田《ふくでん》とならん」と言って、彼が将来、世の中の指導的な人物になるだろうことを示唆《しさ》したと伝えられている。

幼少時代から聡明で思慮深かった白隠は、早くから地獄からの離脱という命題が深く心に刻まれていたという。そして、15歳のとき、この命題を追求するために出家を決意したのだった。

地元の松蔭寺《しょういんじ》という禅宗寺院で出家して慧鶴という号を授けられ、参禅修行に励んだが、地獄からの離脱という問題はなかなか解決できない。そこで、新たな師を求めて松蔭寺を後にした。

各地を巡歴した白隠は美濃《みの》（岐阜県）の瑞雲寺《ずいうんじ》という寺の**馬翁**《まおう》という僧侶のもとで修行することに決めた。白隠、20歳のときのことだった。馬翁は「美濃《みの》の荒馬」の異名をとる人物だったが、博学多才な人だった。

彼が住持《じゅうじ》を務める瑞雲寺は無類の貧乏寺で修行僧はことごとく去っていった。ただ一人残った白隠は馬翁とともに修行を続け大いに感化を受け、禅の境地を発展させたのである。

馬翁のもとで1年余り修行を続けた白隠は、翌年の春には再び瑞雲寺を去って修行の旅に上った。行脚《あんぎゃ》は北陸から瀬戸内の広い範囲にわたったが、その途中、旧師・馬翁の病の知らせを受け、急遽《きゅうきょ》、看病のために瑞雲寺に戻ることになった。白隠は看病のかたわら参禅に励み、彼の看病の甲斐あってしばらくして馬翁も全快した。

再び瑞雲寺を後にして行脚の旅に上った白隠は越後の英巌寺《えいがんじ》で性徹《しょうてつ》和尚の指導のもと、修行に励んだ。まもなく彼は大悟《たいご》（禅の悟りの境地に達すること）を得たという。このとき、白隠は大いに喜び「300年来、まだ予が如き痛快に了徹《りょうてつ》したものは有らず」との自負を持ったという。しかし、その驕《おご》りもまもなく打ち砕かれることになるのである。

◆正受老人との出会い

信濃《しなの》（長野県）の飯山《いいやま》の**正受老人**《しょうじゅろうじん》は生涯、寺も持たず山間の草庵で修行に励んだ人である。しかし、彼の名声は広く聞こえ、全国から多くの修行者が雲集したというが、入門を許されるものはなかなかいなかったという。白隠《はくいん》は長い庭詰めの後に、幸運にも入門を許され指導を受けることになった。

入門した白隠は正受老人に先の大悟の内容を語った。しかし、正受老人にその大悟の極めて不完全であることを指摘され、以降、正受老人は事あるごとに白隠を攻め立て、修行の不備を嘲笑《あざわら》ったという。

以降、正受老人はさまざまな公案《こうあん》を提示して白隠を苦しめた。あるときは、老人に数十回も殴打されて瀕死《ひんし》の状態になった。老人はその白隠をさらに罵倒して止まなかったという。それでも、白隠は老人のもとを去ろうとはしなかった。そして、まもなく白隠は悟りの境地に達したという。

その後、老人は白隠に悟後《ごご》の修行に努めることを強く勧め、「小を得て足れりと為すは声聞乗《しょうもんじょう》なり。悟後の修を知らずんば、惜しむべし二乗小果の羅漢《らかん》とならん」と言って叱咤《しった》激励したのである。

老人のもとで8か月間の修行を終えた白隠は、正受庵を後にして故郷の松蔭寺《しょういんじ》に戻った。

◆「内観の秘法」による禅病の克服

松蔭寺《しょういんじ》に戻った白隠《はくいん》は、以前にも増してハードな悟後《ごご》の修行に専念した。そのため、健康を害し、いわゆる禅病《ぜんびょう》にかかった。今でいえばノイローゼ、情緒不安定で、悪寒や幻聴などに悩まされたのである。

そこで、諸方の医師を訪ね歩いたが、一向に回復の兆しが見られない。その頃、京都の白川《しらかわ》に**白幽真人**《はくゆうしんじん》という神仙術《しんせんじゅつ》や医術に通じた人物がいるという噂を耳にし、藁《わら》をもつかむ思いでその人物を訪ねた。

白幽真人は彼に心身をリラックスさせる「内観《ないかん》の秘法」を施し、これによって白隠は体力、気力ともみるみる回復していった。その間の事情を白隠は晩年に著した『**夜船閑話**《やせんかんな》』のなかで詳しく述べている。しかも、内観の秘法を受けたことにより、白隠はそれまでまったく歯が立たなかった公案《こうあん》も面白いように解けるようになったという。

◆松蔭寺の住職となる

その後も白隠《はくいん》は師を求めて各地を行脚《あんぎや》した。しかし、正徳《しようとく》6年（1716）、父危篤の知らせを受けた白隠は故郷の松蔭寺《しよういんじ》に戻った。32歳のときだった。そして、それを機に正式に松蔭寺の住職になったのである。そして、翌年には妙心寺第一座《みようしんじだいいちざ》となり、号を慧鶴《えかく》から白隠に改めた。

当時の松蔭寺はひどく荒廃していたが、彼の尽力によって復興し、さらには彼の学徳を慕って全国から修行僧たちが参集した。彼はこの寺で『臨済録《りんざいろく》』などの講義をして弟子の育成に努めた。

また、白隠は在家《ざいけ》の人々にも仏教をわかりやすく説いた。**『大道《だいどう》ちょぼくれ』『安心《あんじん》ほこりたた記』**などユーモアを交えて平易な言葉で説いた著作は、わが国の仏教史上、極めてユニークな作品として高く評価され、民衆の教化に大いに役立ったのである。

白隠は松蔭寺での説法のみならず、諸方の寺に招かれて精力的に説法をした。その説法は実に半世紀以上に及び、多くの道俗が彼の感化を受けた。

その白隠も老齢には勝てず、明和《めいわ》5年（1768）、84年の生涯を閉じた。

◇白隠の確立した公案の体系

「公案《こうあん》」は、参禅修行の際に師から出される課題である。このように課題を持って行なう瞑想《めいそう》法、修行法を「公案禅」とか「看話《かんな》禅」と呼ぶ。

「公案禅」は中国の宋時代にはじめられ、日本でも臨済宗《りんざいしゅう》はとくに公案を重視する。

白隠《はくいん》は公案を入門したての初心者から熟達者まで、「法身《ほっしん》」「機関《きかん》」「言詮《げんせん》」「難透《なんしゅう》」「向《こう》上《じょう》」「洞上五位《とうじょうごい》」「十重禁戒《じゅじゅうきんかい》」「末後《まつご》の牢関《ろうかん》」という8つの階梯に分類し、その時々に合った修行体系を確立した。

白隠以前から、「理致」「機関」「向上」という3段階の公案の分類はあったが、白隠はこれを踏襲して、さらに詳細に分類し、新たなものを付け加え、禅宗史上、画期的なものとなったのである。

最初の段階の「**法身**」は公案を手掛かりに坐禅（瞑想）して世俗的な知識などにとらわれない直観的な智慧を得て「無」になることが目標。この段階で「大悟」が得られるといい、その習得には数年かかるといわれている。

第2段階の「**機関**」は、いわゆる「悟後《ごご》の修行」、大悟した後の修行である。「法身」で得

白隠が確立した公案の体系

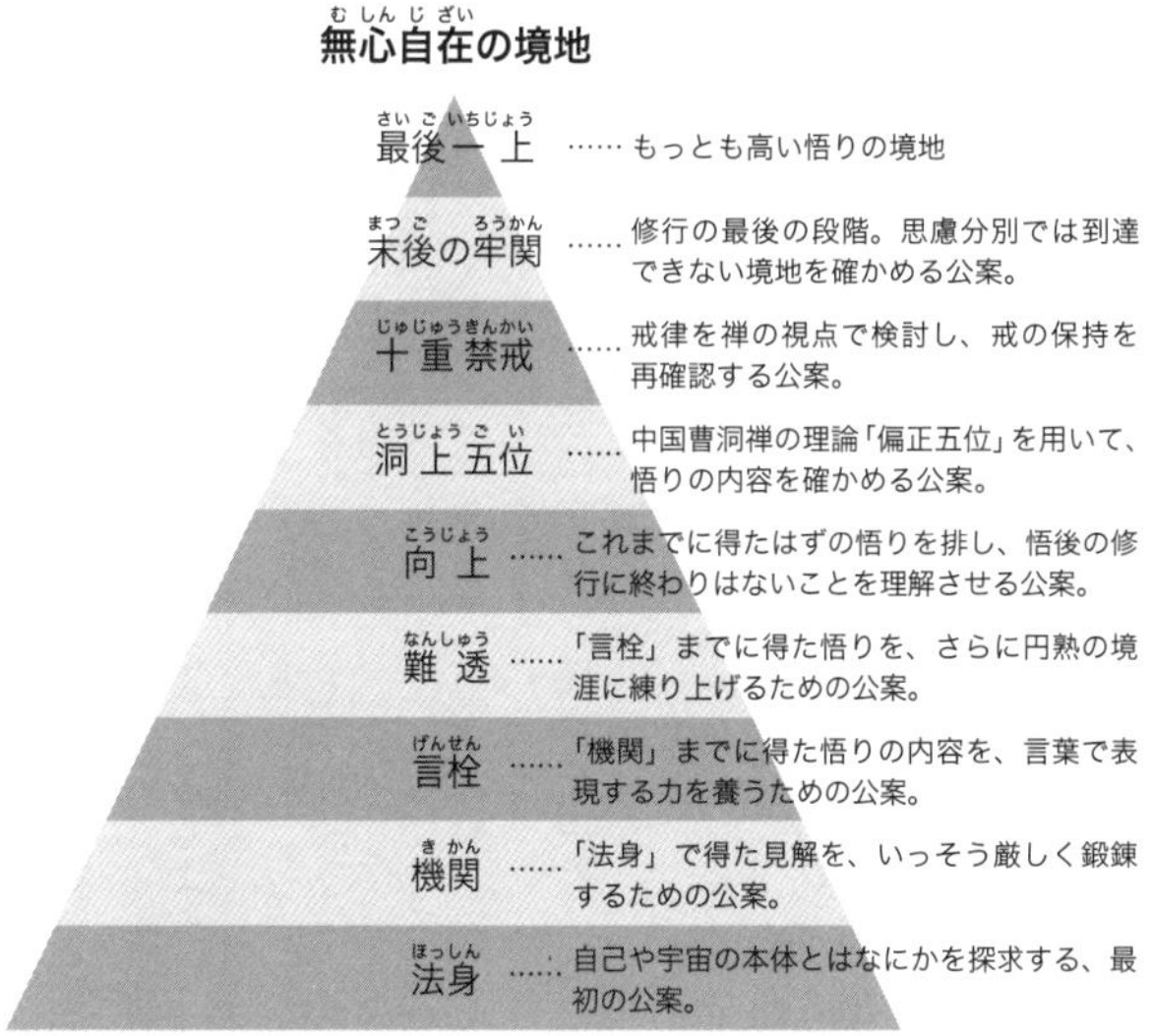

無心自在《むしんじざい》の境地
最後一上《さいごいちじょう》……もっとも高い悟りの境地
末後《まつご》の牢関《ろうかん》……修行の最後の段階。思慮分別では到達できない境地を確かめる公案。

十重禁戒《じゅじゅうきんかい》……戒律を禅の視点で検討し、戒の保持を再確認する公案。

洞上五位《とうじょうごい》……中国曹洞禅の理論「偏正五位」を用いて、悟りの内容を確かめる公案。

向上《こうじょう》……これまでに得たはずの悟りを排し、悟後の修行に終わりはないことを理解させる公案。

難透《なんしゅう》……「言栓」までに得た悟りを、さらに円熟の境涯に練り上げるための公案。

言栓《げんせん》……「機関」までに得た悟りの内容を、言葉で表現する力を養うための公案。

機関《きかん》……「法身」で得た見解を、いっそう厳しく鍛錬するための公案。

法身《ほっしん》……自己や宇宙の本体とはなにかを探求する、最初の公案。

た「無」の境地を日常生活のなかで活かし、こだわりのない心を保ちつつ、過ごすことである。

第1段階で得た悟りの境地は言語を絶するが、それを言葉で自在に表現できるようにするのが第3段階の「**言詮**」だ。

第4段階の「**難透**」は到達することが困難な境地という意味である。日常生活のなかで、外界の物や人を意識することなく、執着を離れて自然体で悠々と生きることのできる境地を目標とする。この境地を「無心の妙用《みようよう》」という。

第5段階の「**向上**」は悟りや仏にとらわれないことを目標にする。「悟臭を抜く。禅臭を抜く」ともいわれ、自分が大悟したとか、参禅修行をしているという意識をなくすよう努力する段階である。

第6段階の「**洞上五位**」は公案を段階的に整理して、自由に使えるようにする修行である。この「洞上五位」と次の「十重禁戒」は「持戒位」と呼ばれることもある。

第7段階の「**十重禁戒**」は禅の視点から戒律《かいりつ》を研究する修行。そして第8段階の「**末後の牢関**」は修行者として最後に全力を尽くさせるという意味で、今までの修行生活の総仕上げの段階ということができる。「布施位《ふせい》」とも呼ばれ、信徒や弟子たちに生涯の修行の成果を施す時期でもある。

◇和讃による禅の大衆化

白隠《はくいん》は修行の体系を整備するなど、禅僧に大きな影響力を持った。それと同時に一般民衆にも禅の本質や参禅の目的などを和語（日本語）で平易に説いた。

『坐禅和讃《ざぜんわさん》』は檀信徒向けの「聖典」として重んじられ、法要の折などによく読まれ、信徒もこれを口ずさむことが多い。

原文の書き下しは以下の通り（全文）。（　）内は著者の現代語訳。（　）内の［　］は著者が意味を補ったものである。

衆生本来仏なり　水と氷の如くにて

（凡夫《ぼんぷ》［凡人］だと思っている人も、本来は仏と何ら異ならない。凡夫と仏の関係は水と氷のようなものである）

水を離れて氷なく　衆生の外に仏なし

（つまり、水がなければ氷はできないのだ。これと同じように、凡夫以外に仏はいないのだ［つまり、人間として生まれた釈迦《しやか》がやがて、偉大な悟りを開いたように、われわれ凡夫（凡人）も釈迦と同じ悟りの境地に至ることができるのだ］）

衆生近きを知らずして　遠く求むるはかなさよ

（それなのに、人々は悟りの境地がすぐ隣にあるにもかかわらず、そのことに気づかないで、とてつもなく遠いところにあると思っている。なんとも儚《はかな》いことだ）

たとえば水の中に居て　渇を叫ぶが如くなり

（たとえば、水のなかにいるのに、喉《のど》が渇いたといって叫んでいるのと同じだ）

長者の家の子となりて　貧里に迷うに異ならず

（長者の子どもがその裕福さに気づかず、自分は貧しいと思い込んで悩んでいるのと同じようなものだ）

六趣輪廻《ろくしゆりんね》の因縁《いんねん》は　己が愚痴《ぐち》の闇路なり

（苦しみの多い世の中に生まれ変わり、何度も何度も苦しみを受けるのは、自分が本質的に愚かだからで、その愚かさの闇から抜け出せないのだ）

闇路に闇路を踏みそえて　いつか生死《しようじ》を離るべき

（闇の世界をさまよい続け、一体いつになったらこの苦しみの世界（生死）から抜け出す

ことができるのだろうか）

夫《そ》れ摩訶衍《まかえん》の禅定は　称嘆《しょうたん》するに余りあり

（大乗《だいじょう》［摩訶衍］の禅定［坐禅］は、称賛してもしきれないほど優れたものだ）

布施《ふせ》や持戒《じかい》の諸波羅蜜《しょはらみつ》　念仏懺悔《ざんげ》修行等

（人に施しをしたり、戒律《かいりつ》を守ったり、念仏や懺悔などさまざまな善行がある）

その品多き諸善行　皆この中に帰するなり

（そのすべての善行はすべて禅定のなかに含まれているのだ）

一坐の功を成す人も　積みし無量の罪ほろぶ

（ひとたび静かに座って心を落ち着けた人は、それまで積んできた多くの罪がすべてなくなるのだ）

悪趣《あくしゅ》いずくにありぬべき　浄土即ち遠からず

（地獄のような苦しみの世界などどこにあろうというのだ。極楽浄土《ごくらくじょうど》はすぐそこにあるのだ）

かたじけなくもこの法を　一たび耳にふるる時

（この有り難い教えを、ひとたび耳にしたとき）

讃嘆随喜《さんだんずいき》する人は　福を得る事限りなし

（この教えを称賛して大いに喜ぶ人は、限りない福を得る）

況《いわ》や自ら回向《えこう》して　直《ただち》に自性《じしょう》を証ずれば

（ましてや自ら礼拝《らいはい》して一心に祈り、本来、仏と同じである自分の本性を見極めることができれば）

自性即ち無性《むしょう》にて　既に戯論《けろん》を離れたり

（自分の本性は特定の性格に色づけられているのではなく、まったく無垢《むく》で純粋な存在［無性］で、煩悩《ぼんのう》や執着を離れた［まったく自由な］存在であることがわかるだろう）

因果一如《いんがいちにょ》の門ひらけ　無二無三の道直し

（仏と一体となり、ただ一つの真実の道を歩んでいこう）

無相の相を相として　行くも帰るも余所ならず

（その真実には本来、決まった形がない［無相の相］ということをよくよく心得、どこに行ってもそのことをシッカリと心に留めておこう）

無念の念を念として　うたうも舞うも法の声

（こだわりをなくし、穏やかな心で日々を過ごせば、歌ったり踊ったりして楽しむことさ

え、すべての行ないがそのまま仏法となって響き、人々を救うのである）

三昧《ざんまい》無礙《むげ》の空ひろく　四智円明《しちえんみょう》の月さえん

（三昧［坐禅］すれば、心には何の妨げもなくなり、大空のように融通《ゆうずう》無礙になり、澄み切った月のように輝き渡る）

この時何をか求むべき　寂滅現前《じゃくめつげんぜん》するゆえに

（そのような状態になったとき、ほかになにを求めることがあるだろうか。まったく、澄み切った平穏な世界が目の前に開けているからだ）

当所即ち蓮華《れんげ》国　この身即ち仏なり

（ここはすなわち蓮華の咲き乱れる極楽浄土で、自分の身はすでに仏になっているのだ）

曹洞宗

ただひたすら坐る「只管打坐」の教え

禅宗の第6祖・慧能《えのう》が南宗禅《なんしゅうぜん》を大成し、この系統が良价《りょうかい》（807～869）に受け継がれた。慧能は曹渓《そうけい》というところに住んで教えを広め、良价は洞山《とうざん》というところを拠点に教えを広めたという。それが後に、曹渓の「曹」と洞山の「洞」をとって曹《そう》洞宗《とうしゅう》と呼ばれるようになり、宋代（11世紀頃）以降、曹洞宗は非常に発展し、臨済《りんざい》宗《しゅう》と勢力を二分するようになった。

わが国には鎌倉時代のはじめに道元《どうげん》によって伝えられ、その後は孤雲懐奘《こうんえじょう》（1198～1280）などの直弟子が法灯を継ぎ、宋風の純粋禅を高揚した。弧雲懐奘は道《どう》元《げん》より2歳年上で、京都の深草《ふかくさ》で弟子となり、以降、道元に深く帰依《きえ》し、道元亡き後はその教えを厳格に守り、弟子の指導にあたった。

しかし、懐奘の後を継いだ永平寺《えいへいじ》第三世・徹通義介《てつつうぎかい》（1219～1309）は道元や懐奘の厳格で保守的な禅に対して、民衆にもわかりやすく禅を説くことを主張した。

そのため、曹洞宗は道元を支持する保守派と義介を支持する改革派に二分されることになったのである。

やむなく義介は永平寺を下り、加賀《かが》（石川県）の大乗寺《だいじょうじ》を拠点として布教活動をすることになった。この系統が後に總持寺《そうじじ》派に発展するのである。

義介の弟子に瑩山紹瑾《けいざんじょうきん》（1268～1325）があり、彼は能登《のと》の總持寺《そうじじ》を本拠として布教活動に励んだ。浄土教《じょうどきょう》や真言密教《しんごんみっきょう》などにも通じていた紹瑾は、徹通義介が改革した曹洞宗の教えをさらに時代に即したわかりやすいものにした。このため、紹瑾の時代に曹洞宗は全国に広まる足がかりができたのである。

瑩山紹瑾の後、峨山韶碩《がざんじょうせき》のときに能登の總持寺は後醍醐《ごだいご》天皇の勅命により官寺《かんじ》となり、同じ曹洞宗でありながら永平寺と拮抗する勢力となった。以降、争いが絶えなかったが、江戸時代には幕府が両寺を同格の大本山と定め、現在に至っている。

両本山の住職を貫首《かんしゅ》といい、永平寺と總持寺の貫首が2年交代で管長（曹洞宗の代表）を務めることになっている。

◇道元禅の原点『典座教訓』

先にも述べたように、曹洞宗《そうとうしゅう》は臨済宗《りんざいしゅう》と同じく、「不立文字《ふりゅうもんじ》」「以心伝心《いしんでんしん》」などをとなえ、依り処とする特定の教典はない。しかし、祖師《そし》の語録などは重視している。

なかでも、『**典座教訓**《てんぞきょうくん》』は、道元《どうげん》が宋《そう》（中国）に留学したときに出会った老典座〈禅宗寺院の料理長のことで、修行僧の食を司ることから六知事〈都寺《つうす》・監寺《かんす》・副寺《ふうす》・維那《いの》典座・直歳《しっすい》〉の一人に数えられ、非常に重要な役職〉から学んだことを書き綴ったもので、ここに道元禅の真髄が述べられているということができる。また、飽食の時代といわれる現代においては、「食」のあり方、「生活」のあり方についての指針を示す貴重な教訓が満載されている。

ある日の午後、道元が修行していた天童山景徳寺《てんどうざんけいとくじ》で老典座が仏殿《ぶつでん》の前でシイタケを干している姿を見かけた。手に杖をつきながら、笠もかぶらず、灼《や》けるような炎天下で黙々と作業を続けている。

六知事の一人である典座がどうして自らこんな炎天下で作業をするのかと不思議に思って道元が訪ねる。

「どうして若い修行僧や下働きの人にさせないのですか」

するると典座が次のように答えた。

「他人にさせたのでは自分がしたことにはならない」

「なるほどそうかもしれませんが、どうしてこんなに日差しの強いときになさるのですか」

「きのこを干すにはこの強い日差しが必要なのです。今のこのときを逃したらいつ干したらいいのですか」

道元はこの言葉を聞いて、それ以上なにも言えなくなった。そして、その言葉を深く胸に刻み込んだという。

つまり、人間の行ないというものは決して他者が代行できるものではない。仮に他者に代わってやってもらうことができたとしても、それは自分の行為ではないのだから、何の価値ももたない。

そして、物事を行なうのはそれに適した時期というものがあって、その時期を逃してしまえば、これまた価値のないものになってしまう。だから、この今を自ら全身全霊を傾けて行動する。

炎天下で働く典座の姿は、まさに人間のあるべき姿を見事に示していたのである。そして、この老典座との出会いは後の道元禅の原点にもなっている。

◇日本人が書いた最高の哲学書『正法眼蔵』

道元《どうげん》の主著『正法眼蔵《しょうぼうげんぞう》』は、日本人が書いた最高の哲学書として海外でも評価が高い。32歳から54歳で亡くなるまで、折に触れて説示された法語を和文で綴ったもので、全95巻に及ぶ浩瀚《こうかん》の書である。道元は全100巻にするつもりだったが、最後の5巻を残して病没したという。

正法眼蔵というのは**ブッダが一生のうちに説いた正法《しょうほう》**（正しい教え）という意味だが、本書のなかにも道元が一生のうちに体得したすべての教えが説かれている。

そのなかには坐禅や禅宗寺院での行事、嗣法《しほう》（弟子に教えを伝えること）などといった実践的なものも説かれている。もちろん、これも重要なのであるが、本書の真骨頂は自らの禅的体験、すなわち、坐禅などの実践による思想的体験を吐露しているところにある。

このような高次元の思想的体験を表明した書は、日本はもとより中国にも見ることができない。また、仏教のとらえ方はそれぞれに個別のものであるが、日本人独自の仏教的立場を表明したものではない。そのことが、本書が日本人による最高の哲学書として、西欧でも高く評価されている所以《ゆえん》である。

前述したように、本書は22年間という長きにわたって、折に触れて道元の法語を記したものである。したがって、本書の構成は必ずしも組織的なものではないが、全体を通して道元の体感した仏教が生き生きと伝わってくる。

そして、その全編を通して道元が追求したのは、「仏とはなにか」「どうしたら仏に会うことができるか」、すなわち、いかにして悟りの境地に至ることができるかという、禅の原点だったのである。

◇坐禅に専念する修行こそが悟りそのものである

禅宗は仏祖《ぶつそ》（釈迦《しやか》）伝来の正伝を標榜する。道元《どうげん》ももちろん仏祖の正伝を追い求め、それを絶やさないように一人でも多くの弟子を養成することに生涯を傾けた。

道元の仏道の目的は「身心脱落《しんじんだつらく》」にあり、そのためには「**只管打坐**《しかんたざ》」が必須とされる。「身心脱落」とは自己に執着する我執を離れ、身も心も抜け落ちたような清々しい悟りの境地であるという。そして、只管打坐とは文字どおりただひたすらに坐ることである。

道元の究極の目的は身心脱落、すなわち、悟りの境地に達することにあったことはいまさら言うまでもない。しかし、もし目指す悟りの境地に達したら、その後はどうなるのか。

かつて道元は比叡山《ひえいざん》でこの問題に悩み、悟りの境地に達している三世《さんぜ》の諸仏（大乗仏教《だいじょうぶっきょう》では釈迦の前にも後にも多くの仏陀《ぶっだ》が出現したと考える。ここでは過去、現在、未来の多くの仏陀という意味）は何のために修行をするのかとの疑問を抱いたまま比叡山を下りた。

しかし、その疑問も後には「**修証《しゅしょう》の一等《いっとう》**」ということで解決した。この修証の一等とは、修行（修）と悟り（証）はもともと不可分のものであるということである。

つまり、修行は悟りを目指してするものではなく、修行のなかに悟りがあり、悟りのなかに修行があるということである。この考え方は道元の思想と実践の基礎を成すもので、大悟《たいご》を得た後の、いわゆる悟後《ごご》の修行の重要性を示すものだ。

また、道元は発心《ほっしん》、修行、菩提《ぼだい》（悟り）、涅槃《ねはん》は「行持道環《ぎょうじどうかん》」であるという。つまり、悟りを得るために仏道に入ろうと決意し（発心）、厳しい修行をして悟りの境地に達した（涅槃）としても、そこが究極の目標ではないということだ。涅槃からさらに高い境地に至るための発心があり、このようなより高い境地を求めての循環は永遠に続くのである。

「行持道環」は「修証の一等」と一体を成すもので、人間の無限の可能性に着目したものということができる。

◆こだわらない、とらわれない「生死即涅槃」

道元禅《どうげんぜん》を支えるもう一つの重要な思想に「生死即涅槃《しょうじそくねはん》」というものがある。これは大《だい》乗《じょう》仏教の性格を端的にあらわした言葉で、「煩悩即菩提《ぼんのうそくぼだい》」と同一の概念である。

『大集経《だいじっきょう》』は「常に生死即涅槃を行じて、諸欲の中において染まること無し」と説く。生死、つまり日常茶飯の煩悩に満ちた諸事象と涅槃（悟り）は相即不離の関係にあり、その関係を認識しなければ修行は実を結ばないということである。

現実の生存（生死）を離れて理想である真理の世界（涅槃）は存在し

曹洞禅と臨済禅

曹洞宗	臨済宗
只管打坐《しかんたざ》、生活禅	看話禅《かんなぜん》、公案《こうあん》禅
壁に向かって、ただひたすらに坐禅する。身体で坐り、心で坐り、仏法を会得する。日常生活の一挙手一投足を坐禅と見なす。	壁を背にして、師に与えられた公案（禅問答の課題）を思索するなかで、自分のなかにある仏性に出会う。

悟りと修行の関係

一般的な考え	道元の考え
修行→悟り	修行＝悟り
修行を積めば悟りを得られる。	修行と悟りは不可分である。

ないし、涅槃を離れて生死は成り立たない。絶対普遍の真理（涅槃）のなかで生かされているという認識に立てば、生きる目的というものがはっきり見えてくる。

道元は『正法眼蔵《しょうぼうげんぞう》』の「生死」巻のなかで「**この生死は、すなわち仏の御《み》いのちなり**」と言っている。そして、その命は人間自らの計らいを超えて大自然のなかに生かされ、死に行くものであるという。

「生は生に任し、死は死に任す」。大自然に任せて生きるよりほかに、生きる術《すべ》はない。また、このような生死（仏の御いのち）は「有時《うじ》の而今《にこん》」であるという。すなわち、今、現実にある自己の存在をはじめとする万法（一切の存在）のありのままの姿であるという。

さて、ここで道元のいう「仏」とは一体何物であろうか。

彼のいう「仏」とは宇宙そのものの実存と現象に他ならない。それは密教《みっきょう》の大日如来《だいにちにょらい》のようなもので、われわれの生死はその偉大な懐《ふところ》のうちで繰り広げられている。換言すれば、個人個人のいのちは大自然の大生命に連なっているのであり、それは個人の生死（いのち）ではなく、大自然のいのちそのものの厳かな営みなのである。

その営みに逆らうことなく歩を一にしたとき、人は悟り（涅槃）の境地に安住することができるのだ。だから、われわれは日常のすべての行動を全身全霊を込めて行なわなければばならない。その一挙手《いっきょしゅ》一投足《いっとうそく》に仏の御いのちが生きているからである。「生は全機現《ぜんきげん》なり、死は全機現なり」。仏の御いのちは一瞬一瞬を「生」は生として、「死」は死として全力で存在している。だから、われわれはその一瞬一瞬をゆめゆめ油断することなく、全力で生きなければならないのだ。

そこには前述した老典座《てんぞ》の生き方が息づいている。典座はシイタケを干すという単純な作業に全生命を注ぎ込んだ。そのときが炎天下であろうが、厳寒のなかであろうが、また自らの年齢などまったく頓着することなく、ただ黙々と作業をする。今のいのちはその一瞬を逃せば存在しないからだ。

道元のいう只管打坐《しかんたざ》もただひたすら坐るだけではない。日常の行住坐臥《ぎょうじゅうざが》すべてが坐禅であるという。すべての行動は仏の御いのちだからである。

そして、彼は「仏の御いのちみずからの働き」という自覚に立って生死（世俗の行動）を厭《いと》い、ひたすら涅槃（悟り）だけを求めることの非を厳しく戒める。生死だとか涅槃だとかの差別を超え、「仏の御いのち」に執着することとさえ超越したところに生死即涅槃が成り立つのだ。そんな差別を超越してひたすら修行に打ち込んだとき、生死即涅槃が体得される。そして「万法《ばんぽう》に証《しょう》せられる」のである。すなわち、万物に融通する無限の慈悲に自ずから包まれるのである。

仏教では「空《くう》」や「無」を説いて現実を否定する。そのような現実否定の態度は、ともすれば厭世《えんせい》主義に陥る可能性がある。世俗を厭い、深山幽谷に籠ってひたすら悟りを求める態度につながりかねない。道元はそのことを厳しく戒めているのである。

「空」や「無」も単なる現実否定ではなく、否定しきったうえでの肯定、肯定しきったうえでの否定でもある。だから、『般若心経《はんにゃしんぎょう》』にも「**色即是空**《しきそくぜくう》」と現実（色）を否定すると同時に、「**空即是色**《くうそくぜしき》」と説くのである。つまり、「色」だの「空」だのという差別をなくしたところに真理の世界があるということなのだ。

道元の生死即涅槃は、このことを十二分に踏まえているのである。だから、差し当たっては現実を徹底して肯定するのだ。

森羅万象《しんらばんしょう》どんなちっぽけなものにも無上の価値を認める。それが仏の御いのちであれば当然のことだろう。そのような態度で一心に修行を続ければ、仏の御いのちが自ずから輝

色即是空　空即是色

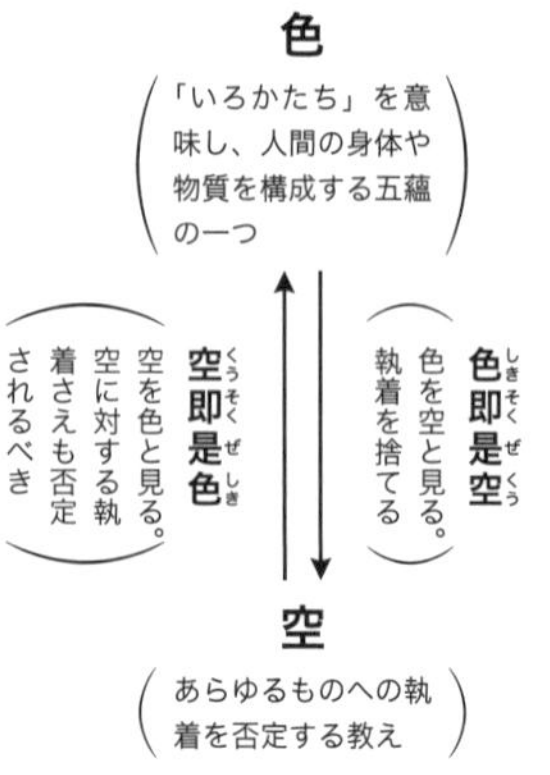
色
「いろかたち」を意味し、人間の身体や物質を構成する五蘊の一つ
色即是空《しきそくぜくう》
色を空と見る。執着を捨てる
空即是色《くうそくぜしき》
空を色と見る。空に対する執着さえも否定されるべき
空
あらゆるものへの執着を否定する教え

いてくるのである。

◇釈迦直伝の仏法を説いた道元

希玄道元《きげんどうげん》は正治《しょうじ》2年（1200）、京都で生まれた。父は内大臣久我通親《くがみちちか》、母は藤原氏の出身という名門だったが、3歳のときに父を、8歳のときには母が亡くなった。

13歳のときに出家を決意して比叡山《ひえいざん》に登り、翌年の春には延暦寺《えんりゃくじ》の戒壇院《かいだんいん》で受戒した。道元が出家の決意をしたのは幼少時代に父母を亡くすというつらい体験があったからだといわれている。

以降、道元は仏道に邁進《まいしん》し、ほとんど昼夜を分かたず修行と勉学に励んだ。しかし、当時、比叡山で教学の主流だった天台本覚《てんだいほんがく》思想に触れて、仏道修行に疑問を抱くようになったという。つまり、天台本覚思想では一切衆生（すべての人々）は本来、成仏していると考えるが、それならば一体何のために、人は発心《ほっしん》して修行するのかというのが道元の疑問だった。

彼は比叡山の諸師を訪ねてこの疑問をぶつけてみた。しかし、誰一人として満足のいく答えを示してくれなかった。

自らの修行生活にますます疑問を深めた道元は、数年で比叡山《ひえいざん》を下り、当時、碩学《せきがく》の聞こえの高かった園城寺《おんじょうじ》（三井寺《みいでら》）の公胤《こういん》の門を叩き、答えを求めた。しかし、公胤は自ら答えを与えることなく、そのころ宋から仏心宗《ぶっしんしゅう》（禅宗）を伝えて帰国したばかりの栄西《えいさい》のもとに行くように指示した。

しかし、このころの栄西は新来の禅の普及のために奔走し、多忙を極めていた。そこで、道元は主に栄西の弟子の明全《みょうぜん》から指導を受けたのであった。

道元が栄西に参じて2年ほど経ったとき、栄西が没すると、以降は明全のもとで参禅修行に励むことになった。時に道元は18歳だった。

◆真理の道を求めて入宋

それから、数年間、明全《みょうぜん》のもとで修行に励むうちに当初の疑問もみるみる解けていったようである。そして、24歳のとき、正伝《せいでん》の仏法を求めて明全とともに宋に向かった。

宋に渡った道元《どうげん》は各地に師を求めたが、天童山《てんどうざん》の如浄《にょじょう》から最も強い感化を受けた。如浄は当時、名禅師の聞こえが高く、高弟の勅命で天童山の住職となった人で、栄西は如浄のもとで参禅に励んだ。

道元も如浄のもとで修行に励み、3年ほどの間に禅の奥義を体得し、26歳のときには「**身心脱落**《しんじんだつらく》」という大悟《たいご》の境地を味わったという。

「身心脱落」とは参禅によって得られる極めて高い境地で、身も心もなくなった軽やかな境地であるという。つまり、人間の行動や思考を拘束する身体や心が無になって、身心ともに完璧な自由を獲得した覚りの境地である。

道元は身心脱落の大悟を得た後も如浄のもとで修行に励み、さらに禅の奥義を追究し続けた。

この如浄との出会いはその後の道元の思想に多大な影響を与えた。つまり、道元禅の骨格は如浄によって形作られたといっても過言ではない。

◆自身の禅こそが「正伝の仏法」

宋に約4年間滞在した道元《どうげん》は、大きな成果を上げることができた。しかし、その間に兄弟子の明全《みょうぜん》が客死し、道元はその遺骨を携えて帰国した。

帰国後の道元は建仁寺《けんにんじ》に住み、京都を中心に布教活動を行なうとともに、著作にも力を入れた。

建仁寺では坐禅の要点や作法を平易に述べた『普勧坐禅儀《ふかんざぜんぎ》』を著した。これは書名が示すとおり、「普《あまね》く坐禅を勧《すす》める」ために書いたもので、道元が曹洞宗《そうとうしゅう》の開宗を宣言した書ともいわれている。

本書は、坐禅の真の意義を明らかにし、その実践方法を説く。

道元の時代、すでに栄西《えいさい》が禅を伝え、坐禅をするものもあったが、まだ正しい坐禅儀（坐禅の方法）は伝えられていなかった。そこで、道元は正しい坐禅の仕方を人々に知らせるために、矢も楯《たて》もたまらぬ気持ちから本書を書いたのだ。

そして、道元は自らが伝授した禅こそが釈迦《しやか》以来の正伝の仏法であることを強調し、帰国直後から禅の普及に粉骨砕身したが、当時は京の都に禅が根づくには時期尚早だった。都では天台宗《てんだいしゅう》や真言宗《しんごんしゅう》、さらには奈良仏教の既成の勢力がまだ強かったのである。道元に先だって禅宗を伝えた栄西も、既成宗派との確執が起こることを避けて建仁寺を禅宗の専門道場にはせず、密教《みっきょう》や浄土教《じょうどきょう》などを併設したのだった。

時代はやや下ったとはいえ、京都の中心部ではまだ既成宗派は隠然たる勢力を誇っていた。このことを痛切に感じた道元は、京都郊外の深草《ふかくさ》に拠点を移し、著作と禅の普及に努め、優秀な弟子も集まった。

しかし、都の中心から外れた深草の地にあっても、天台宗をはじめとする既成勢力の圧力からは逃れることができなかった。

寛元《かんげん》元年（１２４３）には道元の布教活動が比叡山《ひえいざん》の忌憚《きたん》に触れ、ついに寺を追われることになった。そして、越前《えちぜん》の永平寺《えいへいじ》に移ることになるのである。

◆曹洞禅の道場を創建

京都を出た道元《どうげん》は、次なる活動の拠点を求めた。ちょうどそのとき、前々から道元に帰《き》依《え》していた越前《えちぜん》（福井県）の豪族・波多野《はたの》氏から、是非とも越前に来てほしいと懇願された。

これを受けて越前に赴いた道元は寛元《かんげん》2年（１２４４）、後の永平寺《えいへいじ》のもとになる傘松《さんしょう》峰大仏寺《ほうだいぶつじ》を建立した。時に道元45歳。以降、道元は大仏寺を拠点に一人でも多くの道俗《どうぞく》に禅の教えを伝え、同時に、精力的に著作にも励んだ。主著の『正法眼蔵《しょうぼうげんぞう》』をはじめとする多くの著作がこの間になされた。

生涯を賭けて身心脱落《しんじんだつらく》に至る只管打坐《しかんたざ》に打ち込んだ道元は、建長《けんちょう》5年（１２５３）の夏ごろから体調を崩し、日に日に体力が衰えていった。そして、同年の8月27日、54年の生涯を閉じたのだった。

また、道元が亡くなった年には鎌倉に建長寺《けんちょうじ》が創建された。建長寺は北条時頼《ほうじょうときより》の祈願により、臨済宗《りんざいしゅう》の蘭渓道隆《らんけいどうりゅう》を開山に招いて創建された禅宗寺院である。

この寺の創建には、時頼が道元から菩薩戒《ぼさつかい》を受けたことが大きな要因になっているだろう。道元との出会いで禅の思想に深く接した時頼は、東国の鎌倉の地に宋朝風の純粋禅の拠点を創建することを強く望んだに違いない。その時頼の意思が建長寺建立の原動力となったといってもいいだろう。

コラム

食事作法にこだわった道元

道元《どうげん》は『典座教訓《てんぞきょうくん》』のなかで、典座の仕事の大切さを強調している。これとともに道元には寛元《かんげん》4年（1246）に著した『赴粥飯法《ふしゅくはんぽう》』という書がある。

『典座教訓』が修行僧が食べる料理（精進料理）の材料や調理法、典座の役割や心構えなどについて詳しく説いているのに対して、『赴粥飯法』は典座が心を込めて作った料理を修行僧が食べるときの作法を述べたものだ。

まず、食事中の作法について次のように説かれている。

「食事中には一切、話をしてはならない」「食事中にきょろきょろしてはならない」「背筋を伸ばし、坐禅を組んでいただく」「食器の音を立ててはならない」「食器は必ず両手で持つ」「隣の人の椀を覗《のぞ》きこまない」「食べるときに音を立てない」「粥や汁などをすすって食べてはいけない」「口いっぱいに食べ物を詰め込んではいけない」「食べ物を残してはいけない」「もっと欲しそうな態度をとらない」「舌で口のまわりをなめてはいけない」「皆と食べる早さを合わせる」など、50項目以上にわたって食事の作法が説かれている。

また、冒頭には「食とはなにか?」ということが示されている。このなかで道元は食は法（仏の教え）とまったく同じものである。法と同じように貴ばなければならないと説き、食はその人の人となりをあらわし、心を養うものであることを強調している。

このほか、食堂への入り方、席順について、食事の前には合掌して食事に与《あずか》ったことに対する感謝の言葉（決まったとなえごと）をとなえなければならないこと、食器の並べ方、粥の食べ方、ご飯の食べ方、食器の片付け方、食器を洗った後の水の始末の仕方、食事の後のとなえごと、食堂の出方など事細かに記されている。

飽食の時代といわれて久しい現代。食に関するすべての指針が『典座教訓』と『赴粥飯法』に凝縮されている。そして、昨今は食についていろいろと議論されているが、道元は食の重要性を説き、その意義を考察した世界で最初の人物なのである。

◇修行僧たちが厳しい生活を送る二大本山

曹洞宗《そうとうしゅう》は永平寺第三世の徹通義介《てつつうぎかい》が教義の改革を訴え、その弟子の瑩山紹瑾《けいざんじょうきん》が能登《のと》に總持寺《そうじじ》を開いた。以降、曹洞宗は二大潮流に分かれることになった。

現在、福井県の永平寺と横浜鶴見の總持寺が同格の大本山となっている。約1万6000カ寺の末寺のうち約1万3000カ寺が總持寺の系統に属する。

◆七堂伽藍をそなえる永平寺

先にも述べたように、寛元《かんげん》元年（1243）、延暦寺《えんりやくじ》の圧力を受けて京都深草《ふかくさ》の草庵を去った道元《どうげん》は、越前の豪族で早くから道元に帰依《きえ》していた波多野義重《はたのよししげ》の招きで越前に下り、波多野氏の所領に傘松峰大仏寺《さんしょうほうだいぶつじ》と号する寺を建立して移り住んだ。

これが永平寺《えいへいじ》のはじまりで、創建当初は現在地より9キロほど山奥に入ったところにあったが、2年後には現在地に移り、寺号も永平寺と改めた。

応安《おうあん》5年（1372）には、後円融《ごえんゆう》天皇から**「日本曹洞《そうとう》第一道場」**の勅額《ちょくがく》を賜り、以降、伽《が》藍《らん》も整備して曹洞宗の根本道場としての地位を不動のものにしたのである。

室町時代中期の文明《ぶんめい》5年（1473）、火災に遭って堂塔《たっちゅう》の多くを焼失したが、その後、江戸時代になると徳川家の保護を受けて再建が進み、寺勢は盛んになった。

しかし、江戸時代になると、曹洞宗のもう一方の本山として勢力を誇示していた能登《のと》（石川県）の總持寺《そうじじ》との間に争いが絶えなくなった。そこで、元和《げんな》元年（1615）に、徳川幕府は「永平寺諸法度《しょはっと》」を作り、両山を同等の大本山

永平寺・勅使門

として曹洞宗を管轄するように定めた。

その結果、永平寺と總持寺はともに曹洞宗大本山として公に認められるようになったのである。

明治12年（1879）、再び火災に遭ったがまもなく再建され、現在は33万平方メートル（約10万坪）に及ぶ広大な寺域に山門《さんもん》、仏殿《ぶつでん》、法堂《はっとう》などの大伽藍が立ち並び、常時、200人ほどの修行僧が住み込んで修行に励んでいる。

永平寺の広大な寺域には70棟余りの堂塔が立ち並ぶが、山門などを除いてほとんどが明治以降に再建されたものである。

参道の入口にある勅使門《ちょくしもん》は天保《てんぽう》10年（1839）の建築。この門は朝廷からの勅使を迎える門で、ふだんは閉ざされている。

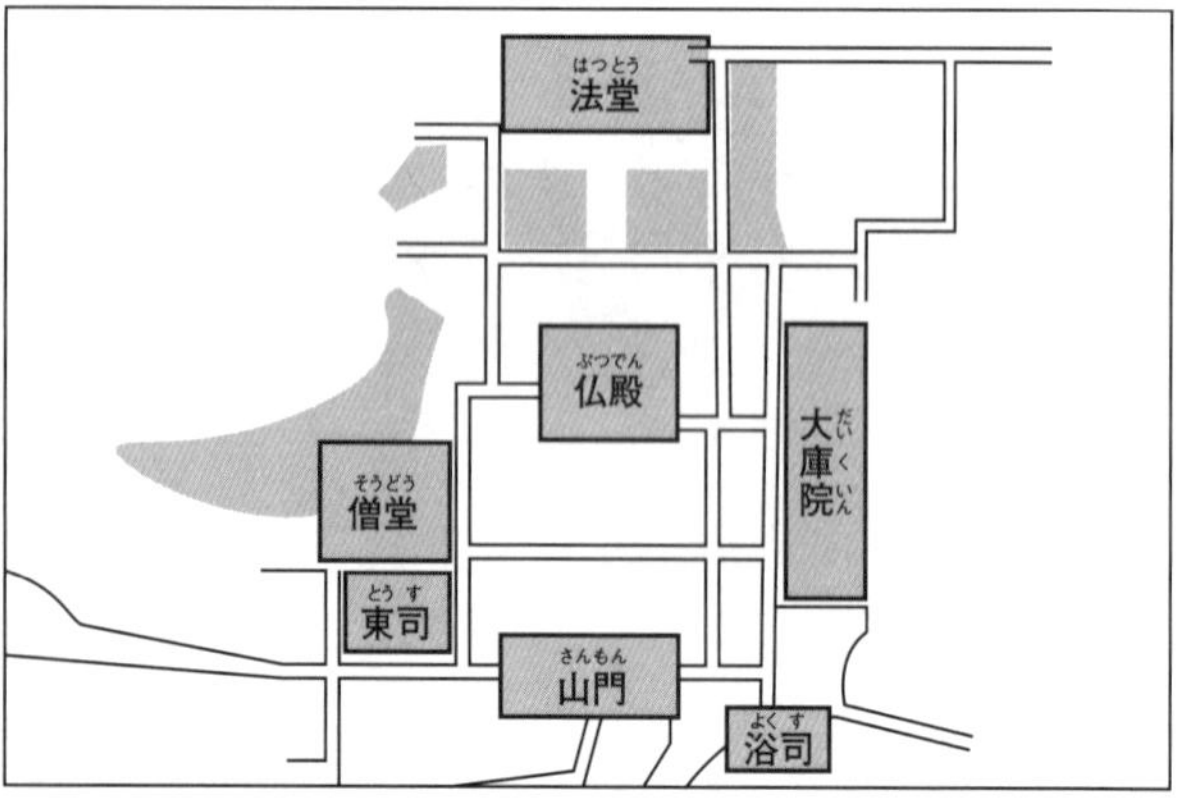

勅使門から石段を登った先にあるのが山門で、寛延《かんえん》2年（1749）の再建。唐様《からよう》、総欅《けやき》造の楼門で、山内では最古の建築物である。正面に後円融天皇の勅額が掛かっている。また、山門の向かって左には東司《とうす》（便所）、右手には浴司《よくす》がある。

山門をくぐると、向かって右手に大庫院《だいくいん》、左手に僧堂《そうどう》がある。僧堂は修行僧たちが坐禅を組むところで、坐禅堂とも呼ばれている。さらには山門正面には中雀門《ちゆうじやくもん》、その奥に仏殿、法堂が一直線に並び、山内の建物はすべて回廊で結ばれている。

永平寺の参詣の仕方には参拝と参籠《さんろう》とがある。参拝とは山内を見学すること、参籠は僧坊に宿泊することである。

参拝できるのは仏殿、法堂、大庫院、東司、浴司などで、案内の僧侶の指示にしたがって行なわれる。

また、参籠は吉祥閣《きちじようかく》や傘松閣《さんしようかく》などの宿坊《しゆくぼう》に泊まって、雲水《うんすい》（修行僧）と同じ生活をすることである。夏期は午前3時、冬期は同4時に起床し、朝の勤行にはじまって、食事は雲水と同じ簡素なものを食べる。

◆永平寺と本末を争った總持寺

能登《のと》の總持寺《そうじじ》は元亨《げんこう》元年（1321）に瑩山紹瑾《けいざんじょうきん》によって開かれ、第二世の峨山《がさん》が定めた**五院輪住制**《ごいんりんじゅうせい》によって発展した。

五院輪住制とは、全国の曹洞宗から選ばれた5カ院が輪番制《りんばんせい》（持ち回り）で経営にあたるもので、貞治《じょうじ》4年（1365）から明治3年（1870）まで、500年以上にわたって続いた。

總持寺は、加賀藩主・前田氏の外護もあって隆盛を極め、江戸時代中期には全国に1万6000カ寺を超える末寺を擁した。しかし、明治31年（1898）、火災により堂塔《たっちゅう》の大半を失ってしまう。

その後、明治38年（1905）に再建したが、時の貫首《かんしゅ》・石川素童《そどう》をはじめとする進歩的な人々は首都圏への移転を強く望んだ。移転を望んだ人々は明治になって首都が東京に移ったことを受けて、その新たな首都の近くでの總持寺派の発展を考えたのだった。

これには反発も強く、実力行使を含むさまざまな手段を講じて移転を阻止する動きもあった。しかし、貫首の英断によって、明治44年（1911）に鶴見（横浜市鶴見区）に拠点を移し、新たなスタートを切ったのである。以降、能登の總持寺は總持寺祖院《そいん》と呼ばれるようになった。

丘陵にかかる境内は49万5000平方メートルと、首都圏最大級の広さを誇る。その広大な敷地に三門、勅使門《ちょくしもん》、大祖堂《だいそどう》（本堂）、大雄宝殿《だいおうほうでん》（仏殿）、大僧堂（坐禅堂）、方丈《ほうじょう》など30余りの伽藍《がらん》が並ぶ。なかでも大祖堂は建築面積6600平方メートル、高さ39メートルの巨大な建物で、近くを通るJR線の車窓からも青銅色の大屋根を望むことができる。

總持寺派の祖の瑩山紹瑾は開かれた曹洞宗《そうとうしゅう》を目指したことから、今もその伝統が受け継がれている。一般の人々向けの参禅会や法話、精進料理教室なども行なわれ、誰でも自由に参加す

總持寺・三門

ることができる。

◇曹洞宗の古刹・名刹

静岡県の**可睡斎**《かすいさい》は応永《おうえい》年間（1394〜1428）に如仲天誾《じょちゅうてんぎん》によって開山された。

徳川家康が武田信玄の軍から逃れた返礼に、父とともにこの寺を訪れた。そのとき、第十一世住持の仙麟等膳《せんりんとうぜん》和尚は家康父子の前で居眠りをしていた。これを見た家康は「和尚我を見ること愛児の如し。故に安心して眠る。われその親密の情を喜ぶ、和尚、眠るべし」と言い、以来、和尚は「可睡和尚」と呼ばれるようになった。このことから、いつしか本来、東陽軒《とうようけん》であった寺の名も可睡斎となったのである。

また、明治6年（1873）、神仏分離《しんぶつぶんり》によって撤廃された天竜川の上流に鎮座する火伏せの神、秋葉山《あきはやま》の三尺坊大権現《さんじゃくぼうだいごんげん》を移しまつった。

さらに、可睡斎には烏枢沙摩明王《うすさまみょうおう》をまつった日本一のトイレと呼ばれているものがある。烏枢沙摩明王は不浄なものを清浄にする力を持つといわれ、曹洞宗をはじめとする禅宗寺院のトイレにまつられ、古くから民間でトイレの神として信仰されている。広いトイレのなかはピカピカに磨きあげられており、清潔そのもの。まさに日本一にふさわしい。

次に、神奈川県の**大雄山最乗寺**《だいゆうざんさいじょうじ》は箱根山《はこねやま》の北側の山中にある禅寺。応永《おうえい》元年（１３９４）、了庵慧明《りょうあんえみょう》の創建である。以降、武家の帰依《きえ》を受け、北条氏康《うじやす》が伽藍《がらん》を寄進し、その後は豊臣、徳川両氏の保護によって発展した。

開山の了庵慧明の弟子の妙覚道了《みょうかくどうりょう》が天狗《てんぐ》になって仏法を守護すると宣言したといい、本堂からさらに階段を登った奥にある道了（道了尊）をまつるお堂の前には天狗の下駄といわれる大きな赤い下駄がある。この逸話《いつわ》により、古くから最乗寺は「道了さん」の名で親しまれている。

また、静岡県の伊豆の**修禅寺**《しゅぜんじ》は大同《だいどう》２年（８０７）に空海《くうかい》が創建したと伝えられている。鎌倉時代には源頼朝《みなもとのよりとも》の弟の範頼《のりより》と、頼朝の息子で鎌倉幕府第２代将軍の源頼家《よりいえ》が当寺に幽閉さ

可睡斎・本堂

れ、後に殺害されたことでも有名である。

創建以来、真言宗寺院だったが、建長年間《けんちょう》（1249～56）、建長寺開山の蘭渓道隆《らんけいどうりゅう》が元《げん》の密偵の嫌疑をかけられて当寺に逃れ、このときに臨済宗《りんざいしゅう》に改宗した。その後、兵火などを浴びて一時は衰退したが、戦国時代になって北条早雲《そううん》が再興して曹洞宗寺院に改めた。

豊川稲荷《とよかわいなり》の名で親しまれている愛知県の**豊川閣妙厳寺**《みょうがんじ》もれっきとした曹洞宗の寺院である。

嘉吉《かきつ》元年（1441）、東海義易《とうかいぎえき》によって開かれた後、今川義元《いまがわよしもと》が伽藍を整備した。開山の義易が伽藍の守護神としてまつった荼枳尼天《だきにてん》はインドの神だが、日本では早くから稲荷神と同一視されていた。そして、江戸時代に稲荷信仰が盛んになると、荼枳尼天イコール稲荷ということで、豊川稲荷として広く知られるようになったのである。

◇道元の精神をつぐ弟子たち

孤雲懐奘《こうんえじょう》（1198～1280）は藤原氏の出身で比叡山《ひえいざん》で出家し、顕密《けんみつ》の教えや浄土教など広く仏教を学んだが、後に禅に傾倒して2歳年下の道元《どうげん》の門を叩いた。永平寺《えいへいじ》建立にも協力し、建長《けんちょう》5年（1253）に道元が亡くなるまで側近くに従った。

道元の没後は永平寺第二世となり、その教えを忠実に引き継ぎ、後進の指導に当たった。道元の言行録をまとめた『正法眼蔵随聞記《しょうぼうげんぞうずいもんき》』は道元の言葉が平易に説かれた名著として今も読まれており、そのなかの「学道《がくどう》の人（仏道修行に専念する人。すなわち、修行僧）は須《すべか》らく貧《ひん》なるべし」という有名な言葉がある。

永平寺第三世の**徹通義介《てつつうぎかい》**（1219〜1309）は若くして比叡山で出家したが、後に京都で道元の門下になった。その後、道元とともに永平寺に移り、典座《てんぞ》（禅宗寺院の料理長）や監寺《かんす》（住持に代わって寺務などを行なう）などの要職に就いた。道元の没後は懐弉に師事したが、天正元年《てんしょう》（1259）、入宋《にっそう》（宋に渡ること）して禅のほかに密教《みっきょう》や清規《しんぎ》（禅宗寺院の規律）を学んで4年後に帰国した。

義介は極めて厳格で難解な道元禅を改革して大衆にもわかりやすいものにしようとの志をたてた。そのため、あくまでも純粋な道元禅を守ろうとする保守派との間に確執が生まれた。そこで、加賀の大乗寺《だいじょうじ》に拠点を移し、ここを改革派の根本道場とした。

徹通義介の弟子、**瑩山紹瑾《けいざんじょうきん》**（1268〜1325）は越前《えちぜん》（福井県）の生まれで、8歳のときに出家して永平寺第二世・孤雲懐弉の弟子となったが、懐弉が没すると、大乗寺の徹通義介に師事し、18歳のときには諸国遊学の志を立てて、各地を巡歴して碩学の教えを受けた。その後、大乗寺に戻り、義介の法灯を継いだ。

さらに、能登《のと》（石川県）に知遇を得て、この地にあった諸岳山《しょがくさん》という寺院を禅寺に改宗し、後醍醐《ごだいご》天皇の帰依《きえ》を受けて總持寺《そうじじ》の勅額《ちょくがく》を賜った。

瑩山は浄土教《じょうどきょう》や真言密教《しんごんみつきょう》なども学び、加持祈祷《かじきとう》を取り入れるなど、民衆の現世利益《げんぜりやく》に即応する教えを説いた。また、真言宗《しんごんしゅう》や天台宗《てんだいしゅう》の寺院を改宗して禅宗寺院とし、教団を飛躍的に発展させた。曹洞宗《そうとうしゅう》では道元を高祖《こうそ》（開祖）、瑩山を太祖《たいそ》（中興の祖）として敬う。

峨山韶碩《がさんじょうせき》（1276～1366）は能登の生まれで、比叡山で出家した。後に大乗寺に住み、瑩山紹瑾に師事して法灯を継ぎ、總持寺第二世となり、彼の時代に總持寺派はさらに発展した。

「峨山二十五哲」と呼ばれる多くの優れた弟子がおり、彼らがさらに總持寺の系統を盛りあげた。弟子のなかには小田原の最乗寺《さいじょうじ》を開いた了菴慧明《りょうあんえみょう》や可睡斎《かすいさい》を開いた如仲天誾《じょちゅうてんぎん》などがいる。

黄檗宗

日本仏教とは一線を画す念禅一致の教え

７８９年、中国福州（福建省《ふっけんしょう》）の黄檗山《おうばくさん》に正幹《しょうかん》禅師が一寺を建立し、後に黄檗希運《きうん》（?～８５０）が住持《じゅうじ》して禅の道場として発展し、黄檗宗《おうばくしゅう》の基《もとい》をつくった。

黄檗宗は、元《げん》代（13世紀から14世紀）には衰退したが、明《みん》代の末（17世紀ごろ）には皇帝の保護を受け、この時代に隠元隆琦《いんげんりゅうき》（１５９２～１６７３）が住持して一時は栄えた。しかし、隠元が去ると再び衰えた。

隠元は承応《じょうおう》３年（１６５４）に長崎の華僑の人々に請われて来日し、崇福寺《そうふくじ》に迎えられて黄檗宗を広めた。万《まん》治《じ》元年（１６５８）には第４代将軍・徳川家綱《いえつな》に拝謁して帰依《きえ》を受け、万治３年（１６６０）には山城国《やましろ》（京都）宇治《うじ》に寺領を与えられ、この地に黄檗山萬福寺《まんぷくじ》を創建して黄檗宗の大本山とした。

以降、江戸時代の中頃まで萬福寺では代々、中国人の禅僧が住職を務め、純中国式の禅宗寺院として知られている。

境内の建物はすべて中国の明朝式《みんちょうしき》の建築様式で、日本の他の寺院には見られない建物である。三門《さんもん》、天王殿《てんのうでん》、仏殿《ぶつでん》、法堂《はっとう》などの建物が一直線に並ぶ、禅宗独特の伽藍《がらん》配置になっている。建物の屋根の上にはマカラという手足のある架空の魚が載せられ、鬼瓦《おにがわら》の役目を果たしているのが特徴である。

◇言葉よりも体験を重んじる

黄檗宗《おうばくしゅう》の拠り所とする経典については、臨済宗《りんざいしゅう》と同じようにとくに定められているわけではない。

「**唯心浄土**《ゆいしんじょうど》、**己身弥陀**《こしんみだ》（浄土は心のなかにあり、わが身こそ阿弥陀である）」とする立場から、臨済宗と同様、入室参禅《にっしつさんぜん》を教義の基本とする。公案《こうあん》を重んじ、修行者は参禅して公案の答えを探るのである。

ただし、黄檗宗は念仏や密教の要素が入っているため、臨済宗や曹洞宗《そうとうしゅう》と教義が異なり、実践（修行）方法はかなり異質である。もともと中国では臨済宗の一派と見なされていたが、中国南部の明の文化の影響を強く受けた黄檗宗は、日本では他の禅宗とは異質のものとみなされた。そこで、萬福寺を大本山として独立することになったのである。

また、非僧非俗《ひそうひぞく》を標榜する売茶翁《ばいさおう》が住するなど、他の禅宗に対してかなり自由な立場に立つのも黄檗宗の特徴である。

◇浄土教をも包含した新たな禅風

黄檗宗《おうばくしゅう》と他の禅宗とでは参禅の仕方に大きな違いがある。黄檗宗では坐禅と念仏とを融合した念仏禅《ねんぶつぜん》を説くのである。

中国では早くから浄土《じょうど》信仰が盛んになり、時代が下ると宗派を超えて念仏が普及することになる。とりわけ、黄檗山では念仏を積極的に取り入れ、隠元《いんげん》の時代には念禅一致《ねんぜんいっち》の**念仏禅**の実践方法が確立しており、これが日本にそのまま伝えられたのである。

もともと、念仏とは「仏を念ずる」ことで、仏の姿に出会うための実践方法である。そして、坐禅もまた瞑想《めいそう》によって仏に出会うことを目的とする。つまり、両者は仏に出会うための共通の修行ということがいえる。

そして、坐禅（瞑想）によって無我《むが》の境地に至るのは容易ではないが、「南無阿弥陀仏《なむあみだぶつ》」

の念仏を繰り返しとなえているうちに、比較的、簡単に忘我の境地に至ることもある。この意味で、念仏は初心者の補助的手段として採用され、それが念仏禅という黄檗宗独特の実践方法に発展していったものと考えられる。

ただし、隠元はこのような念仏禅を必ずしも積極的に認めていたわけではない。彼はあくまでも入室参禅によって悟りの境地に至る、オーソドックスな臨済禅の普及に力を尽くした。

しかし、隠元は「このごろは人々の根性も弱くなり、なかなか坐禅によって大悟《たいご》を求めるという禅本来の修行に応えるものが少なくなった。そこで、在家《ざいけ》の人々（出家していない一般の仏教信者）には念仏をとなえさせることにする。それは病に応じて薬を与えるようなやり方だが、そういう人々のためにも道を開くことが必要である」と言っている。つまり、念仏はあくまでも在家の人々のためのもので、修行者には坐禅が第一義であると考えていたようである。

萬福寺《まんぷくじ》などの黄檗宗寺院では今でも念仏禅が行なわれており、それに加えて密教《みっきょう》の陀羅《だら》尼《に》（呪文）もとなえられている。

◇斬新なお経の読み方

漢字の読み方には漢音、呉音などの別があり、同じ漢字でもそれぞれ発音が異なる。たとえば、「行」という字を音読する場合、漢音《かんおん》では「コウ」、呉音《ごおん》では「ギョウ」と発音する。

漢音は中国の唐代《とうだい》（7世紀から10世紀）に都の長安《ちょうあん》で使われていた標準的な発音で、奈良時代から平安時代にかけての遣唐使《けんとうし》によってもたらされたものである。

また、呉音は10世紀に長江《ちょうこう》の下流域で栄えた呉という国で用いられていた発音で、日本には平安時代に中国に留学した僧侶がもたらした。だから、一般にお経は呉音で読むことになっているのだ。

念仏禅とは何か

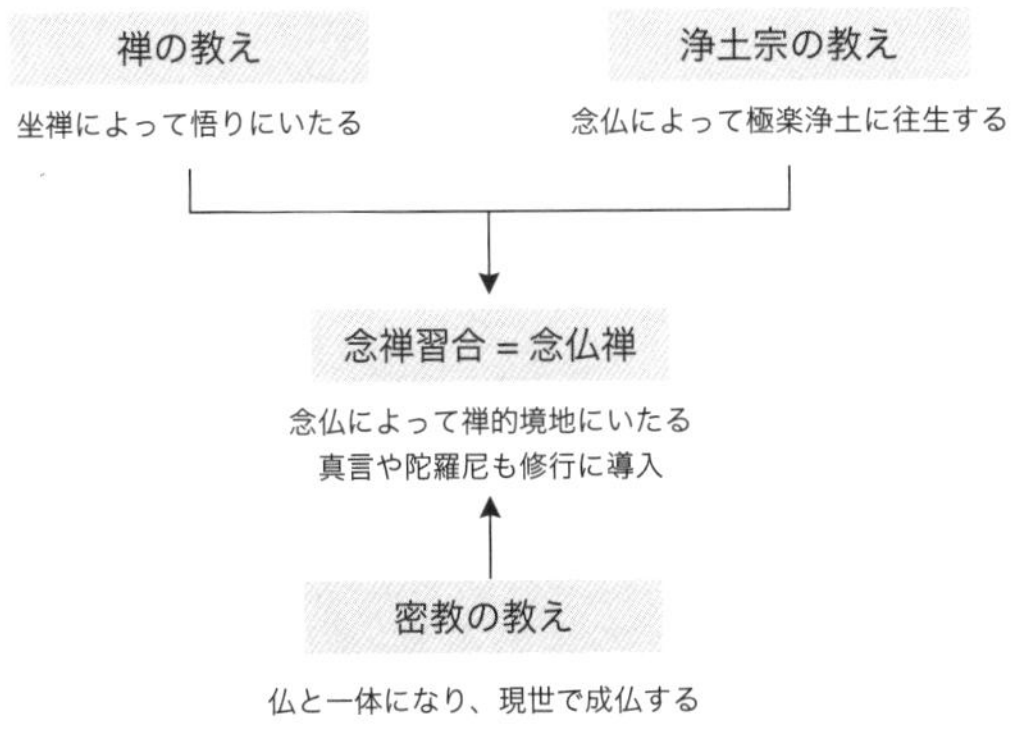
禅の教え
坐禅によって悟りにいたる
浄土宗の教え
念仏によって極楽浄土に往生する
念禅習合＝念仏禅
念仏によって禅的境地にいたる
真言や陀羅尼も修行に導入
密教の教え
仏と一体になり、現世で成仏する

これに対して、黄檗宗《おうばくしゅう》では黄檗山のあった中国福建省《ふっけんしょう》の福建語の発音でお経を読む慣わしとなっている。そのため、同じお経でも呉音の発音とは大きく違っている。

たとえば、よく知られている『般若心経《はんにゃしんぎょう》』は正式には『般若波羅蜜多心経《はんにゃはらみたしんぎょう》』というが、これを黄檗宗では「ポゼポロミトシンキン」と読む。また、「南無阿弥陀仏《なむあみだぶつ》」は「ナムオミトフ」と読む。

また、**黄檗梵唄《ぼんばい》**という黄檗宗独特の声明《しょうみょう》（仏教音楽）がある。これは、種々の楽器に合わせてリズムをとりながら、先の独特の発音で読経するものである。声明自体は天台宗《てんだいしゅう》など他の宗派でも盛んだが、黄檗梵唄は黄檗宗独自の声明として知られている。

◇異国情緒に溢れた華僑の菩提寺

江戸時代の鎖国時代、長崎だけが外国との貿易が許されていた。寛永《かんえい》6年（1629）、当地で貿易などに従事していた華僑《かきょう》（外国に居住して貿易などの商業にたずさわる中国人）の人たちが郷里の福州（福建省）から超然《ちょうねん》という黄檗宗《おうばくしゅう》の僧侶を招き、華僑の菩提寺《ぼだいじ》として創建したのが崇福寺《そうふくじ》である。

その後、中国人僧侶が来日して住職を務めることになったが、承応《じょうおう》3年（1654）には明《みん》の禅僧、隠元《いんげん》が来日して、崇福寺の第四代住職となり、以降、隠元の法系の中国人僧侶が歴代の住職を務めるようになった。

享保《きょうほう》年間（1716～36）以降は中国僧の来日が途絶え、日本人僧侶が住職を務めるようになったが、現在も崇福寺は華僑の菩提寺として多くの在日中国人の間で信仰されている。

崇福寺では仏教行事のほかに『三国志《さんごくし》』の英雄・関羽《かんう》を崇める関帝祭《かんていさい》や、正月を祝う元宵節《げんしょうせつ》、海の守護神である媽祖《まそ》をまつる媽祖祭、中国のお盆行事・普度勝会《ふどしょうえ》などといった、純中国式の行事も数多く行なわれている。

◆三門

崇福寺《そうふくじ》は長崎最大の繁華街として知られる思案橋近くの丘の上に伽藍《がらん》が配置されている。

まず三門は龍宮門《りゅうぐうもん》とも呼ばれ、大串五郎平という棟梁によって幕末の嘉永《かえい》2年（1849）に建てられたものである。その名が示すとおり、龍宮城の門を彷彿《ほうふつ》とさせるような様式で、国の重要文化財に指定されている。

◆第一峰門

山門から急な石段を登ったところに第一峰門《だいいっぽうもん》と呼ばれる門がある。元禄《げんろく》7年（1694）に完成したこの門は、福建省から材料を取り寄せて造られ、中国の明朝末から清朝初頭の建築様式をよく伝えている貴重な遺構として、国宝に指定されている。

中央には隠元《いんげん》の高弟で崇福寺《そうふくじ》中興の祖として知られる中国僧・即非《そくひ》の筆になる扁額《へんがく》が掲げられている。

◆本堂

第一峰門《だいいっぽうもん》からさらに急な石段を上がったところに本堂（仏殿）がある。**大雄宝殿**《だいおうほうでん》と呼ばれる本堂も、明末から清初の建築様式を伝える貴重な建物で国宝に指定されている。

外廊下の「黄檗《おうばく》天井」と呼ばれるアーチ形の天井、軒先に突き出した宝珠形《ほうじゅがた》の吊柱《つりばしら》など、他の日本の寺院には見られない珍しい建築様式や意匠が駆使されている。

本堂の創建は正保《しょうほう》3年（1646）だが、天和《てんな》元年（1681）頃に単層を重層に改造している。

本堂の中央には本尊の釈迦《しやか》如来座像と脇侍《わきじ》の大迦葉《だいかしよう》、阿難《あなん》の立像が安置されている。大迦葉、阿難を脇侍に従えるのは禅宗寺院の釈迦三尊《さんぞん》像の特徴である。

三尊ともに承応《じようおう》2年（1653）の造像で、中国の明の時代の仏像の特徴をよくあらわしている。また、これらの像の体内からは、近年、銀と布で造った五臓六腑が発見された。

また、本堂内の両側には十八羅漢《らかん》像が安置されている。こちらは延宝《えんぽう》5年（1677）の造像で、釈迦三尊像と同じ作者によって造られたと伝えられている。

一般に、禅宗寺院では十六羅漢をまつるが、禅宗のなかでも黄檗宗《おうばくしゆう》寺院では十八羅漢がまつられる。

崇福寺・第一峰門

◆開山堂と媽祖廟

本堂の裏手には開山堂《かいざんどう》があり、崇福寺《そうふくじ》開山の超然《ちようねん》禅師像をまつっている。

また、開山堂の右隣には媽祖廟《まそびょう》がある。媽祖とは海上交通を護る中国の道教の女神で、今も華僑《かきょう》の篤い信仰を集めている。

さらに媽祖廟の前には、媽祖堂門という門がある。媽祖廟とともに、日本では珍しい道教建築だ。

◆護法堂など

本堂より一段、低いところに本堂と向かい合うかたちで建っているのが護法堂《ごほうどう》という建物である。『三国志』の英雄で、道教の神となった関羽《かんう》をまつる関帝堂《かんていどう》、観音をまつる観音堂、仏教の護法神である韋駄天《いだてん》をまつる天王殿《てんのうでん》を兼ねている。

護法堂は享保《きょうほう》16年（1731）に中国人の大工によって建てられたもので、国の重要文化財に指定されている。

護法堂の隣には鐘楼《しょうろう》と鼓楼《ころう》を兼ねた鐘鼓楼《しょうころう》がある。享保13年（1728）の建立と伝えられ、国の重要文化財に指定されている。また、楼内には正保《しょうほう》4年（1647）に鋳《ちゅう》造《ぞう》された梵鐘《ぼんしょう》が吊り下げられている。

◇中国の萬福寺を再現した大本山

萬福寺《まんぷくじ》は、江戸時代の寛文《かんぶん》元年（1661）に徳川家綱《いえつな》が、中国から来朝していた隠元《いんげん》を開山に招いて創建した黄檗宗《おうばくしゅう》の大本山である。中国の黄檗宗の大本山、黄檗山萬福寺を模して造られ、隠元以来、第21代までの住持《じゅうじ》の大半は中国人僧侶が務めた。

そのため、建物や行事など中国式のものが多く見られる。年中行事のなかで毎年、10月中旬に行なわれる「普度勝会《ふどしょうえ》」は日

萬福寺・大雄宝殿

本の盂蘭盆会《うらぼんえ》にあたる中国式のお盆で、仏殿《ぶつでん》（本堂）の前に祭壇が設けられ、中国の獅子舞が披露されたりする、異国情緒豊かな行事だ。

また、萬福寺は煎茶道の祖・売茶翁《ばいさおう》ゆかりの寺としても知られている。

このように、隠元の来日と萬福寺の開創によって、新しい禅がもたらされただけでなく、さまざまな中国文化が日本にもたらされた。

地勢の関係で伽藍《がらん》は西を正面とし、左右相称に整然と配置されている。

総門《そうもん》（寺の正門にあたる門）をくぐると右手に放生池、その先に三門があり、三門の正面には天王殿《てんのうでん》、その奥に大雄宝殿《だいおうほうでん》、さ

萬福寺・本堂

らに奥に法堂《はっとう》（講堂）が西から東へ一直線に並ぶ。これら諸堂の間は回廊《かいろう》で結ばれている。

天王殿と大雄宝殿の間をロの字状に結ぶ回廊に沿って右側（南側）には鐘楼、伽藍堂、斎堂《さいどう》（食堂）があり、左側（北側）には対称的な位置に鼓楼《ころう》、祖師堂《そしどう》、禅堂が建つ。

これらの建物は日本の一般的な寺院建築とは異なり、中国の明《みん》時代末期頃の様式で造られ、材料も南方産のチーク材が使われている。

「**卍字くずし**《まんじ》」のデザインによる勾欄《こうらん》、「**黄檗天井**」と呼ばれるアーチ形の天井、円形の窓、扉に彫られた「**桃符**《とうふ》」と呼ばれる桃の実形の飾りなど、日本の他の寺院ではあまり見かけないデザインや技法が多用されている。

これらのほか、三門から天王殿までの参道を左（北側）に折れたところに開山の塔所《とうしょ》（墓所）である松隠堂《しょういんどう》と呼ばれる一角があり、開山堂、舎利殿《しゃりでん》などが建つ。

◇還暦を過ぎて渡来した中国僧・隠元

隠元隆琦《いんげんりゅうき》は中国明時代の万暦《ばんれき》20年（1592）、中国南部の福州に生まれた。29歳で仏門に入り、46歳のとき、故郷の黄檗山萬福寺《おうばくさんまんぷくじ》の住職となり、その名声は中国はもとより日本にも届いていた。

承応《しょうおう》3年（1654）、63歳のときに、長崎の興福寺《こうふくじ》の逸然性融《いつねんしょうゆう》らの招きで来日した。はじめ、逸然が招いたのは隠元《いんげん》の弟子の也嬾性圭《やらんしょうけい》という僧だったが、也嬾の乗った船は遭難し、彼は帰らぬ人となってしまった。そこで逸然は也嬾の師であり、日本でも名の知られていた隠元を招くこととした。

隠元は高齢を理由に最初は辞退したが、再三にわたる招請に加えて、志半ばで亡くなった弟子の遺志を果たしたいとの思いもあり、ついに渡日を決意したのだった。30名の弟子とともに来日した隠元は、はじめ長崎の興福寺、次いで摂津富田《せっつとんだ》（大阪府高槻市）の普門寺《ふもんじ》に住した。

隠元は中国に残してきた弟子たちには「3年後には帰国する」という約束をしており、来日3年目になると、中国の弟子や支援者たちから隠元の帰国を要請する手紙が多数届き、隠元本人も帰国を希望した。しかし、日本側の信奉者たちは、隠元が日本に留まることを強く希望し、その旨を幕府にも働きかけた。

そして、万治《まんじ》元年（1658）、隠元は江戸へ赴き、将軍・徳川家綱《いえつな》に拝謁した。その人となりに共感した家綱は隠元に帰依《きえ》し、万治3年（1660）には幕府によって山城国《やましろ》宇治《うじ》に土地が与えられ、隠元のために新しい寺が建てられることになった。

ここに至って隠元も日本に留まることを決意し、当初3年間の滞在で帰国するはずであったものが結局、日本に骨を埋めることとなった。寺は故郷福州の寺と同名の黄檗山萬福寺と名付けられ、寛文《かんぶん》元年（1661）に開創され、造営工事は将軍や諸大名の援助を受けて延宝《えんぽう》7年（1679）頃にほぼ完成した。

また、隠元の名に由来する**インゲン豆**の栽培を伝えたほか、孟宗竹《もうそうだけ》や西瓜《すいか》、蓮根《れんこん》などをもたらしたのも隠元だといわれている。そのほかにも黄檗宗《おうばくしゅう》独特の建築や文芸、さらには料理など、さまざまな中国文化を伝えて日本に根づかせた。

萬福寺を建立して3年後には松隠堂《しょういんどう》という庵《いおり》に退き、延宝《えんぽう》元年（1673）、82年の生涯を閉じた。

◇禅師が伝えた普茶料理

萬福寺《まんぷくじ》では中国式の精進料理「普茶《ふちゃ》料理」が有名である。これは隠元《いんげん》が中国から伝えたものだ。「普茶」には、**茶をあまねく民に供する**という意味がある。

禅宗寺院は現代の会社の部課のように、さまざまな役割分担が決まっており、その役割を受け持つ係に分かれている。

たとえば、料理を作る係を典座寮《てんぞりよう》といい、その係の長を典座と呼ぶ。先に触れた『典座教訓』の典座だ。ほかに経理係や建物を管理する営繕係などがあり、それぞれ係の長がいる。その頂点に立つのが都寺《つうす》と呼ばれる住職だ。

中国の禅宗寺院では、これらの長が集まって定期的に寺の運営などについて会議を行なっていいた。中国の禅寺は数千人の修行僧を抱えており、さまざまな議題を処理するため、当然のことながら会議が長引き、いくら僧侶といえども空腹になる。そこで、お茶とともに、会議をしながらつまめるような軽い食べ物、スナックのようなものを添えたのが普茶《ふちゃ》料理のはじまりだという。

日本の精進料理とは異なる中国式精進料理で、雲片《うんぺん》と呼ばれる野菜を炒めて葛《くず》でとじた八宝菜のようなものや、海苔《のり》に山芋を塗って蒲焼風に仕立てたウナギもどき、胡麻《ごま》豆腐を白身魚の刺身のように仕立てたものなどが定番だ。

萬福寺では境内の奥のほうに普茶料理専門の施設があるほか、近くの塔頭《そつちゆう》寺院でも普茶料理を出すところが何軒かある。また、各地の黄檗宗寺院で普茶料理を出すところもあり、寺院とは別に普茶料理専門店もある。

◇日本に根づいた新しい禅宗教団の系譜

隠元隆琦《いんげんりゅうき》の次に萬福寺《まんぷくじ》第二代となったのが**木庵性瑫《もくあんしょうとう》**（1611〜84）である。彼は泉州の出身で、16歳で開元寺《かいげんじ》という寺で出家した。

その後、道元が修行した天童山《てんどうさん》や天台山《てんだいさん》などを巡って修行を積んだが、戦乱を避けて南部の黄檗山《おうばくさん》に登った。そこで隠元に師事し、後にその実力を認められて太平寺《たいへいじ》という寺の住職となった。

太平寺は後に萬福寺の首座《しゅざ》になった即非如一《そくひにょいつ》に譲り、隠元とともに来日し、長崎の福済《ふくさい》寺《じ》の住持《じゅうじ》になった。その後、寛文《かんぶん》元年（1661）に萬福寺に入寺し、同4年（1664）に隠元の跡を継いで黄檗山第二代となった。

その翌年、江戸に上って第4代将軍・徳川家綱《いえつな》に謁見し、殊遇を受けて、江戸に瑞聖《ずいしょう》寺《じ》をはじめ10カ寺余りの黄檗宗《おうばくしゅう》寺院を創建した。その功績により、寛文9年（1669）には将軍より紫衣《しえ》を賜った。

即非如一（1616〜71）は早くに父を失い、18歳で出家し、後に黄檗山に登って隠元に師事した。明暦《めいれき》3年（1657）、隠元の招きで来日し、長崎の崇福寺《そうふくじ》に入り、伽藍《がらん》を整備し、崇福寺の中興開山となった。

寛文3年（1663）、萬福寺に移り、兄弟子の木庵性瑫とともに萬福寺首座となった。翌年、帰国の途についたが、途中、豊前《ぶぜん》（福岡県）小倉《こくら》藩主らに招かれ、福聚寺《ふくじゅじ》を創建した。その後、帰国することなく崇福寺に隠居し、そこで没した。

能書家としても知られ、隠元、木庵とともに「**黄檗三筆**」と並び称されている。また、黄檗宗では木庵を萬福寺第二代、即非を準世代と呼んでいる。

慧林性機《えりんしょうき》（1609～81）は萬福寺第三代住持である。生家は代々、教育者の家柄で慧林も科挙《かきょ》（中国で古くから行なわれている官吏登用試験）の勉強に励んでいたが、時代は明末から清初の混乱期で、役人になっても将来に望みが持てなかった。そこで、40歳にして出家し、隠元に師事し、メキメキと頭角をあらわしたという。

承応《じょうおう》3年（1654）、隠元に従って来日し、長崎の崇福寺と興福寺《こうふくじ》に入って重責を担った。万治《まんじ》元年（1658）に崇福寺の住持をしていた隠元が、将軍の招きで江戸に向かった際には当寺の留守を預かった。その翌年、摂津《せっつ》（大阪府）に隠元を開山として創建された仏日寺《ふつにじ》の初代住持となり、隠元の法灯を継いだ。

そして、延宝《えんぽう》8年（1680）、萬福寺第二代の木庵の推挙によって萬福寺第三代住持となった。

鉄眼道光《てつげんどうこう》（1630〜82）は大蔵経《だいぞうきょう》（『法華経《ほけきょう》』『華厳経《けごんきょう》』『阿弥陀経《あみだきょう》』などあらゆる仏典を一堂に会した仏典全集）の編纂で知られている。肥後《ひご》（熊本県）の生まれで、はじめ、一向宗《いっこうしゅう》（浄土真宗《じょうどしんしゅう》）で出家したが、隠元が来日すると、その名声を慕って黄檗宗に転じ、萬福寺第二代の木庵に師事した。

江戸時代には幕府が学問を奨励し、各宗派に談林《だんりん》と呼ばれる学問所が設けられ、仏典の需要が高まった。加えて印刷技術が長足の進歩を遂げた。このことから、仏典の刊行が盛んになり、大蔵経《だいぞうきょう》編纂の気運も高まった。そんな状況のなか、鉄眼は大蔵経を編纂することを決意したのである。

40歳のとき、鉄眼は大蔵経編纂の目的と意義を説いた『大蔵経縁起疏《えんぎしょ》』を作り、東奔西走して浄財《じょうざい》を募った。その結果、12年後の天和《てんな》元年（1681）、ついに大蔵経を出版することができたのである。この大蔵経は「鉄眼版一切経《いっさいぎょう》」、または「黄檗版大蔵経」と呼ばれ、6771巻からなる。

中国以来、大蔵経は皇帝や時の権力者の全面的な支援を受けて作られてきたが、個人の力で大蔵経を完成させたのは、後にも先にも鉄眼ただ一人である。

大蔵経が完成すると、鉄眼は幕府に納めるために江戸に下った。しかし、その途上、畿内に飢饉が起きたことを知り、急遽、大坂に帰って飢餓に喘《あえ》ぐ窮民の救済に全力を注いだ。このことから、鉄眼は「救世大士《きゆうせいだいし》」と呼ばれて敬われている。

また、鉄眼が大蔵経の印刷のために作った木製版木、4万8275枚が、今も萬福寺の塔頭《たっちゅう》宝蔵院に保管されており、国の重要文化財に指定されている。版木はタテ約24センチ、ヨコ約86センチで、桜材に文字がびっしりと彫られている。

黄檗宗の僧侶で近代を代表するのが**河口慧海**《かわぐちえかい》（1866〜1945）である。彼は泉《せん》州堺《しゅうさかい》（大阪府堺市）の生まれで、25歳のときに東京本所《ほんじょ》の五百羅漢寺《ごひやくらかんじ》という黄檗宗の寺で出家し、まもなく同寺の住職になるが、仏教の真髄を求めてチベットに行く決意をする。

明治30年（1897）、32歳のとき、慧海はひとり神戸港から旅立った。当時、チベットは鎖国状態で外国人の入国を厳しく禁じていたが、中国人だけは入国が許されていた。そこで慧海は中国人と国籍をいつわり、インドやネパールでチベット語やチベット仏教を学んだり、チベット行きのルートを探ったりした。そして、出発から3年後の明治33年（1900）3月、ついにチベットの首都ラサに到着することができたのである。

チベットでは仏教の大学に入学し、勉学と修行に励むと同時に仏典の収集にも力を入れた。また、医学の心得があった慧海はチベットで名医としても知られるようになり、その名声は次第に高まった。そのことが裏目に出て、日本人だという素性が露見するおそれが強まったため、チベット脱出を決意する。

明治35年（1902）5月、収拾した経典などを馬に積んでラサを脱出し、数日後にはインド領に辿り着いた。そして、翌年、6年ぶりに帰国した。その後、大正2年（1913）から同4年（1915）にかけて2度目のチベット入りを果たし、経典などを収集して持ち帰った。

帰国後は経典の翻訳や研究、仏教やチベットに関する著作を続け、大正10年（1921）には還俗《げんぞく》して在家《ざいけ》仏教を提唱した。大正大学の教授にもなり、チベット語の研究においても貢献した。

晩年は蔵和《ぞうわ》辞典（チベット語・日本語辞典）の編集に没頭。太平洋戦争終結の半年前、防空壕の入り口で転倒したことで脳溢血《のういつけつ》を起こし、これがもとで東京世田谷の自宅で死去した。

日蓮宗

衆生を救う「南無妙法蓮華経」の7文字

日蓮宗《にちれんしゅう》は『法華経《ほけきょう》』を絶対の教えとして、日蓮《にちれん》が開いた宗派である。このことから、日蓮宗は法華宗とも呼ばれる。宗派名に開祖の名前がついていることからもわかるように、開祖・日蓮の個性を全面に押し出した宗派である。

日蓮は日昭《にちしょう》、日朗《にちろう》、日興《にっこう》、日向《にこう》、日頂《にっちょう》、日持《にちじ》の6人を本弟子（六老僧《ろくろうそう》）と定め、後のことを託した。日蓮の没後は六老僧が1か月交替で身延山《みのぶさん》を守ることになったのである。

しかし、全国に布教活動を展開していた六老僧が定期的に身延に戻ることは次第に難しくなり、日蓮の三回忌の頃には地元にいた日興が専属で身延を守るようになった。

このことが他の老僧たちの反発を招き、加えて日興は身延山の豪族・波木井実長《はぎりさねなが》と教理的な問題で不仲になった。このため、日興は弟子を引き連れて身延山を離れ、富士山麓に大石寺《たいせきじ》（現在の日蓮正宗《しょうしゅう》総本山）を建立した。

日興の身延山離山を契機として他の老僧たちも各地に寺院を建立し、そこを本拠地として門流（分派）を形成した。

初期の門流は身延、藻《も》山《やま》、浜（日昭）、日朗、中山の5つだったが、後にはさらに分裂して多くの分派が生まれた。これらの門流が互いに自説の正当性を主張し、時に対立抗争しながらも日蓮宗は発展していった結果、日蓮宗は同じ日蓮の教えに基づきながら多様で複雑な展開を遂げたのである。

江戸時代になると、幕府の保護を受けて日蓮の墓所のある身延が他の門流を押さえて総本山の地位を不動のものにした。しかし、現在も日蓮宗には多くの門流があり、それぞれが本山を定めて活動している。

主なものに日蓮正宗、法華宗（真門流）、法華宗（陣門流）、法華宗（本門流）、本門法華宗、顕本《けんぽん》法華宗、日蓮宗不受不施派、不受不施日蓮講門宗、本門仏立《ほんもんぶつりゅう》宗などがある。

また、近代になって日蓮宗を母体にした数々の在家《ざいけ》信仰団体も生まれた。その代表は霊友会《れいゆうかい》、立正佼成会《りっしょうこうせいかい》、創価学会《そうかがっかい》で、いわゆる新宗教御三家とよばれ、それぞれ数百万人の信者を

擁している。

さらに、近年では宗派から離脱して独自の路線を歩む寺院も少なくない。

◇所依の経典

日蓮宗《にちれんしゅう》の主要経典はもちろん『法華経《ほけきょう》』である。『法華経』は大乗《だいじょう》仏典の代表で、天台《てんだい》宗《しゅう》でも主要経典として重んじられている。しかし、天台宗と日蓮宗ではこの経典に対する考え方にかなり違いがある。

簡単にいえば、天台宗では『法華経』を中心にあらゆる経典を融合しようとするが、日蓮宗は『法華経』以外の経典を認めないということだ。

しかも、日蓮にとって『法華経』は単なる経典ではなく、それ自体のなかに衆生救済のパワーが込められていると考えた。つまり、この経典のなかの一字一句は単なる文字の配列ではなく、久遠実成《くおんじつじょう》の釈迦《しゃか》如来の肉声であると考えたのである。この点が天台宗と日蓮宗の『法華経』に対する立場の大きな違いである。

もちろん、天台宗でも『法華経』が信仰の対象であることは確かだ。しかし、同時に教理研究のための資料という側面もある。これに対して日蓮宗での『法華経』は信仰の対象以外のものではなく、神聖にして不可侵の存在なのである。

しかも、その精髄は「**南無妙法蓮華経**《なむみょうほうれんげきょう》」の7文字に凝縮されており、その題目をとなえた瞬間にわれわれはこの経典と一体となってそのパワーを授かることになる。

このように、日蓮宗では既成の仏教経典としては『法華経』だけを読むのが大原則だ。そして、それ以外には『立正安国論《りっしょうあんこくろん》』や『開目鈔』などの日蓮の著作が重要視される。

◇「妙法蓮華経」への帰依

先にも述べたように、日蓮《にちれん》は『法華経《ほけきょう》』を最高の教えと考え、この経典に基づいて一宗派を開いた。

たとえば、浄土宗《じょうどしゅう》や浄土真宗《じょうどしんしゅう》が「浄土三部経《さんぶきょう》」に基づくように、他の宗派でも拠り所とする経典を定めている。しかし、他の宗派の場合、拠り所とする経典以外を排斥することはないが、日蓮宗では『法華経』以外の経典を激しく批判する。

つまり、釈迦が亡くなってから2000年後（あるいは1500年後）に末法《まっぽう》という闇黒の世の中になるが、その末法の世で、唯一、信頼できるのが『法華経』で、この経典への絶対的な帰依《きえ》を説くのである。

『法華経』は正式には『妙法蓮華経《みょうほうれんげきょう》』というが、この経典の真髄はその5文字の題目（表題）に凝縮されているという。そこで、「南無妙法蓮華経《なむみょうほうれんげきょう》」の題目をとなえることによって衆生（すべての人々）は救われる。それ以外に救われる道はないというのが日蓮の主張で、他の宗派はすべて邪教であるとして激しく批判したのである。

そして、日蓮はわれわれを救ってくれるのは**久遠実成《くおんじつじょう》の釈迦《しゃか》如来**であると考えた。

久遠実成の釈迦如来とは永遠に存在して人々を救い続ける釈迦のことで、その存在を信じて「南無妙法蓮華経」の題目をとなえれば、救われることができる。しかも、その救済は阿弥陀如来のように死んだ後に極楽浄土《ごくらくじょうど》に連れていってくれるというものではなく、現世でさまざまな苦しみに喘ぐ人々をそのまま救ってくれるというのだ。つまり、日蓮宗の教えの現世利益《げんぜりやく》なのである。

◇『法華経』を究極の教えとする5つの基準

日蓮《にちれん》は、『法華経《ほけきょう》』が末法《まっぽう》の世を救う経典であるということを、「教《きょう》・機《き》・時《じ》・国《こく》・序《じょ》」の「**五義《ごぎ》**」によって示し、さらには「法華経」の教えを説いた**三大秘法《さんだいひほう》**（本門《ほんもん》の本尊《ほんぞん》・本門の題目《だいもく》・本門の戒壇《かいだん》）をも明らかにし、社会や国家も個人もすべてが『法華経』のみを信じることによって救われると説いた。

まず「五義」の「教」は『法華経』のみが唯一最高の教えであるということをシッカリと認識すること。

「機」はその教えを受ける人のこと。

「時」は『法華経』が必要とされ、その教えを広める時期。

「国」は『法華経』の教えが広められるべき地域。

『法華経』の優位性を説く五義・三代秘法

五義《ごぎ》

教《きょう》	すべての経典のなかで、『法華経』こそが最も優れていることを知ること。
機《き》	釈迦の教えを受ける人々（末法の時代に生きる人々）のこと。
時《じ》	『法華経』の教えが広められるべき時期（＝末法の今の世のこと）。
国《こく》	『法華経』の教えが広められるべき場所（＝末法の日本）。
序《じょ》	その国にいままでどんな順序で教えが広められてきたのか、これからどんな教えを広めるべきかを知ること。

三代秘法《さんだいひほう》

本門《ほんもん》の本尊《ほんぞん》	久遠実成《くおんじつじょう》の仏を信じて信仰を捧げる。
本門の題目《だいもく》	「南無妙法蓮華経《なむみょうほうれんげきょう》」の題目をとなえる。
本門の戒壇《かいだん》	現実の社会を、「南無妙法蓮華経」の題目を実践する道場とする。

「序」はその国にそれまでにどのような教えがあり、どのような教えを広めるべきかを知ること。

以上のような「五義」をシッカリと頭に叩きこんだうえで行なう修行（実践）をまとめたのが「三大秘法」である。

まず、「本門の本尊」とは久遠実成《くおんじつじょう》の釈迦牟尼仏《しゃかむにぶつ》（本仏といい、日蓮はその化身とされている）が衆生を救ってくれるという絶対の信心を持ち、深く帰依《きえ》すること。

「本門の題目」とは「南無妙法蓮華経《なむみょうほうれんげきょう》」の題目のことで、これをとなえることによって仏と一体化できるという。

そして、「本門の戒壇」とは題目をとなえ、仏と一体となる場所。つまり、『法華経』に絶対的に帰依したものが生きる社会や国家のことである。

◇国家・国民一丸の信仰

先に述べたように日蓮宗《にちれんしゅう》は開祖・日蓮の個性が遺憾なく発揮された宗派で、他の宗派とは異なるさまざまな特色がある。そのなかで注目すべきは単に個人の信仰に留まらず、国家と国民が一丸となってはじめてその目的を達成するとしたことだ。これは他宗には見られないユニークな思想である。

日蓮は主著の『**立正安国論**《りっしょうあんこくろん》』のなかで、国家が『法華経《ほけきょう》』に帰依《きえ》しなければ「内憂、外患」に見舞われると主張した。内憂とは内戦や疫病、飢饉、天変地異などの災い、外患とは他国の攻撃を受けることである。

このことは『法華経』そのもののなかで予言されていることであり、日蓮が活躍した鎌倉時代の前半には内戦や疫病、飢饉などが多発し、蒙古《もうこ》の攻撃（元寇《げんこう》）も現実のものとなった。

そのような状況を目の当たりにした日蓮は、『法華経』への信頼を絶対的なものにし、他宗への批判をさらに強めていったのである。

◇弾圧を乗りこえて仏道を歩んだ日蓮

日蓮《にちれん》は貞応《じょうおう》元年（1222）2月16日、小湊《こみなと》（千葉県）で生まれた。幼少の頃から学問に勤《いそ》しみ、そのころ盛んだった念仏信仰を教えられていたという。

長ずるにしたがって信仰に目覚めた日蓮は、12歳になった5月、両親の許しを得て、近くの天台宗《てんだいしゅう》の清澄山《きよすみやま》に入り、16歳で出家する。

以降、清澄山で修行に励み、膨大な数の仏教の経典を読破した。しかし、さらに仏教の奥義を極めたいと考えた日蓮は清澄山を下りる決意をする。そして、仁治《にんじ》3年（1242）には比叡山《ひえいざん》に登った。

比叡山で修行に励み、さらなる研鑽《けんさん》を積んだ日蓮は『法華経《ほけきょう》』こそ最高の教えであるという確信を得たという。

建長《けんちょう》5年（1253）、32歳の春に日蓮は比叡山を下って、故郷に戻った。その年の4月28日、清澄寺《せいちょうじ》を訪れた日蓮は、本堂の南にある旭の森で数人の縁者を集め、これから『法華経』の信仰に生きることを宣言し、太平洋に向かって「南無妙法蓮華経《なむみょうほうれんげきょう》」の題目をとなえたという。これが、日蓮宗の立教開宗の日とされている。

◆辻説法と法難

改宗宣言の後、日蓮《にちれん》はすぐに鎌倉に出て松葉ケ谷《まつばがやつ》に草庵を結び、ここを根拠地として町に出て辻説法《つじせっぽう》を行なった。

日蓮の布教における最大の特徴が**折伏**《しゃくぶく》である。これは相手を徹底的に論破して、自らの信仰に導くというもので、「破折調伏《はしゃくちょうぶく》」の略である。

日蓮にとって『法華経《ほけきょう》』は最高の教えで、絶対的な真実を説いた唯一の経典である。だから、他宗の説ははじめから誤った邪説であるという信念が、折伏という布教手法を可能にしたのだ。

日蓮は「**念仏無間《むげん》、禅天魔《てんま》、真言《しんごん》亡国、律国賊**」と喝破して憚らなかった。これは日蓮が他宗を非難するときの常套句《じょうとうく》で、「四箇格言《しかかくげん》」といわれるものだ。

つまり、『法華経』を放棄する念仏の徒は無間地獄（最も重い責め苦を受ける地獄）に落ちる、禅は天魔（悪魔）の教え、真言宗《しんごんしゅう》は国を滅ぼし、律宗《りつしゅう》は国賊であるとまで極言したのである。

鎌倉で辻説法をした日蓮は、このようなことを極めて激しい口調で説き、行き交う人々に念仏や禅を捨てて『法華経』に帰依《きえ》せよと言った。そのあまりにも激しい説法に人々は反発し、次第に憎悪の念を強めていく。

日蓮の直接の敵は念仏者であった。当時、念仏は熱病のように民衆の間に広まり、鎌倉においてもほとんどの町衆が熱烈な念仏の信者だった。そのため、日蓮は主に念仏の信者たちから罵倒され、石を投げられたり、水を浴びせられたりしたという。それでも怯《ひる》むことなく辻説法を続けたのである。

さらに、文応《ぶんおう》元年（1260）7月には北条時頼《ほうじょうときより》に『立正安国論《りっしょうあんこくろん》』を献上し、そのなかで、打ち続く災害や社会不安が増幅しているのは、この国に悪法が蔓延《はびこ》っているからだ。このままでは内乱や外国の侵略によって国が滅びるから、一刻も早く『法華経』に帰依《きえ》するべきであると強調した。

そして、文永《ぶんえい》5年（1268）、蒙古から国書が到来すると、日蓮は自らの予言が的中したとして幕府や他宗への批判を強め、再び『立正安国論』を幕府に献呈した。このことが、幕府を徹底的に怒らせ、日蓮は即刻、捕らえられて佐渡《さど》への流罪が決定した。

実は、幕府は流罪を口実に龍ノ口《たつのぐち》の刑場で日蓮を斬首するつもりだった。しかし、龍ノ口の刑場でまさに斬首されようとしたとき、江ノ島のほうから一筋の閃光《せんこう》が走った。その光で太刀を取った役人は目がくらみ、役人たちも恐れ戦《おのの》いたという。

斬首台の日蓮は、夜が明ける前に早く首を斬れと、大音声で促したが、もはや近づこうとするものもない。結局、一命を取り留めた日蓮は、佐渡に送られることになった。

◆佐渡に流されて

佐渡《さど》での約3年間の流罪生活で、日蓮《にちれん》はそれまでの半生を振り返り、思索を深めていった。『法華経《ほけきょう》』を広めるものが**法難**《ほうなん》に遭う宿命を負わされているということは『法華経』そのものが説いている。法難や迫害が次々に振りかかるということは、自分自身が『法華経』の真実の証明者であるとの自覚を次第に強めていったのである。

そして、『法華経』の真の持経者《じきょうしゃ》（この経典を信じ、これを布教してその理想を実現しようとするもの）という強い自覚に立った日蓮は、この経典によって日本の民はもとより、全人類を救おうとの気概に燃える。「**我日本の柱とならむ、我日本の眼目《がんもく》とならむ、我日本の大船《たいせん》とならむ**」（『開目鈔《かいもくしょう》』より）と高らかに宣言する。柱とは主《あるじ》の徳、眼目は師の徳、大船は親の徳をあらわすという。『法華経』による万人救済に向かって、日蓮の決意を込めた誓願だった。

文永《ぶんえい》11年（1274）3月に赦免になった日蓮はそ

日蓮の四大法難《ほうなん》

1260年	『立正安国論《しっしょうあんこくろん》』を北条時頼に献じ、邪教を捨てよと迫る。浄土教の信者に襲撃され、下総（千葉）に逃れる。→松葉ヶ谷《まつばがやつ》法難
1261年	浄土教の信者が、日蓮の主張を危険思想として幕府に訴える。伊豆国伊東に2年間流刑される。→伊豆《いず》法難
1264年	浄土教の信者に襲撃され、信徒と弟子が死亡、日蓮も傷を負う。→小松原《こまつばら》法難
1271年	再び『立正安国論』を幕府へ献じ、片瀬竜口で斬首されかかるが、取りやめになり、佐渡へ流刑となる。→龍ノ口《たつのくち》法難

の足で鎌倉に向かった。そして、4月8日には幕府に呼び出されて、元寇《げんこう》について意見を求められた日蓮は、「経典には詳細な時期は説かれていないが、今年のうちには必ず攻めてくる」と言い切った。

しかし、幕府は日蓮の進言を真摯《しんし》に受け止めなかった。これに失望した日蓮は幕府に見切りをつけ、その年の5月には甲斐《かい》（山梨県）身延《みのぶ》の領主で日蓮の熱烈な帰依《きえ》者だった波木井実長《はぎりさねなが》の招きに応じて身延に赴いた。

身延山での日蓮は著述と弟子の養成に専念し、2、3年の間に『報恩鈔《ほうおんしょう》』や『撰時鈔《せんじしょう》』といった著作をなし、弟子たちに遺訓を残した。しかし、長年の闘争と身延の厳しい自然は、日蓮の健康を徐々に奪っていった。

弘安《こうあん》5年（1282）には前年の年末から風邪をこじらせ、一時は死線をさまよった。夏を過ぎた頃、まだ体調の勝《すぐ》れない日蓮を心配した弟子や信者たちが、寒冷な身延山を下って、常陸《ひたち》（茨城県）の温泉で避寒療養するように勧めた。これに応じた日蓮はその年の9月8日に身延を下って常陸に向かった。

10日後の同月18日に武蔵国池上《いけがみ》郷に着いたが、ここで病状が悪化し、動けなくなってしまう。池上の地は熱心な信者だった池上氏の所領で、同氏の館があったが、日蓮は到着から20日ほどをその館で過ごし、同年10月13日の朝、ついに61歳の生涯を閉じたのだった。

◇迫害の末に辿り着いた修行場・身延山久遠寺

久遠寺《くおんじ》は文永《ぶんえい》11年（1274）、佐渡《さど》の流罪を解かれた日蓮《にちれん》を身延山《みのぶさん》領主の波木井実長《はぎりさねなが》が迎えて草案を結んだのが起源である。

弘安《こうあん》5年（1282）、武蔵国池上《いけがみ》で最期を遂げた日蓮の遺骨は身延山に戻され、六老僧が輪番（交代）で墓所を守ることになった。

創建から約200年後の文明《ぶんめい》7年（1475）には少し山を下った現在地に伽藍《がらん》を整備し、その後は甲斐《かい》（山梨県）の武田氏の保護を受けて発展し、江戸時代になると幕府の保護を受けて日蓮宗《にちれんしゅう》総本山としての地位を不動のものとした。

久遠寺は、現在も日蓮の墓所を擁する聖地として日蓮宗の各門流、さらには日蓮系の新宗教教団の聖地となっている。

三門をくぐると**菩提梯**《ぼだいてい》と呼ばれる石段が続く。この石段は「南無妙法蓮華経《なむみょうほうれんげきょう》」の7文字の題目にちなんで7つの区画に分けられている。菩提梯を登った正面に身延山の中心である本堂、その右手には日蓮の木像をまつった祖師堂《そしどう》がある。

また、祖師堂の右手には日蓮の真骨《しんこつ》（遺骨）をまつった御真骨堂がある。

◇日蓮の魂がいまも宿る四霊場

日蓮宗《にちれんしゅう》では日蓮が在世中に巡った聖跡が重んじられ、日蓮没後、その聖跡に寺院が創建された。**誕生寺《たんじょうじ》**、**久遠寺《くおんじ》**、**池上本門寺《いけがみほんもんじ》**、**清澄寺《せいちょうじ》**は四霊場として重んじられている。

まず、日蓮誕生の地、安房小湊《あわこみなと》に建立されたのが誕生寺である。建治《けんじ》2年（1276）、日蓮の弟子の日家《にっけ》が日蓮の生家跡に建立したのが起源。その後、室町時代末の明応《めいおう》7年（1498）と江戸時代の元禄《げんろく》16年（1703）に大地震、大津波に遭い、現在地に移った。生家跡は津波で流され、沖合に沈んでいると伝えられている。

その後、第六世の日孝《にっこう》が水戸光圀《みとみつくに》の帰依《きえ》を受けて伽藍《がらん》を整備したが、宝暦《ほうりゃく》8年（1758）には仁王門を残して焼失。現在の伽藍は天保《てんぽう》13年（1842）に再建されたものである。

誕生寺の北西、数キロほどのところに清澄山という標高383メートルの山がある。その山頂近くにあるのが清澄寺だ。

清澄寺は宝亀《ほうき》2年（771）、不思議法師という僧が開いたと伝えられ、後に天台宗《てんだいしゅう》の寺院となった。

天福《てんぷく》元年（1233）、日蓮は12歳のときにこの寺で出家して修行に励んだ。その後、比叡《ひえい》山《ざん》に登り、鎌倉など諸国を巡歴して『法華経《ほけきよう》』こそ最高の教えであるとの確信を得た日蓮は、建長《けんちよう》5年（1253）に清澄寺に戻り、日蓮宗の立教宣言をしたという。江戸時代には幕府から10万石の格式を与えられ、寺領500万石を賜った。

東京の池上本門寺は日蓮終焉《しゆうえん》の地に建てられた寺である。

日蓮が最期《さいご》を遂げた池上《いけがみ》氏の館跡は本門寺の西側の谷にあったとされ、そこには本行寺《ほんぎようじ》という本門寺の子院がある。その本堂の中央に直径10センチほどの柱が須弥壇《しゆみだん》の上にまつられている。

久遠寺・本堂

この柱は「**日蓮聖人お寄り掛かりの柱**」と呼ばれるもので、池上に落ち着いた日蓮は亡くなるまで数日間、この堂で信者に法話をしていたというが、亡くなる数日前から起きているのもつらくなり、この柱に寄り掛かって法話を行なったと伝えられている。

◆聖跡に建つ寺院

千葉県中山《なかやま》の**法華経寺**《ほけきようじ》も霊跡の一つとして信仰を集めている。

『法華経』を唯一絶対の教えとして、他宗を激しく非難した日蓮は、さまざまな迫害を受けていたが、房総《ぼうそう》一帯を治めていた千葉氏に仕えていた富木常忍《とぎじようにん》という武士が日蓮に帰依《きえ》し、自邸に法華堂《ほつけどう》を建立して安息の地を提供した。

弘安《こうあん》5年（1282）に日蓮が没すると、自邸の法華堂を法華寺《ほつけじ》という寺に改め、自ら出家して初代住職となって菩提《ぼだい》を弔った。その後も千葉氏などの帰依を受けて栄え、現在に至っている。

神奈川県の江ノ島の近くには**龍口寺**《りゆうこうじ》という寺がある。この地は鎌倉幕府の刑場があったところで、文永《ぶんえい》8年（1271）9月12日、日蓮はここで斬首されそうになった。日蓮宗ではこの事件を「龍ノ口《たつのぐち》の法難《ほうなん》」といっている。

その後、延元《えんげん》2年（1337）に日蓮の弟子の日法《にっぽう》が「龍ノ口法難霊跡」として一宇を建立し、自作の祖師像《そしぞう》（日蓮像）と、法難のときに日蓮の足もとに敷かれていたという敷皮をまつったのが起源と伝えられている。また、慶長《けいちょう》6年（1601）には、地元の熱烈な日蓮宗信者、島村采女《さいじょ》が土地を寄進し、伽藍を整備したという。

このほか、京都の**本圀寺**《ほんこくじ》は日蓮が鎌倉の松葉ケ谷《まつばがや》に構えた法華堂を起源とし、足利尊氏《あしかがたかうじ》が京都に移し、貞和《じょうわ》元年（1345）には光明《こうみょう》天皇より寺地を賜って六条堀川《ろくじょうほりかわ》に移転した。身延山《みのぶさん》久遠寺を「東の祖山《そざん》」と呼ぶのに対して、本圀寺は「西の祖山」と呼ばれ、日蓮宗の大本山として重きを置かれている。後に比叡山の山門徒の焼き討ちなどによって荒廃し、山科《やましろ》に移ったが、旧子院、16カ院は旧地の堀川に残っている。

鎌倉の**妙本寺**《みょうほんじ》はもともと、この地の豪族で、後に鎌倉幕府の有力御家人《ごけにん》となり、源氏とも縁戚関係を結んだ比企《ひき》一族の氏寺だった。建長《けんちょう》5年（1253）、当時の比企一族の首領・能本《よしもと》が日蓮に帰依して法華堂を寄進した。これが妙本寺の起源である。

建長5年は日蓮が郷里の清澄寺で立教開宗宣言をした年で、妙本寺は日蓮のために最初に建立された寺として知られている。

また、池上本門寺とは両山一首、つまり、一人の住職が2カ寺を管轄する制度を取った。

住職は池上本門寺にいて、妙本寺は司務職という代理の住職が管理運営していた。

京都の**本法寺**《ほんぽうじ》は日蓮宗の日親《にっしん》が本阿弥《ほんあみ》清信の帰依を受けて永享《えいきょう》8年（1436）に建立した。はじめ、東洞院綾小路《ひがしのとういんあやこうじ》に創建されたが、日親が捕らえられて寺が破却されるなどしたため、日親自身の手によって再建された。

その後、天文《てんぶん》5年（1536）の天文法華《ほっけ》の乱で焼失し、一時は大坂の堺《さかい》に避難した。しかし、天文11年（1542）、後奈良《ごなら》天皇が法華宗（日蓮宗）帰洛の綸旨《りんじ》を下し、一条堀川に再建。天正《てんしょう》15年（1587）、豊臣秀吉の命により、現在地（京都市上京区本法寺前町）に移転再建された。

◇本尊・大曼荼羅とはなにか

日蓮宗《にちれんしゅう》では「大曼荼羅《だいまんだら》」と呼ばれるものを本尊としている寺院が多い。これは日蓮が佐《さ》渡《ど》に流されたときに感得したというもので、臨終のときにもこれを枕辺に掲げたとされている。中央に「南無妙法蓮華経《なむみょうほうれんげきょう》」と墨書し、その周囲に『法華経《ほけきょう》』に登場するさまざまな仏・菩薩《ぼさつ》・天などの名が書かれたものである。

日蓮は『法華経』に綴られた文字は単なる文字ではなく、久遠実成《くおんじつじょう》の釈迦《しゃか》如来そのものであると考えた。だから、大曼荼羅は**釈迦如来像と同じく神聖なもの**なのである。厨子《ずし》などのなかに大曼荼羅を掲げ、その前に日蓮聖人《しょうにん》像をまつることもある。大曼荼羅は『法華経』、日蓮像は『法華経』を末法《まっぽう》の世に広める導師としてまつられるのだ。

また、日蓮宗では家庭の仏壇にも中央に大曼荼羅を、その前に日蓮像をまつることが多い。

◇後事を託された弟子たち

日蓮は死の5日前、日昭《にっしょう》、日朗《にちろう》、日《にっ》興《こう》、日向《にこう》、日頂《にっちょう》、日持《にちじ》の6人の高弟を本弟子《ほんでし》と定め、自身の墓を身延《みのぶ》山にたてて、自らの没後は6人の高弟が身延《みのぶ》山久遠寺《さんくおんじ》を輪番《りんばん》（交代）で守るように命じた。この6人を日蓮宗《にちれんしゅう》の「**六老**《ろくろう》**僧**《そう》」と呼んでいる。

本尊「日蓮聖人真筆大曼荼羅」

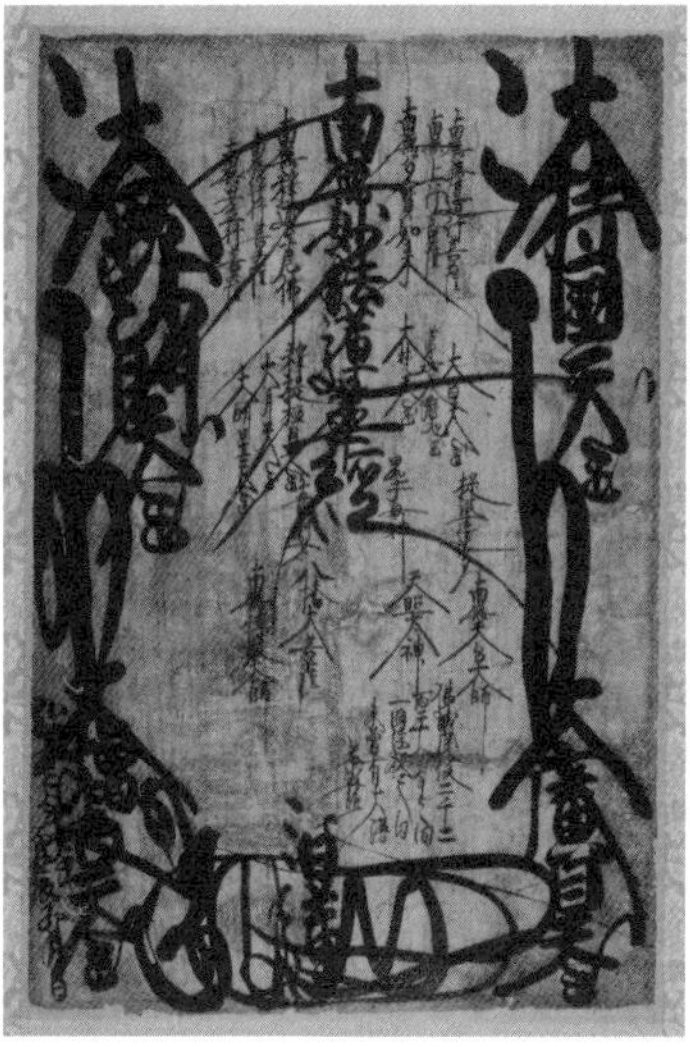

日昭（1221～1323）は下総《しもうさ》（千葉県）の出身で、はじめ天台宗《てんだいしゅう》の僧だったが、後に日蓮に師事して改宗した。日蓮が伊豆《いず》や佐渡《さど》に配流となったときにも鎌倉を離れず、布教活動をした。

日朗（1243～1320）も下総の人で、若くして出家して日蓮に師事した。日蓮が佐渡に流されたとき、日朗も鎌倉の土牢《つちろう》に押し込められた。その後、赦免となり3年間に8回、佐渡の日蓮のもとを訪れている。

日蓮が赦免になると、赦免状を携えて佐渡に迎えに行き、師を伴って帰ったという。日蓮の没後は池上氏の協力のもと、池上本門寺《いけがみほんもんじ》の基礎を築いた。

日興（1245～1332）は甲斐《かい》（山梨県）の生まれで、12歳で出家して富士岩本の実相寺《じっそうじ》に入寺した。弘長《こうちょう》元年（1261）、日蓮が「大蔵経《だいぞうきょう》」閲覧のために実相寺を訪れたときに弟子となった。後に日蓮が伊豆や佐渡に流罪になったときにも随行して師の世話をしたという。

日蓮の没後、身延山久遠寺の檀越《だんおつ》・波木井実長《はぎりさねなが》や六老僧の一人、日向などと意見が合わず、弘安《こうあん》10年（1287）、身延山を離れて2年ほど各地を転々とするが、正応《しょうおう》3年（1290）、富士山麓に大石寺《だいせきじ》が創建され、大石寺の学頭を務めることになった。日蓮正宗の祖として崇められている。

日向（1253～1314）は安房《あわ》に生まれ、13歳で日蓮の弟子となった。長じて各地を巡歴して折伏《しやくぶく》布教を行ない、その優れた弁舌から日蓮門下の「論議第一」と評された。しかし、日興との間で教義上の対立が深まり、結局、日興は身延山を下りて大石寺を拠点に活動することになったのである。

日頂（1252～1317）は駿河《するが》（静岡県）の出身で、日蓮に深く帰依《きえ》し、中山《なかやま》の法華経《ほけきよう》寺の基盤をつくった富木常忍《ときじようにん》の養子となり、幼い頃から日蓮に師事した。16歳で日蓮に従って鎌倉に行き、その後、日蓮の佐渡配流にも従い、身の回りの世話をしたという。日蓮の没後は下総国真間《まま》（千葉県市川市真間）の弘法寺《ぐほうじ》を拠点に布教に努めた。しかし、養父の富木常忍と対立するようになり、下総を離れた。晩年は駿河の富士郡で実父の菩提《ぼだい》を弔いながら過ごした。

日持（1250～没年不詳）は駿河の生まれで、比叡山《ひえいざん》で出家し、はじめ天台教学《てんだいきようがく》を学んだが、21歳のときに日蓮に出会って弟子となった。

六老僧の一人に選ばれて、日蓮没後は身延山で師の墓を守ったが、日興との不仲が原因で身延を離れ、駿河に蓮永寺《れんえいじ》を開いた。しかし、永仁《えいにん》3年（1295）、46歳のときに寺を離れて秋田、青森、函館、松前、江刺《えさし》などを巡歴した後、樺太《からふと》に渡った。その後、海外布教のため、満州に渡ったともいわれるが、詳細は不明である。

また、南北朝の時代に輩出した**日親**（1407〜1488）は上総《かずさ》（千葉県）の生まれで、中山の法華経寺で出家し、修行した。応永《おうえい》34年（1427）、21歳のときに法華経寺を出て鎌倉や京都で布教活動を行なった。

他宗を徹底的に論破する折伏は日蓮を凌ぐ厳しさで、他宗の多くの寺院を日蓮宗に改宗した。その強引な布教は日蓮宗のなかでも反発をかい、一度は京都から追放された。しかし、永享《えいきょう》8年（1436）に上洛して本法寺《ほんぽうじ》を開き、ここを拠点に再び布教活動に専念した。

その強硬な姿勢は第6代将軍・足利義教《あしかがよしのり》の忌憚に触れ、本法寺は破却され、日信は捕らえられて改心するよう迫られるが、聞き入れず、厳しい拷問を受ける。最後には恐怖宰相として知られた義教が灼熱の鍋を頭にかぶせたが屈せず、鍋をかぶったまま説法を続けたという。この伝説的な話から「鍋かぶり日親」の異名をとる。

翌、嘉吉《かきつ》元年（1441）、嘉吉の変で義教が暗殺されると赦免になり、本法寺を再建した。その後、幕府の禁令を破った罪を問われて捕らえられ、再び本法寺は破却された。

しかし、寛正《かんせい》4年(1463)には赦免になり、町衆らの協力を得て、本法寺を再々建した。

本書は当文庫のための書き下ろしです。

写真提供

P83 平等院

P150, P151 大念佛寺

P203 清浄光寺（遊行寺）

P221 齊年寺

P247 京都 妙心寺

P337 身延山久遠寺

P129, P130, P211 Image: TNM Image Archives

P233 京都国立博物館

P55, P68, P155, P178 株式会社 便利堂

P43, P49, P51 P63, P65, P77, P101, P103, P132, P134, P150, P177, P181, P196, P197, P198, P212, P232, P245, P246, P287, P291, P293, P305, P307, P308, P333 アマナイメージズ

瓜生中（うりゅう・なか）
1954年、東京生まれ。早稲田大学大学院修了（東洋哲学専攻）。仏教・東洋思想の研究、執筆を行ない、現在にいたる。『知っておきたい日本の神話』（角川ソフィア文庫）、『知識ゼロからの仏像鑑賞入門』（幻冬舎）、『仏像がよくわかる本』（PHP研究所）など著書多数。

だいわ文庫

一冊《いっさつ》でまるごとわかる
日本《にほん》の13大仏教《だいぶっきょう》

著者 瓜生《うりゅう》中《なか》

二〇一四年一〇月一五日第一刷発行

発行者 佐藤 靖
発行所 大和《だいわ》書房
東京都文京区関口一―三三―四 〒一一二―〇〇一四
電話 〇三―三二〇三―四五一一

フォーマットデザイン 鈴木成一デザイン室
本文デザイン 菊地達也事務所
本文イラスト 鈴木順幸
本文図版 菊地達也事務所
朝日メディアインターナショナル
本文印刷 信毎書籍印刷 カバー印刷 山一印刷
製本 ナショナル製本

ISBN978-4-479-30504-0